危機與變局

大清史事

吳士余 著

復旦大學出版社

前　　言

金庸书写大清史事的新武侠《书剑恩仇录》于二十世纪八十年代走红内地，继后新作迭出，风靡文坛。《戏说乾隆》、《康熙王朝》等电视剧也随之红遍大江南北，大清王朝的故事就此历年不衰，屡屡见诸小说、影视作品。讲述紫禁城后宫嫔妃争斗的连续剧《甄嬛传》更是广受媒体的造势炒作。清朝历史被编剧、作家们演义，叙事释史，挖掘现代元素，追求戏剧效果，已成为一种时尚的文化现象。作为一种世俗化的文化诠释，满足多元文化消费的需求，也是无可非议的。无论是信史正剧，还是戏剧化的闹剧，目的均是追求一种能引起读者、观众共鸣的审美效果而已。

若将大清历史作为一面镜子，读史释义的文化价值应在于以古鉴今，洞悉历史哲理，吸纳历史智慧。自努尔哈赤建国，1644 年多尔衮率兵进入北京紫禁城，近三百年的大清历史充满着变局。清朝既是古代的终结，也是近代的开端。其间，不乏励精图治，文治武功的盛世；恪守陈规，千疮百孔的衰落；更有丧权辱国，难以启齿的国耻。人们之所以热衷清朝史事，除却那座允满着神秘感与戏剧性的紫禁城，更是因为大清朝自始至终纠结着危机与变局。其官僚系统、政治、经济体制承继着数千年的封建传统，又在变局与危机的交替中沉积成一种善美、恶丑兼存的封建文明，成为人们的文化记忆。这些文化碎片潜存于人们的无意识中，每当阅读、诠释清朝史事，时常会引发人们的人文思考。然而，要真正理解历史，文化记忆就不能流于浅表的审美，止步于演义化、情感化的小说、影视创作，它们往往有碍于历史真正价值的发现。因此，阅读历史需要理性的审视，把握蕴藏在历史表象背后的真相和价值，这才是读史的文化追求。

自古以来，知识贤达很注重历史智慧的发现与承传。所谓"正朔之事，当明示变改，以彰异代"，说的是探寻历史迁革变化、循环演进的规律；"历古今之得失，验行事之成败"，道明总结兴衰成败教训之必要；"观其始末"，"定一字之褒贬"，是要求建立明是非、通古今的价值评估；等等，莫不是要求后人透过历史表象，探寻盛衰兴败的历史轨迹。认真而理性地面对这份历史遗产，将有益于当今中国现代化变革的思考。

也许出于如是人文情愫，笔者努力去读懂历史，求证人文思考的价值判断。笔者专司社会科学的出版业务数十年，倾心于人文历史。出于一个人文知识分子对历史的偏爱，选择文化随笔的书写，就正史实录琐细的史事记载，就事论史，析理于诠释之中，企求以当代人文意识，思考历史的陈迹，感悟历史的哲理。因此，随笔书写仅是以小见大，难免有以偏概全、臆断附会之虞。著述之言说望能求正于专家。

历史学家邓小南说得很到位，希望在中国历史中理解历史的中国。此话颇具哲理。若要真正悟透，也需要智慧。

吴士余

2018 年 12 月

目　　录

乾隆

嘉庆

道光

咸丰　同治

康熙

——爱新觉罗·玄烨

倾一生诚和善治。取信于民,诚为正道;和而不同,和谐社会。

危机中创盛世,彰显治国理政的定力和谋略。

智 者 康 熙

粗识康熙,恐怕不少读者来自金庸的武侠小说及相关的影视作品。少年天子康熙与宠臣韦小宝,设计擒拿力大无穷的奸臣鳌拜。韦小宝狡诈,康熙冷静、随机应变。两个十多岁的顽童扳倒身经百战的大将军。这当然是金庸的戏说了。

民间流传过一个令人恐惧的传言。旗人入中原遭天谴报应,清宫传染起天花,此病无药可医。顺治帝就是得天花暴亡。康熙两岁得天花,被弃置宫外,幸得汉人婆婆的精心照料,得偏方而活了下来。大难不死且获终生免疫,赢得了皇室继统的唯一条件。这也是坊间的传闻而已。

康熙继承大统,确是祖母孝庄太后的决断。孝庄是个极具政治睿智的贤者。当年下嫁摄政王多尔衮,目的是要多尔衮扶助儿子福临(即顺治)承继帝位。孝庄遴选接班人的首要条件,是对政治大局的洞察能力,以及驾驭复杂政务的定力和谋略。在诸多皇孙中,唯有康熙聪明好学,勤奋研读四书五经,对治国之道颇有心得。正是如此天赋,才获得孝庄的青睐和顺治的认可。自康熙六年,少年天子十四岁亲政,到六十一年驾崩,嗣位长达五十六年,开创大清盛世,确实彰显了治国之雄才大略。

康熙治国之要诀,就是两个字:一诚,二和。诚者,取信于民,以诚为正道;和者,和而不同,不走极端,社会和谐。要做到这两点,须有宽广的政治胸怀,以民为本的人文情怀。康熙的一生实践了"诚和善治"的诺言。

康熙之文韬武略得益于对儒学的理解和应用;也善于在处置具体政务中体悟成败得失,且举一反三,考察利弊,总结经验。诸如,康熙从靳辅治理河患之曲折中体悟到应以重民生为固国之本;用人任贤,既要兼听,更要督责,不图政绩之虚名。这些体悟便来自中国儒学传统的哲理启迪。为此,康熙亲自主持经筵日讲,读讲儒学经典。这种类似高官读书会的讲学实践可谓是一个创举了。

以民为本,是鉴定官吏能否廉政、勤政,政府是否清明公正的试金石。康熙自然将清明吏治、惩治贪污列为政务之要。官吏腐败,政府焉能清明?百姓何以聊生?社会何以和谐?

中国儒家是理想主义者,康熙亦然。树清官典型,训勉封疆大吏,问责内阁重臣,目的是要营造廉政的从善之风。可惜,晚年的立皇储之争,使朝廷陷于内乱,政务疏于监督而放任松弛。康熙无暇顾及廉能吏治,由此,冀希清官效应的廉政建设便成了虎头蛇尾的烂尾工程。康熙的晚年有心无力,只有发出无奈的叹息了。

康熙在统一台湾,抗击沙俄,平定噶尔丹之乱的内政外交上,均取得骄人成就。但影响力甚巨,至今还哺益华夏民族的,还是集典修史的文治兴邦之举。康熙将承传中华民族文化遗产列为安邦兴国之要务,选聘鸿儒,编修《明史》,编纂《古今图书集成》,为中华文化史搜集文化珍籍。这才是造福千秋万代的功绩。康熙集典修史的文治,尊重知识士人,倡导学术公正,求同存异,善丁融合多元文化观念,更是营造了文治兴邦的义化语境。若说史无前例,康熙是当之无愧。

康熙的文韬武略可圈可点,但在立皇储一事上却留下了一生最大的败笔。出于对皇后赫舍里氏的深情,以及对赫舍里氏在南巡途中病逝的内疚,将钟爱之情倾注于二皇子胤礽身上。

无论是幼时的帝王教育，还是对胤礽狂妄自大、任性的迁就，都灌注着一个父亲的至爱。选择接班人的理性和政治智慧却被亲情的短视所遮蔽。胤礽的结党营私，搞乱了朝纲，挑起了众皇子的内斗，分裂了朝臣。立皇储的吊诡摧残着一个临近暮年的康熙。最终，康熙把挽救大清王朝的最后希望寄托在密诏上，让历史作出判断和选择。

康熙是智者、伟人，但也是个凡人、俗人。当脱去黄龙袍时，圣人也摆脱不了亲情的纠结，也有无可奈何的遗憾。

诚和善治之道

清军入关，建立大清新王朝，剿李自成，灭张献忠，南下逐鹿中原，终以武力统一全国。八旗披坚执锐以及首崇满洲的治国之策，难以磨灭明末社会尊汉斥夷的文化心理。满汉冲突和隔阂成为清初社会失衡乃至对立的重大危机。摄政王多尔衮为征服汉民社会，施之武力杀戮与文化专制的暴政：强行留发不留头的"剃发令"，诏令全国通用满文、满语，兴文字狱等，便是所谓攻城兼之攻心的以威治国。天聪八年，多尔衮诏令将官员、城邑的汉文名一律改用满文，并召集群臣训谕，力戒汉俗。顺治二年，清军攻入南京，即令限十日之内改装剃发，遵依者为大清子民，迟疑者视作逆命之寇。强制汉人剃发，改变民族习俗。江南民众以"头可断，发不可断"之誓抗议剃发，清军则暴行"嘉定三屠"，残杀全城二十余万人予以镇压。汉民因书写疑似忌清之词，横受诛戮之灾者比比皆是。清初的满汉对立，社会失和，致使社会分裂：一面是清廷的暴力镇压，政治、文化的专制；一面是汉民反清情绪沸腾，在大清一统的表象下，暗淌着对立和抗争的激流。

改朝换代之后，如何缓解满汉对立，平息民怨，安抚士绅商农不同人群，和谐社会，则成了康熙亲政化解危机的当务之急。《清史纪事本末》记载了康熙治理社会的策略和才能。

康熙亲政，首先尊奉宋儒程朱理学为圣学。他对理学的一个感悟便是以诚、和治理社会。治国之道乃是一诚，二和。程朱理学讲得很清楚,诚者,取信于民,以诚为正道。诚信丧失,误国殃民。和者,和而不同,不走极端,不偏失一方,融则和,斥则伤。康熙在阅读明永乐年间编的《性理大全》时,作了一条御批:大指只一诚字,人怎可不以诚自勉? 康熙九年,在颁圣谕治国要策时,特意下谕九卿各部衙:精通性理实学之人,务必保荐。其用意就是,今后将优先提拔通晓理学要义之士。康熙的目的是要统一思想,建立贯穿诚和善治之道的国家意志,消弭满汉之间的裂痕和文化隔阂。

康熙着力善治的有以下几项:

禁止圈地,限制特权。清入关建朝,多尔衮以禁旅八旗为国家根本所系,应以抚恤爱养为由,饬令大兴土木,为八旗兵丁造房、娶妻生子。此项政令名为抚军,实是为满清贵族跑马圈地、侵吞民间房田开了绿灯。圈地之政,加剧了官民、满汉之矛盾。康熙对贵族圈地引发的社会动乱关之甚切。他认为,继承祖先的基业,在于安定天下,抚育群生,将民间房地圈给八旗,以致生民失业,衣食无资,流离困苦。为调息民怨,颁诏二令:一令永远停止圈地,圈占民间房地永远停止,已圈地者,悉令归还民间,满汉军民,一视同仁;二令废除藩产变价。清初曾规定,各省将清查明末皇族、显爵的属地田房可变价售给耕种者。汉民贫困,无力购地。此规定形同空文,但却成了贵族廉价兼并房田,变相圈地的合法通道。康熙决定废除变价,将地田交与原耕种者,藩户改为民户,"永为世业"。禁止圈地,废除变价,显然是限制了贵族利益集团的特权。康熙之举虽与近代的"均田赋","耕者有其田"的民权思想有天壤之别,但其试图缓冲尖锐的社会对立,不失为明智之举。

尊重汉俗。民间俗习,既是一种生活方式,也是一个民族的文化传统。作为一种文化的约定俗成和中华文明的表征,对稳定社会常常起着潜移默化的作用。清初的"剃发令"之所以引发社会震荡，也是因为凌辱了汉文明和文化俗习而诱发民族情绪的愤激。康熙将尊重汉俗，提倡不同民族习俗的相互融合视作以诚治政的重要举措。康熙亲政仅数月，便批准推行"三从三不从"的新政，即汉民改俗，可男从女不从，官从吏不从，生从死不从。此后，清朝两百多年，女子可穿明代衣裙、梳汉式发髻，衙署吏役可着汉式差服，死者入殓可解发辫，穿汉式衣裤。由此缓和汉民对异族习俗强制取代汉俗的抵触情绪。汉族民间有一种乡饮酒礼的风俗。每年春分、秋分，乡间族人共聚一起饮酒祭礼。德高望重的族中长辈在祭礼中寄勉族人，祈福平安，祝愿来年风调雨顺。康熙认为，尊重如此汉俗，有助于群体的亲和，促进社会和谐；对清王朝而言，劝诚满族仿汉成俗，不仅可以弥合满汉的文化隔阂，而且可在民间倡导一种民族和谐的社会氛围。因此，康熙下达行政令，着八旗所辖的满、蒙各地均推行乡饮酒礼的汉民习俗，军队亦参加民间乡会，改善八旗禁军屠城之酷政形象，邀请汉人中年高有德者参加。康熙尊重汉俗之举，营造统治者的亲和力，是煞费苦心的。

向汉族文人开放仕途。满族官员治政存有先天不足，对汉民社会知之甚少，又且长期的军旅生涯，缺乏必要的治政经验和学识修养。康熙把开放仕途，让汉人参政以汉治汉，视作缓和满汉矛盾的一个重要途径。康熙九年，康熙颁诏全国，命各省、府、县官衙推举品才兼优的明末遗老和知识贤达，并在各地张榜告示，凡山林隐匿，有志进取者，均可应聘，以便擢用。另外，在朝廷增设南书房，选聘博学善才者任南书房行走，可与内阁大臣讲论应对，商讨国事。由内务府专拨房屋居住，让汉士潜心治学。明末清初的著名学者领袖王士禛、徐乾学等最初都在南书房任行走，后委任要职。十八年，康熙为广纳汉族士人，特准举行博学鸿儒科考试，选拔贤能博学的汉族文人。特科考试还破例赐宴，完卷不限时间，尽悉发挥其才学，以示对汉族文人的尊重。届年，各地推荐应试多达一百四十三人，结果录取一等二十人，二等三十人，分别聘为翰林，有入《明史》馆修史，有候补授职衔，有的外放地方行政官员。康熙开放仕途，在朝野引起震动，这对化解汉族知识分子的怨恨，使之融入社会起了积极作用。

振兴教育。清初建朝，社会失稳，人心涣散。尤为令人忧虑的是，学校废弛，教育日衰。教育的边缘化，是导致道德沉沦、行为失范、社会危机的重要诱因。故而，康熙颁发"圣谕十六条"中专列一条"隆学校以端士习"，把振兴教育作为诚和治国的一个重要决策。在执政期间，康熙推出许多具体措施致力于推崇教育。诸如：修复各地学校，有条件的省、府、县鼓励办学，京城办国子监，建全官学的各级教育；鼓励官员子弟，民间年少入学，尤其是动员少数民族土司官员子弟就近府、县入学；饬令各省拨专款资助贫困学生；清理学校环境，禁止闲杂之徒任行出入；各衙门选择进士出身官员充当补授教官，造就人才；修缮国子监及各地文庙，宣扬万世师表、尊师爱教之道；等等。康熙振兴教育的方针是德才兼备。为此，亲作《训饬士子文》，颁发礼部，要求学生"先立品行，次及文学"，"敦孝顺以事亲，秉忠贞以立志"。对提升全民的文化素质，培育社会风尚，无疑具有积极的推动作用。

宽容异己。兴文字狱，推行文化专制，在顺治朝已是变本加厉。康熙朝初期，鳌拜等四辅臣执政时发生的庄氏史案更是令朝野震惊。浙江湖州人庄廷鑨因刻印明内阁首辅朱国祯的《明史》而酿成祸及众门的惨案。凡参与刻、印、卖、藏者悉数缉拿，涉案者多达两千余人，十余人被凌迟处死，所涉官员或以私藏逆书罪处斩,或以失职罪革职。庄氏史案在一些知识分子、社会达人中成为亡国伤痛的文化记忆。康熙总结教训,决定改张易辙,变禁为疏,宽容持异见的知识分子。康熙南巡途中在西安特意接见当地名士明遗民李颙。李颙推病不出,避而不见,仅遣子进呈所撰书著。康熙不但不责罪,反而勉加安慰,对其子说:你父读书守志,可谓完节。朕有亲题"志操高洁"匾额并手书诗帖,以表彰你的父亲。回巡德州途中,又手书"绩学参微"赐予闭门治学、誓不参政的明遗民梅文鼎。为尊重知识分子,康熙专门对修《明史》一事作出批示:"《明史》之是非自有烛见,卿等众意为是即是也","朕无一字可定"。康熙的宽容,绝非皇太极、顺治可同日而语。康熙诏举博学鸿儒修史,吸纳前朝史鉴;网罗遗民达人,容忍异己政见者,明晰地发出重用知识分子,消弭满汉对立、朝野隔阂之信号,可谓用心良苦。

儒家有言,君子宽容,行身中和;以百姓心为心,为善治者。康熙以诚为信,融为和,企求社会和谐,确是值得体味。乾隆四年,特加谥康熙帝"诚信"、"中和"四字,此评价甚是中肯。

经筵宣讲经书

康熙八岁继位,在孝庄文皇后的庇护、支持下,罢免顺治朝重臣鳌拜,清除鳌拜党羽,于十四岁亲政。康熙八年,亲政第三年,做了一篇治政的大文章,将汉满混合内阁各部纳入大清治国理政的轨道。

起因是兵部给事中刘汝汉的上疏奏折。刘某呈奏,望圣上启动"经筵日讲",选若干儒臣贤达宣讲经书。

兵部给事中只是掌印稽核兵部衙门文案而已,经筵授学纯属礼部的职司;又且给事中的官职不在内阁之列,刘某之举引起朝堂哗然,实有冒犯廷上之嫌。不料,康熙龙颜大悦,当廷表彰,言明"经筵"讲授事关国家政治大计。

康熙破格表彰,且谕示为国之大计,让众臣大惑不解。在汉臣眼里,经筵不过是陪读皇室讲授经书而已。况且,经筵古而有之。汉武帝曾召博士、光禄大夫张禹为太子授教《论语》。成帝继位后,以帝师之名召张禹朝夕讲解《尚书》和《论语》。北魏时期的孝武帝亦命儒臣在宫中讲授《孝经》与《礼记》。到宋代,经筵讲授已成为一种帝王教育的制度,并专设经筵官,由翰林侍读、侍讲学士担任。说白了,经筵官就是帝王及皇子们的陪读。到了清初,顺治帝却下旨废除爱新觉罗子孙陪读经书,改为进讲清朝历代祖训。

康熙决意恢复古制,并审时度势,作了让高官们惊诧不已的决定:一、恢复进讲经书;二、改皇帝陪读为御前宣讲,授学对象是朝廷高官；三、经筵官由满、汉高官各八人担任，承职者为内阁大学士、六部尚书、都御史、翰林院大学士等，职责是进讲经书、解释经义、备考咨问应答；四、每日经筵宣讲列为朝廷日常议事，废除流于形式的"经筵大典"，定每年春秋两季（二、八月）选日举行大典，交流学习经书心得；五、规定经筵宣讲以《四书》、《五经》及《通鉴》等讲述治乱兴衰的典籍为主。康熙说得很透彻，帝王治理国家，必须要依赖经书典籍，方能取得资治通鉴的好处。

此后，为营造讲读经书的氛围，康熙特意将经筵讲读处移置文华殿，这是批答章奏、草拟诏令的机要重地，足见康熙对经筵的重视。每年春秋两季的经筵大典，也有简约而庄重的仪式。殿内只设一座御案、一座讲案，众官拱立竦听。从经筵讲官中轮选四人作为值日宣讲。尔后，由皇帝亲自逐一评点优劣。宣讲完毕，众官退殿，留下轮值的经筵官殿内赐茶，以资鼓励。

经筵新规实实给朝廷上下一个震动。岂不说以显赫战功进晋入阁的满族重臣，对汉学经书一窍不通，就是汉官能精通儒学者也是寥寥无几。康熙此举，就是一种倒逼。朝廷高官不读书，不治学，不谙治国之道，如何执政？不学无术，朝廷必然助长庸政、懒政，弥漫揣摩圣意之歪风。所谓勤政能臣仅仅是一具摆设而已。

康熙如此精心策划，周密部署，确是有其深意。康熙之举，意在拨乱反正。早在康熙二年，福建道御史王鼐曾疏奏，建议在经筵之时，在满汉诸臣中择知识渊博者，宣讲经书有关治道之义，另请编修三朝实录，撮其要旨，编为《祖训》一书，与经书同时进讲。显然，王氏之议乃是避讳顺治帝以光大祖训圣德之忌。当时，康熙刚继位不久，年仅九岁。顺治帝驾崩前遗命四

辅臣执掌重权,四辅臣却以"先帝祖训"挟制天子,擅自决定经
筵大典拒讲经书,排斥汉学,以祖训圣德为幌子,结党营私,排
斥异己,激化满汉矛盾。时仅数年,已是社会动乱,民不聊生。
康熙八年,得以铲除鳌拜集团,肃清四辅臣余党,亲政治国。而
整治朝纲的一个抓手便是力推经筵宣讲。康熙颁谕规定进讲
《四书》、《五经》及《通鉴》等典籍,让内阁各部重臣自上而下学
习汉儒经学,统一认识,甄别治国方略,拨乱反正。

立新规经筵,御前宣讲经书,消除四辅臣的流毒,规范群臣
的思想行为,实是一石二鸟的妙招。

为使经筵宣讲不流于形式,徒于虚名,康熙亲自督察,令宣
讲的大臣必须研读典籍,不仅要求能流畅地回答别人的提问,
还要有自己的见解,不得敷衍了事。凡不懂、不识之文章,可先
请知识贤达教之。有些高官,尤其是手握重权的王公大臣,懒
怠成习,厌学成性,无所事事,却热衷于声色犬马,总是以夏日
炎热、入秋政务缠身为由推诿搪塞。康熙毫不留情地予以斥
责,对左右近臣直言:朕在听政之余,仍在宫中披阅典籍,乐此
不疲。言下之意,朕尚且乐此不疲地研读,臣工们有何理由可
拒学? 康熙的直言虽细言轻语,却给朝廷高官们以无形的压
力。为督促大臣们自觉学习,康熙特地任命数名满汉大臣兼任
居注官,将经筵进讲纪录在案。康熙的经筵宣讲显然颠覆了延
续历朝的陪读旧习。在康熙的督导下,经筵宣讲逐步制度化,
坚持不懈,前后持续长达十六年之久。皇帝亲力亲为,高官重
臣尽心研读,这在中国历代的封建王朝中是难出其右的。

更为可圈可点的是,康熙倡导经筵宣讲以讲究实效为重。
宣讲的目的是梳理治国兴衰的原因,汲取开拓政务新局面的智
慧。康熙帝指示进讲经学必须围绕这个目的,各抒己见,直言
不讳,而且要互相讲论、争辩;进讲不说套话、官话,务去陈言,

要言不烦，杜绝报喜不报忧、投君所好的谄媚之风。进讲所选典籍，须以治国方略为主旨，事先呈报进讲典籍篇章、章体事例，并亲作指导。国子监祭酒徐元文呈报进讲《四书》，康熙则指示，《通鉴》事关前朝得失，有益于治道，应与《四书》参讲，遂命他再改讲章。《四书》的治政之义须关及前朝历史的得失，才算有的放矢。康熙的改题，显然是把进讲纳入理论联系实践的轨道。凡呈报讲章文稿，辞不达义者，康熙则以事前试讲而监之。翰林院大学士喇沙里进讲《通鉴纲目》中"告子曰性犹杞柳也"一章。喇沙里仅就字生义，简单概括成，此章说的是"以人性为仁义"。康熙甚为不满，然则先行亲讲。康熙解读道，告子说的是，人的本性好比杞柳，义好比杯盘，杞柳条编成木器杯盘，已不再是杞柳了。他的结论是，仁义并非是人性。康熙进而说，这是混淆视听、似是而非的说法，是误导众生，使天下人变得不仁不义。康熙讲论精微，义理融贯，精到之论，让一些人云亦云、缺乏思考、滥竽充数的庸人无地自容。经如此整治，康熙朝之官场学风为之焕然一新。

经筵宣讲鼓励官员们互相讲论、争辩，在讨论中求得统一，这是康熙的开明之处。康熙尊崇儒道，奉宋明理学为官学，但朝廷诸臣对理学知之不一，常有真伪之争。进讲时，康熙发现不少讲官常讲空话、套话，言行不符者甚多，康熙认为，这就是伪学。道德与做文章纯属两回事，能做文章者，未必能"明理"；空疏不学之人却常借理学文章吓唬人。唯有行事皆与道理相吻合，才是真正的理学。当然，互相进讲并非是纯粹的学术讨论，对儒道理学的诠释须获得康熙的认可，才是"真理学"，否则就被指为荒谬。显而易见康熙的真伪之导学自然是服从于治政的目的。康熙十六年，大学士陈廷敬等进讲《通鉴纲目》，康熙认为其对前朝的用人行政、黜陟赏罚，进讲甚为精详，于政事大有裨益。康熙定调,则将儒学的治政之道自然列为各部官吏的行为准则。又如,康熙在批阅讲官牛钮的进讲题目时,特意指出,向来进讲都是训勉臣下的。可见康熙鼓励君臣进讲讨论,目的便是训勉臣下,众臣要有所警省。康熙的精明及驭臣之术是前朝难以企及的。

康熙推行经筵宣讲可谓坚定执着,通过吸纳、继承儒家的统治思想,并以之统一各级官吏的言行,这正是政治家的智慧所系。经筵宣讲之所以卓见成效,便在于治学制度化,勤政以治学为先;倡导百家争鸣,各抒己见;摒弃陈言与媚词,端正学风。而经筵宣讲之举,又为整治政风,确立清明的治国方略奠定了思想基础。这实是凸显了康熙的政治谋略。

靳辅治河　康熙治政

　　自顺治朝到康熙十五年,其三十余年间,水患洪涝频发,黄河决口多达四十五次。仅苏北地区,黄、淮、运河等决口达百余处。海口淤塞,河道敝坏,漕运断航,洪水泛滥,灾民浮尸无数。清廷先后任命五任河道总督治理河道,均以失败告终。康熙主政后,审察历任河督的业绩,诸官虽尽勉力竭,却均不谙治河之道,全无治河之才,以致治河溃败。十六年,康熙任命安徽巡抚靳辅为河道总督,责令其详细勘明黄河河道及水患实情,提出修筑堤岸、消除河患的方案,必须"一劳永逸"。

　　靳辅是清汉军镶黄旗人,也算是勋戚子弟。顺治朝中期,以国子监的官生考授国史院编修。康熙初年,因满腹经纶,又务实政绩,深得圣上赏识,先后升任内阁学士、安徽巡抚。此次临危受命,也是康熙寄予厚望之举。

　　靳辅上任河督,主持淮苏地区治河。靳辅摒弃坐衙闭门造车,依赖幕宾献策之旧习惯,亲赴灾区一线踏勘。为筹划治河大计,靳辅走遍水患各处,广咨博询地方父老,毋论贵贱,士绅、工匠、劳役、灾民,凡对治河之道有一言一事见识者,均以礼待之,虚心吸纳,并融入前人"束水攻沙"之经验,制定了黄、淮、运河道的治理方案,也就是列入《清史纪事本末》的"靳辅治河八疏"。所谓"八疏",即是:疏下游河道;治上游淤塞;高筑河堤;堵塞黄淮决口;深(挖)运河,以通漕运;筹划钱粮;整顿河务;巡河守堤。一言蔽之,黄、淮、运三者兼治,治管并重。

　　启动浩大的治河工程,正值清廷百废待兴之际。平定吴三桂等三藩之乱,统一台湾,北御俄国沙皇入侵,诸项大事已消耗大量军力、钱粮,致使财政告急。但事关民生,康熙力排非议,决心治河。以"治河大事"为要务,且不征税加赋。治河不加赋税,实在难得。康熙特批动用国库,首次调拨库银二百五十万两,限期三年竣工。靳辅殚精竭虑,在幕僚陈潢襄助下,征集民工,堵塞决堤坝,疏引河,治黄水归故道。继后,避黄河数百里险隘,在宿迁、清河(今江苏淮阴)开通中间河道,疏通黄、淮、运河,理畅漕运,便利商民。靳辅修治河道十六余年,终成正果。然长年积劳成疾,六十岁逝于治河任上,身后留下一部用毕生精力写就的《治河方略》。康熙高度评价靳辅的治河功绩,称之"有功于运道民生,至大至远"。

　　今读关于靳辅治河八疏的记载,并非考量靳辅的清廉务实及治河经验,而在于治河背后的康熙治政之道。

　　治理黄淮河患,牵动着朝廷上下官吏的利益。历任河督治河不力,又置民生于不顾,侵渔虚冒,中饱私囊,水患兼之吏患。康熙朝治河,其官场恶习并未收敛。朝廷部衙的勾心斗角,相互牵制,致使靳辅屡屡遭参,险些罢官入狱。细读大清史事,品味康熙治政之道颇有意味。

　　治河工程浩大,首期预算高达每日十二万两白银,巨额支出须尽全国之力。而黄淮水患,哀鸿遍野,民不聊生。水患不除将引发社会动乱,动摇清廷之根基。权衡再三,康熙决心治河。因前车之鉴,康熙决不掉以轻心。先是建立廷议制,召集御前九卿会议,对"治河八疏"充分论证,众抒己见,就各方异议,命靳辅逐一勘察调查,修订方案。经数次复议,才拍板定局。

　　康熙十七年,靳辅"治河八疏"获准。康熙下达四项规定,按今人之说便是"问责"。一是赋予靳辅以治河全权,凡治河的一切事宜由靳辅题奏;二是饬令限时三年竣工,治河须一劳永逸;三是治河如无成效,罪罚一并议处;四是遣尚书伊桑阿、工部侍郎宋文远、御史伊喇喀等监察河工。官吏各司其职,不得懈怠。

　　靳辅受命后,三年治河,"八疏"预定的首期工程已初显成效。开通黄河下游四道引河,筑水堤一万八千余处,堵塞决口四处,唯留下杨家庄决口工程未完。一些权贵嫉妒其政绩,以治河工程延迟,且未达到"一劳永逸"的目标为由,参奏议罪。康熙不盲听偏信,搁置众议,只令靳辅戴罪督修。康熙二十五年,工部又疏参靳辅修理河工,并无成功,消耗钱粮,应严加议处。九卿会议也议决将靳辅革职。屡次参奏,康熙不为所惑,先派人实地复验,对治理工程作评判;后亲自南巡,视察黄河南北岸诸险工程,途中聆听地方民众意见。江南淮安地区百姓皆称誉河督靳辅,赞其所修河道堤岸坚固。至此,康熙作了最后裁决:靳辅"实心任事,劳绩昭然",遂命撤销九卿决议,官复原品;对诽谤者,以"妄奏之罪"予以罢免。

　　康熙深谙儒家思想之精髓,将民生、任贤、兼听、督责融入其治政之道。

　　兴水利,以利民生为要。修政事以利百姓,不图政绩虚名,务求利商利民,社会和谐。当然,康熙的"以民为本"并非今人之民主思想,但其重民生,图安居乐业以固国之本还是值得称颂的。

　　任人唯贤为要。知而必任,任而勿疑,以国家利益为重,考量、使用人才。康熙以此审察历任河督之优劣,启用靳辅便在情理之中了。

　　考评官吏,百姓称誉为要。听言不可不察,不察则善恶不分。将民众的评议作为考量政绩的客观依据乃是明智之举；无事生非者必予处罚，杜绝颠倒黑白、恶意诽谤的官场歪风，才真正显示吏治的公正。康熙褒奖靳辅，罢黜诽谤者可谓是一次官场整肃。

督责，以吏尽所能为要。即所谓：君以其言授其事，事以责其功；功当其事，事当其言。赏罚以是非为论，有规矩才成方圆。康熙赋当事者责权利，兼之监事督察。事者尽能，监者秉公，不失为一种有效的吏治机制。

靳辅治河，功在千秋，值得一书；而康熙寓治政之道于治河，也应一说。

倡廉的清官效应

明一代尊奉程颢、程颐及朱熹的理学,考举取士、吏治政务,以理学精义为准则。宋明理学便成为大明朝维系朝纲、治国修身的意识形态。清朝入关之初,仍沿袭明制,继续信奉理学。康熙初年,鳌拜等四辅臣擅权,则废除理学,以清朝先祖训诫取而代之,排汉尊满,维护满贵族的权益。四辅臣在罢黜理学的旗号下,擅权敛财,侵吞归己,受贿纳垢,腐化之风严重危及吏治肌体,官吏失去儒家的价值观念和道德伦理,致使理学精义不学、不讲、不立,是非训诫不明;官吏以揣摩上司为立命之本,沽名钓誉,官场腐化成泛滥之势。于是,复尊理学已成为整饬政事得失的关键所在。康熙亲政后,立即重新尊奉程朱理学为官学,复归儒家理道,并亲临太学堂,谕示:"圣人之道,用资治理。"

康熙尊崇宋儒理学,在吏治上颇注重"德政",强调为官者的操守必须从善。尤其是,省思鳌拜集团的劣迹,更需倡导廉政。朝廷上下唯有廉洁,百姓才能得以安康。治天下以惩贪奖廉为要。这是康熙思考铲除辅臣擅权、尊举理学所得出的一个结论。

康熙七年,曾谕示吏部:民生之安危,在于"吏治清浊、惩治贪污"。但辅臣擅权酿成的官场腐化之风,已是积重难返。各省督抚纠错敷衍了事,或将已革职、已故贪吏案件上报充数搪塞;或是隐匿庇护,蒙混了结;更有的,我行我素,上下勾通,变换花样,顶风作案。惩治腐败的诏谕成了官样文章。康熙对此等情弊,深可痛恨。显然,仅靠空洞的劝勉诏谕是难以形成廉政新风的。南巡考察吏治,咨询朝廷政要,康熙逐渐形成了清晰的倡廉路径:立廉吏标准,树清官典型,推保荐制度,举任前训诫,定廉政考核等措施,将倡廉落到实处。这在中国古代历史上就封建吏治而言无疑是个创举。

康熙所立清官标准是"廉能从善",重在二字:一是廉,二是能。廉,是指道德操守;能,则是执政能力。康熙谕示朝廷文武百官:为官之人,不取非义之财,一心为国效之,即为好官。或操守虽清,不能办事,似此清官,又何益于国事? 显而易见,康熙要求清官不仅是操守清廉,更须善政。否则,清官乃徒有虚名,或是沽名钓誉,有损于政府形象。此言虽重,倒是切中官场的弊端。据《清史纪事本末》记载,康熙亲政之初的十余年间,屡次对各督抚、朝廷大员提出要求:"地方大吏,以操守为要","操守廉洁,念念从爱百姓起见";"始终如一,毋改其操",方为善者;"恪守法纪,勤修职业,公而忘私";廉政须"言行一致","掩饰之事,断不可行";而安心任事,洁己爱民,安稳地方,钱粮不加派,刑名公正,使民治实惠,这些就是执政能力的表现了,如此等等。康熙二十三年,亲自撰写清官于成龙的碑文,将廉政的清官标准规范化、系统化。碑文云:"朕读《周官》六计弊吏,曰'廉善、廉能、廉敬、廉正、廉法、廉辨',吏道厥惟廉重哉。朕用是审观臣僚,有真能廉者,则委以重寄,赐以殊恩,所以示人臣之标准也。"若用现代语言解读,便是:我读《周官》用六个标准去裁断官吏:廉洁奉公,才能干练,人品受人敬重,一身正气,遵守法纪,辨明是非。这是一个廉吏必须遵守的道德操守和政治素养。我用这个标准观察、衡量每个官吏,够得上廉吏六个标准的,将委以重任,给予特殊褒奖。这也是要公之于众的为官标准。康熙以这一标准审察、考核、使用官吏,而将清廉标准定为吏治的廉政条律，以碑文形式公之于众，形成朝野监督之舆论，可谓是用心良苦。

树立清官典型，推动廉政的从善效应，这是康熙倡廉的一个举措。康熙二十年，特谕嘉奖于成龙，将其廉政操守事迹公示天下，令各级官吏效仿。康熙在诏谕中说："直隶巡抚于成龙自起家外吏，即以廉明著闻，历升巡抚，益厉清操，自始至终，迄无改辙。凡在亲戚交游相请托者，概行峻拒。所属人员并戚友间馈遗，一介不取。"特嘉之，钦定"天下清官第一"。这是大清朝对廉吏清官的最高评价。

于成龙被誉为"清官第一"，确是名副其实。于成龙科举出身，考取副榜国子监生员。顺治十八年，年过四十五岁才被派任边远穷县罗城知县。后升任知州、知府、道员，直至康熙十七年，因执法不徇私情，而擢升福建按察使，成为督抚的属吏。两年后，晋升直隶巡抚，两江总督，成为封疆大吏。二十余年的官宦生涯，三次被举"卓异"，用今日之用语，就是有突出贡献者。其卓著政绩和清廉，深得百姓赞誉。康熙钦定"清官第一"后，更是蜚声朝野。于成龙信奉程朱理学，其心得：儒家仁义礼智的精义即是"天理良心"。处世为人，入仕从政，均以顺"天理"为信仰，以从"良心"为操守，这便成了于成龙的一生追求。

于成龙初任广西罗城，那里是边荒的不毛之地，城内仅有居民数家，县衙是三间破草房，县令栖寄破落的关帝庙。前任多逃亡。穷乡僻壤，百废待举。于成龙为县令八年，不以清贫为苦，不图私利，安贫乐道，勤于政务，招募流民，垦荒植耕，访问农事，奖勤诚惰；组织百姓修民宅、建乡学、筑城墙，让百姓安居乐业。时仅三年，罗城已是人丁兴旺，良田葱绿，面貌焕然一新。于成龙的清廉与才干，被广西督抚保举为"卓异"。离任之日，罗城上千人哭送数十里，有人高喊："公今去，我侪无天矣。"

清官不在，百姓又将暗无天日了。可见，于成龙在罗城民众心目中的分量。

于成龙赴任合州刺史，下属三县，荒芜百里，丁口稀少。衙门开支仅为纹银十四两，支付不足便靠索取百姓以维持。于成龙主政，以招抚百姓为急，垦荒养农，严禁州、县官吏肆意勒索，亲自下县乡区划田舍，借贷耕牛、粮种，不到两年，合州人口骤增，垦荒政务显现成效。除农垦荒政显示其行政能力外，公正断案也凸显其善政的智慧。铁面无私，维护法纪的公正，伸张百姓之正义，善于从细节中发现案情结症，屡屡破获重大悬案、疑案，纠正错案。尤其是，"慎刑"案犯，宽严并治的法治之道被各地官府所效仿。百姓称赞其为包龙图再世的于青天。

于成龙勤政善治深得百姓敬崇，而清明廉洁更是有口皆碑。一次，其子于廷冀来于成龙任职地方探亲，于成龙囊中羞涩，只能给半只鸭子送别，合州百姓戏说于公可改名"于半鸭"。任黄州同知，于成龙以糠粥为粮，民众又评说："要得清廉分数定，惟学于公食糠粥"，由此又得了个雅号"于糠粥"。康熙二十一年，于成龙升任两江总督，经常熬夜秉烛案桌，却无米下粥充饥。官衙众下属无不惊诧，有人叹息堂堂二品封疆大吏竟落得个"无米总督"。坊间的流传，实是对于龙成清廉操守的仰慕和嘉奖。于成龙死后，江宁府百姓竟然罢市而哭。清廷派官员清点其遗产，仅见盐米数升，布被一床，袍服一件，靴带四条。一个封疆大吏，管辖全国最富庶的鱼米之乡，竟然如此清贫！其清廉堪胜明代清官海瑞。

康熙赐于成龙"天下清官第一"的殊荣，意在用于成龙作典型比照，扩大倡廉效应。康熙深悉御臣之术，以廉政从善之道规范臣工。如何使各级官吏自觉遵循？康熙便将官吏清廉与否，须与于成龙的操守和善政作比较。儒家崇尚仁义德行，榜样的引导和规训,康熙可谓应运自如。

康熙谕示吏部,明确表示,考察吏治应以于成龙为标准,予以训诫。南巡江宁府时,康熙召集八旗汉军各将官,着令"务效前总督于成龙,正直洁清",痛改八旗子弟恶习,洗心革面,要爱民如子,并承诺效仿于成龙者,"朕立行擢用"。对新任两江总督傅拉塔更是叮嘱:"尔此去当洁己行事,前任江南总督诸人无过于成龙者,尔如其行可矣。"其意很明确,为官者,其德行、操守、善政智慧、才能须以于成龙为榜样。傅拉塔悉心而为,克尽克己,勉力廉政。康熙立予肯定,表彰傅拉塔是继于成龙之后两江总督中"惟一居官善者"。显然,于成龙的清官典型对开创吏治清廉之风确有益处。

嘉奖清官廉吏是倡廉行之有效的推动力。康熙赐清官荣誉,兼之物质奖励及擢升、提拔,对营造倡廉的政治氛围的效果甚为显著。重奖于成龙之举曾使朝廷高官们羡慕不已。康熙"赐内帑白金一千两,朕乘良马一匹"。当时,各省督抚的年薪仅一百八十两。此奖金可谓是天价。康熙舍得下血本,在于"廉洁者,奖一以劝众;贪婪者,惩一以儆百"。当然,于成龙获重奖仅是个例,并非所有清官都有此荣幸。山西巡抚倭伦也被列为清官,家计亦贫,但康熙的奖励仅是"赐御用貂服一袭"。这有点令人啼笑皆非了。貂皮大衣虽名贵,却中看不中用,难以接济柴米匮乏之苦。但官吏们受之而诚惶诚恐皆是看重清官名誉将带来的升官机会。

康熙悉知官场的文化心理,故将提拔、擢用作为奖励的重要砝码。吴江知县郭琇居官甚善,百姓至今感颂不已。先升左都御史,后破格提为湖广总督,七品知县跃升为封疆大吏,实是震惊朝野,自然激发了各级官吏廉政的进取之心。直隶巡抚李光地因居官甚好,才品俱优,升文渊阁大学士;江苏巡抚宋荦因操守好，不生事而升为吏部尚书，二人迅速进入权力中心。康熙南巡，问得江苏按察使张伯行居官甚清，而官升一级为福建巡抚。在康熙擢用廉吏的过程中，尤其注意省级官员的品行操守，将之纳入亲自监管的视野。督抚是地方官吏上行下效的直接榜样，督抚之廉政是倡廉成功与否的关键所在，这也是康熙精明过人之处。

康熙规定各级官员应承担保荐廉吏之责，自下而上，选拔廉吏清官。康熙十八、二十年，数次下谕，令九卿、詹事、科道各衙，将居官洁清，办事才能显著者，从公保荐。其目的，是推动基层官府的倡廉，于成龙便是被保荐的人选之一。康熙十八年，都察院左都御史魏象枢开了保荐之先。他力荐户部侍郎雷虎、班迪，兵部侍郎达哈他等十人为廉吏。康熙特别看中的是曾被降调的黄县知县张沐，被革职过的嘉定知县陆陇其，认为被降、革者，在于地方难治，唯有处在逆境中的廉吏才可有所表现，故特批张、陆赴京候补。

为防止受贿、人情陋习的官场舞弊，康熙要求保荐官吏须有廉政从善的档案，规定各省督抚保荐府州县官员须作廉政担保，受保荐者应按规定申报实迹，明确无营私纳贿的考核评语。显然，保荐并非是作秀，而是严谨、认真的考核选拔。

康熙倡廉的亲力亲为，还表现在对赴任的新官，尤其是封疆大吏作御前训诫。二十二年二月，直隶巡抚格方古德任前陛辞，康熙令其以前任于成龙为榜样，"清廉为官"。八月，江西巡抚安世鼎赴任，康熙训示："为官之道，宜以操守为第一。持己清廉，爱养百姓，方称大吏之职。"二十四年二月，漕运总督徐旭龄陛辞，康熙亦要求："尔为大吏，洁己率属，官吏自不为奸。"二十五年十一月，山西巡抚马齐赴任，康熙告诫："尔若始终如一，毋改其操，则善矣。"康熙的谈话，并非作官样文章，实是付以廉政之问责;既要求高官大吏行为自律,为属官作表率;又应承担所属道员以下、知县以上官吏进行廉政考核之重责,将实心惠爱民生,居官清廉者,具折报送内阁,以作奖惩升降之依据。康熙的御前谈话,既是训勉,更是问责。这在大清朝历代帝王的作为中,实是难得。

康熙倡廉在其初、中期颇见成效,官吏之贪污之风明显收敛,州、县地方也涌现一批廉能官吏,倡廉的清官效应使吏治得到有效改善。但须指出,康熙的倡廉仍缺乏可持续性。至康熙晚期,官场旧习又沉渣泛起。究其原因有如下几条:

倡廉有度,肃贪却无节。康熙树清官,也惩贪吏,但肃贪仅靠圣裁,缺乏类似倡廉的一系列措施和制度保证。一手硬,一手软,顾此失彼。

倡廉重道德操守,却难以根除以利益为纽带,且盘根错节的官场潜规则。清朝官场盛行师生之谊,裙带之亲,利益驱使的潜规则,常见官官相护,藏污纳垢,举廉难免有失真伪。

倡廉旨在兴廉政从善之风,但诸多官吏则视清廉为升官之阶梯,从政未必为善,常有以攻讦而标榜自我清廉者。康熙五十一年,江苏按察使张伯行、两江总督噶礼任的互参案便是一例。被誉"居官甚清"的张伯行奏疏参葛氏"居官贪婪",后者奏称所参各款"尽属诬陷",张某"为官不善"。康熙仅以免去两人官职平息了事。康熙的糊涂断事,自然有损廉政之清誉。

康熙晚年,为宫廷内乱,选择皇位继承人所困扰,政务松弛,也无暇顾及廉清吏治。面对诸臣恪守清贫的牢骚,竟然允许官吏有纤毫私纳,即小贪小拿。四十八年八月,康熙特诏谕曰:"所谓廉吏者,亦非一文不取之谓。"否则居官日用及家人差役何以为生?禁门一开,廉政之风戛然而止。官场顽疾及腐化之风死灰复燃便成必然。历史的教训应引以为戒。

集典修史　文治安邦

　　康熙初创了大清朝的盛世。其诚和善治得到历代史学家的称颂。为稳定大清政权,康熙将"圣朝文治"纳入政务善治的范畴。所谓文治,是将传承中华民族文化遗产列为安邦的治国要务,可以说,文治之举开创了大清朝盛世修典的治政先例。

　　康熙文治的最大功绩是修史集典,发掘、整理历代文化遗产,传承中华民族文化。其中,编修《明史》,编纂《古今图书集成》等重大文化工程,堪称中华文化史上的卓越成果。有史学家评点,称康熙的修史集典是出于对民族文化的热爱和理政的需要。此说不够全面。顺治朝"首崇满洲"的国策,禁毁汉学书籍,实施以满制汉的文化压迫,造成汉满对立和文化隔阂。康熙施政,除推行诚和善政、蠲免税赋等安抚政策,以消弭汉满对立外,一个重要国策便是推进汉文化的传承,消除文化隔阂,达到安邦兴国的目的。康熙力主修史集典,不仅是调和汉满文化的功利需求,更是吸纳汉文化的伦理观念、道德准则、施政治国之道,以维系大清朝政治、文化的统治地位。文治安邦是有意而为之,绝非个人文化偏好所致。

　　修史,是历代新朝帝王登基必做的功课,对前朝的历史实录和评估,作为今朝治国安邦之镜鉴。编修《明史》始于顺治朝,历经顺治、康熙、雍正、乾隆四朝,阅时近百年。而《明史》蓝本的编撰、审定则在康熙朝,雍正、乾隆朝只是作局部删改、修订及刊印而已。

清廷于顺治二年宣布开馆编修《明史》，以明末遗臣、清弘文院等大学士冯铨、洪承畴为总裁负责编纂。至顺治九年，《明史》馆却因久淹岁月，残缺明代天启朝实录及崇祯朝的史料，难以编撰之由而束之高阁。顺治朝修史无果而终，既有史料不备之虞，更有敷衍其事之因。清廷诏修《明史》，纯作履行旧例，宣示清朝立、明朝亡的一般事务。参与编纂者虽多明朝旧臣，如洪承畴等，却并非是修史专才，仅按官衔挂职，图虚名了事。清廷内阁各部、各督抚衙门的主政者以满族官员居多，对修史不以为意。顺治五年，曾下谕内阁六部、都察院、各省督、抚、镇及布、按司衙门，令其将明历朝奏疏、谕旨及有关实录，均汇送内院以备纂修，但直到顺治朝终，此令都未获遵行。民间散佚的史籍颇多，但出于民族情绪和犹记亡国之自尊，而拒献史籍。如此种种，修史失败，势在必然。

康熙朝重启《明史》编修工程，其主旨、谋划、编纂、督修等重要环节，缜密周详，且营造朝野合力之氛围，倾国力而为之。这与顺治朝修史迥然不同。

招纳博学鸿儒，聚集学政兼备的能吏，是康熙开馆修史确定的首要原则。修史者，须是懂史、善修的名儒，有真才实学的能吏，毋容度虚名者滥竽充数。康熙十七年，向全国招举博学名儒，谕示：凡有学行兼优，文词卓越之人，不论已仕未仕，朕将亲试录用。各部臣官有真知灼见者，在内送吏部，在外报督抚，代为推荐。次年，内阁各部共荐举博学者一百四十三人，康熙亲自选定五十名入史馆。以大学士徐元文为监修总裁，受聘者均授史官实职，使其实心任事。康熙十九年，又批准徐元文的疏请，邀扬州府前明科臣李清、绍兴名儒黄宗羲来京参与修史；并招明史专家万斯同与侍读大学士王鸿绪共同负责审核史稿。

康熙的决定使朝野各方均感诧异,其因是黄宗羲其人颇受争议,当时被视为思想异端者。

黄宗羲与吕留良、唐甄、顾炎武均是明末清初批判明代皇权专制的激进人物(在雍正朝,吕留良其人其书被视为异端,吕留良死后还被开棺鞭尸)。作为前明儒生,黄宗羲对明亡的文化反思,常对独裁君主制度给予猛烈抨击。黄氏在《明夷待访录·原君》中说:今天下之人怨恶其君,视之如寇仇,名之为独夫。黄氏指认专制君主为"独夫",更是谴责专制君王残虐百姓:覆天下之军,屠天下之城而取天下。黄氏的言论不只是对明王朝的痛责,也隐含着对清军入中原屠城暴行的愤慨。他认为,修《明史》应将明十三朝实录倾尽全力搜集,唯有实录"家园存亡之故",方能执笔。

黄宗羲的言论与康熙的修史宗旨并非相悖。作为开明的新朝君主,对明朝诸多政治弊端有深刻的观察,且以腐朽之甚的明代政治为镜鉴,力主政治、经济、文化的变革,故修史较少有偏见和顾忌。让知识达人中颇有影响力的黄宗羲参与修史,正是康熙展示的一种政治姿态。也正因为得到黄宗羲、万斯同等名儒鼎力支持,在康熙四十年前后撰就初具规模的《明史》稿,再经侍读大学士王鸿绪费十数年之心力,终于在康熙五十三年铸就《明史》的蓝本《明史稿》。康熙于一朝修成《明史》,其功可谓大矣。

修史须直书实事,秉公持论,力戒空言文饰作政治秀。此乃修史能否得以永传后世的关键。为此,康熙专为撰修《明史》作文一篇,其言:"《明史》不可不成,公论不可不采,是非不可不明,人心不可不服。"这便是修《明史》著名的"四原则",它贯串了康熙文治的基本宗旨。

康熙认为,修史至关重要,若不参看《实录》,何由得知历史的真伪、虚实？著书也许以文章辞藻见长，唯独修史宜直书实事，岂可以空洞文字作修饰？修史之道，重在秉公持平，不应偏执私见。纂《明史》不可讥讽亡国，要以公论评价明史。康熙颇尊重修史专家的意见，特别在文中指出，"《明史》之是非自有烛见，卿等众意为是即是也"，"朕无一字可定"。即，明朝兴亡是非之说，以修史者据史实从公论断，康熙本人不作一字评断。康熙不同于先帝顺治，亲自督修《明史》编纂，在屡次审阅进呈史稿所作的口谕、批示中，均始终强调"四原则"。二十二年八月批："明代既近"，亦"作史昭垂永久"，"务宜从公论断"。十一月又批："必据实秉公，论断得正，始无偏颇之失，可以传信后世。"《明史》虽是官史，但须是信史，既不能偏执一己私见，也不能揣摩圣见撰修。康熙的历史观颇与近代史学思想相近。

　　编纂、搜集汉文化典籍，是康熙文治的又一重点。其中，影响深远的文化工程，且成为中华文化史上里程碑式的巨著，便是《古今图书集成》。

　　《古今图书集成》原名为《古今图书汇编》，进呈康熙后被赐名而定。"集成"之意，即有弘扬圣朝文治之义。这部大型类书，"凡汇编六，为典三十有二，为部六千有奇"。自康熙三十七年启动，四十五年编成，耗时八年之多。《古今图书集成》贯通古今，汇通经史，天文地理，皆有图记，下至山川草木，百工制造，海西秘法，无不毕具，堪称为经典之冠。后朝乾隆也赞赏有加，认为：书城巨观，人间罕见。近代思想家康有为称该书是"清代第一大书"，可与宋代《太平御览》、《文苑英华》及明代《永乐大典》并竞弘富。

　　康熙朝集典广泛，涉及政治、经济、历史、文学艺术、医学、语言文字、历法、算术等各个人文、自然学科。据《清史纪事本末》统计，有：《御批通鉴纲目》(59卷)、《清文鉴》(21卷，分汉及满蒙合文两种版本)、《历代记事年表》(100 卷)、《康熙字典》、《历代诗余》(120 卷)、《历代题画诗类》(120 卷)、《词谱》(40 卷)、《曲谱》(14 编)等,为数浩瀚的典籍共 1 万余卷。值得一提的是,康熙四十九年,令大学士陈廷敬组织编修《康熙字典》,对如何编撰,均作详尽指导,特为嘱咐:编字典的关键是反复斟酌,且详略适中,久磨才成一典。吸取其他字典的长处,规避他典之不足,如"增《字汇》之阙遗,删《正字通》之繁冗,勒为成书,垂示永久"。从康熙的批示中,可见他的文化素养及编修的专业眼光。

康熙要求集典不只是整理汉学经、史典籍,并且还专设翻译馆,将《大学衍义》、《资治通鉴》、《通鉴纲目》、《性理精义》和《古文之渊鉴》等典籍译成满、蒙文,供满、蒙族官吏阅读,学习借鉴,付之安邦兴国的政务实践。

《古今图书集成》等汉文化典籍的发掘、整理、编纂、刊印,不但廓清了清人治学的方向,而且直接催生了乾嘉朝清代学术文化的成熟;同时普及了社会、人文、自然科学知识,使汉文化得到繁荣和发展;尤其是,集典造成的文化繁荣,培育了嗜书、读书的学风和求知格致的社会和谐之文化氛围,常见青灯命笔,夜分不休,互相传承,愿流传永久的文人轶事。社会和谐自然是康熙所乐以待见的。康熙的文治安邦兴国也为其圣君形象增添了光彩。

评说康熙的"文治"之功,还可与后朝乾隆的"文治"作为做番比照。自诩"文治武功"圣君的乾隆,也效仿先帝康熙,欲表彰汉学,编修群籍以显示其"文治"之政绩。据《清史纪事本末》记载,表彰汉学,乾隆做了几件事:一是乾隆十年,于太和殿策试贡士,增加经史典章制度之题。二是乾隆十二年,表彰江苏华亭县生员姚培谦、江阴县布衣是镜学养有素，闭门著书，不求闻达。而两江总督尹继善的调查结果，却证实姚培谦好名，一切著述均是雇人代笔；是镜所著的《孝经图颂》，也是"词多肤浅"。三是乾隆十六年，九卿保举经学者之陈祖范、吴鼎、梁锡玙等，研究经文。乾隆即下谕："朕将亲览之，以觇实学。"吴、梁著述甚丰，洋洋数百万字，内阁进呈仅隔数日，乾隆览书已尽，其速度竟是如此惊人！四是乾隆四十二年，《四库全书》馆进抄本朱彝尊《经义考》三百卷，对研究历代经学典籍极有价值。乾隆立刻亲撰一诗，题识卷首。刊行此书时，特意询问《经义考》书版的浙江藏家，"如愿将朕此诗添冠卷端，听其刊刻"。恭谦之态已超出帝王的身价。由此看来，乾隆的文治集典，颇多政治作秀之意味。

自《明史》竣工付梓刊印后，乾隆也诏谕编修群籍。从《清史纪事本末》的记载上悉知，国史馆编修的典籍较多是颂扬大清历代先祖事迹的书，如《大清一统志》、《世宗宪皇帝实录》、《大清会典》等，排不上中华文化典籍之列。所以乾隆编修书籍与康熙旨在传承中华文化的修史集典显然是两码事。

乾隆三十八年开馆编纂的《四库全书》是其彰显文治的得意之作。乾隆给宠臣和珅的指标是入书一万余种，超过《古今图书集成》。然而，乾隆朝编纂的《四库全书》却对蕴含民族思想的文化典籍进行清剿，凡宋人之于辽、金、元，明人之于元，其书内记载事迹，"有用敌国之词者，无一不被加以改纂"。鲁迅先生专门撰写《病后杂谈之余》一文予以批评指摘。乾隆的文化心态与康熙大相径庭，留下了好大喜功的话柄。

康熙的文治可引发今人诸多思考：
当社会有失和谐，民生矛盾突出时，需要依赖文化建设和文化传统的传承，通过能体现中华民族文化精神和智慧的文化工程，以调整社会心态，自觉调节利益欲求和价值取向、行为操守，最终达到凝聚民众、和谐社会的目的。

文化传承不能急功近利，作形式上的政治秀，运动式的煽情；而要有求真务实的严谨作风，需经几十年、乃至几代人的耕耘和努力。

文化传承要尊重知识分子，提倡人文关怀，允许求同存异，善于吸纳、融合各种文化观念。

修史集典的文治与政务清明的吏治均是安邦兴国之大计，不应重政轻文；文治还须倾其国力，朝野官民通力合作，方能事半功倍。

尊贤举才须显真诚

清军逐鹿中原统一中国,得助于两个难得的人才。一是明崇祯朝的兵部尚书、蓟辽总督洪承畴,一是南明延平郡王郑成功的部将施琅。皇太极、康熙尊贤举才,彰显了清初建国立朝的开明人才政策。

在皇太极之前的努尔哈赤时代,曾立下举贤贬奸、奖惩分明、赏赐官将等六条用人原则,但对满、汉两族官员的使用,却是泾渭分明,等级有别。后金政权倚重骁骑善射的武力,对汉人官员颇多歧视,防范重于使用。狭隘的民族偏见,常使政策走向极端。诸如,私通明朝的汉人,不论其是否满腹经纶,均尽行处死;汉人官员死后,其妻儿充作满洲贵族的家奴。保守的人才政策,堵塞了贤能之路。皇太极却深谙一个道理,单靠马背上的骁勇,无助于统一天下。治理国家,唯有包容、开明,吸纳五湖四海的贤能,才能建朝立国,长治久安。尤其是,需要倚重、笼络熟谙明末朝政及中原情况的上层汉族官员,确保清军决胜于中原。显而易见,皇太极的用人谋略有着鲜明的政治色彩和功利性。

明末重臣洪承畴降清被皇太极重用,授以率汉军镶黄旗之重任,开了清初启用明朝重臣之先例。崇祯十三年,明、清主力在关外锦州、松山进行一场生死决战。洪承畴受命督师,率吴三桂等明军八总兵,十三万步骑死战。清军统帅皇太极率部突袭洪部,吴三桂竟弃洪不顾,落荒而逃,明军由此大乱,终而崩溃。崇祯十五年,洪承畴被俘。皇太极看重洪承畴的军事才能,以及其在晚明朝野的影响力,竭力劝降,赐其高官厚禄。皇太极的尊贤举才得到了丰厚回报。洪承畴为清军入关,逐鹿中原,出谋划策,并利用在朝廷的人脉关系及影响力,招罗故旧及部属归降。洪承畴的活招牌引发"羊群效应",明末的重镇将领、抵抗力量大多步洪承畴之后尘效力于新朝。在洪承畴的辅佐下,清军得以顺利攻入北京,立朝于紫禁城。

康熙举贤施琅则开创了"诚和"尊贤举才的新风气。施琅仅是郑成功的一名偏将左冲锋,论官职、人脉关系、个人的影响力远不及洪承畴。施琅虽有才略优长、熟习军事之才能及丰富的实战经验,但未必能起到类如洪承畴影响全局的作用。但康熙举贤施琅所费之心力,所显之智慧远远超过皇太极。

施琅效力于明臣郑成功,因无辜被卷入郑氏家族的内乱遭贬而不得已投诚新朝。康熙摒弃庸俗的急功近利的政治评判,将施琅看作是一个将领的怀才不遇,新朝应看重其才能而复用。康熙以"诚和善治"为执政国策,尊贤举才也纳入"诚和"之道。正是这一以诚举贤的人才谋略,才使施琅得以施展一生抱负,为清朝攻下台湾,统一中国立下了奇功。

康熙初识施琅是在康熙四年。在此之前的顺治朝,郑成功起兵抗清,在福建沿海坚持十余年。尔后郑成功驱逐荷兰殖民者收复台湾。病逝后,其子郑经继承南明延平郡王之位。清政府屡次派遣官员招抚,郑经以不剃发,不易衣冠,不称臣进贡为条件,拒绝招抚,坚守台湾,与清廷对峙抗争。康熙初期,索尼等四辅臣专权,对台湾郑氏一味采取招安之政策,造成海峡两岸的长期对峙。康熙四年,清政府两次派员赴台湾招抚,郑经均以台湾远在海外为由,坚持按属国朝鲜之惯例称臣进贡,致使招抚无果。时任福建水师提督的施琅请缨率师出征。施琅上疏："为今之计,顺则抚之,逆则剿之。"若任其放任生聚,实是养痈为患,不如率军进剿,以绝后患。

施琅的请缨却因其有投诚的前科,又且是郑氏旧部,与郑经部多纠结个人恩怨,而遭到朝廷重臣的颇多质疑。康熙却另有思谋。他认为,统一台湾事关重大,要统一台湾关键是要选用能担当大任之贤能。而选贤举才不能凭空"遥定",施琅远在福建,对其军事素养、谋略知之不详,不宜草率判断,须作亲自考察,对施琅的请缨之议须来京面奏而定。康熙对人才的判断有着自己的底线,正如先哲所言,左右皆曰贤,未可也;诸大夫皆曰贤,未可也;然后察之,见贤焉,然后用之。左右亲信说该人贤德,未必可信;朝廷众臣说贤者可荐,也未必可信;唯有亲自考察后,确定是贤者,方可重用。如此,才可以成为明君。康熙认定,对人才的全面评估应建立在慎审的基础上,评估的标准有两条,一是德贤,二是才能。列德而尚德,即使是身处社会底层的市井民夫,只要有才均可荐举。这是历代先哲的经验总结。德才兼备的贤能,不论其身份如何,都应不拘一格,唯才是举,委以重任,赋予相应权力,让其竭尽之能。人才流失或用人不当,均是因为不经审察,失偏于"任私议"。康熙令施琅来京面奏,正寓意着他对尊贤举才的渴求和慎审。

施琅到京,向康熙面呈《尽陈所见疏》。在折奏中详细分析了清廷历次招抚未果的原因,福建水师与郑经守军的力量对比,郑氏家族的内部矛盾和隐患,以及分兵先取澎湖,后重师登陆台湾的作战方案。尤其是,以大军压境逼迫郑经投降的"因剿寓抚"之策,甚是深谋远虑,独具灼见。施琅秉性耿直、率真,对康熙的咨询,直抒己见,毫无保留。更为难得的是,陈疏没有丝毫流露郑氏家族对其个人恩怨之偏见。康熙对施琅之德才十分赏识，直言无忌显示其率真无私的品行，"因剿寓抚"之策，显示其独特的从政才干。康熙考察的结论是，施琅是难得的特殊人才，"因剿寓抚"则被确定为统一台湾的基本战略方针。

施琅面呈考试博得康熙的信任，被任命为靖海将军，统领水师，进剿台湾招抚郑经。康熙四年，施琅初次攻打澎湖却遭遇风向突变、骤降暴雨的意外事变。飓风恶浪致使水师人仰船倾，舰队被冲散，无功而返。施琅的失利，引来四辅臣的竭力抨击。四辅臣以未战而船毁兵亡之罪，请旨撤革其福建水师提督之职，认可郑经藩封世守台湾，福建沿海只设总兵镇守海防。

康熙在复杂的君臣博弈中充分凸显了他的政治智慧。他意识到辅臣专权，朝政难以统一。在统一台湾之前，当务之急是解决归政问题，整顿朝政。面对朝廷争执和辅臣的指摘，康熙冷静决定，暂且搁置剿抚台湾之议，施琅过失非指挥不当，乃是气象莫测之祸。下令调施琅回京，授为内大臣，留在身边待用。康熙以挂衔虚职平息朝臣不满，让施琅避开政治漩涡，给予保护，不因其过失而横加指责，疏远而弃之。康熙对待施琅的失误显示了举才尊贤的宽容和胸襟，并采取得体的保护措施，这是清代绝无仅有的。

施琅第二次复出，已是康熙二十年。主政台湾的郑经病逝，引发了郑氏家族内部又一次动乱。继承郑经之职的长子郑克臧被叔伯们密谋刺死。被拥立为王的次子郑克塽年仅十二岁，性格懦弱，毫无主见，台湾政务陷入危机。康熙认为统一台湾的时机已成熟，遂决定趁机攻打澎湖、台湾，命福建总督姚启圣率绿旗舟师剿抚并用，安定海疆。总督姚启圣、大学士李光地先后力荐施琅复任水师提督，率师出征。至此，施琅已留京"冷冻"了十三年。康熙为创造让施琅复出的机会，扫清舆论障碍，消弭朝廷重臣的猜忌和不负责任的指责，便将保荐之议交朝廷内阁重臣公议。在取得统一意见后，即予以重任，委施琅为右都督兼任水师提督，加封太子太保，统领舟师。在施琅离京赴任前，康熙特意召见，深切训勉："尔宜与文武各官同心协力，以靖海疆。寇氛一日不靖，则民生一日不宁。尔当相机进取，以副朕委任之意。"这既是寄予期望，更是赋以信任。其间，不乏康熙真诚之情的表露。

在部署平定台湾的作战计划中，姚、施出现了分歧。在关键之际，康熙一如既往给予支持。施琅受命督领水师征剿，要求朝廷明确地方大吏总督、巡抚的责任，不能让水师单兵作战。康熙认同施琅的意见，明确总督姚启圣统辖全省兵马，同提督施琅进取澎湖、台湾；巡抚吴兴祚统筹钱粮，不参与进剿。施琅再次奏请，进剿作战，将帅配合也应有分工；姚因生长在北方，海战并非其所长，希望康熙帝"免其躬率偕行"。施琅的意图很明确，让不熟悉海战的统帅指挥海战，必将事倍功半，阻碍指战员的灵活性和机动性。这正是一个真正军事家的素质，且又敢于不徇私情，冒犯力荐他出任提督的姚启圣，凸显了其无私则刚的秉性。但施琅的奏请深深刺伤了姚启圣的自尊心，对施琅不合人情之举牢骚满腹。施、姚在攻台方略上的分歧和失和，以及冒犯地方大吏的奏请更激起朝廷大臣的不满和非议。施琅为坚持己见，再次上《决计进剿疏》，立下军令状，请求独任进剿台湾。康熙再次召集朝廷内阁会议讨论施琅的奏疏。康熙启动公议程序支持施琅，其用意是要求朝廷重臣抛开政治上的功利，坚持以真诚尊贤举才。没有真诚之心，即使是用人，也是得不到人才的忠诚回报，自然不会有鞠躬尽瘁的自觉。善于揣摩圣上意图的朝廷命官们自然不愿自讨无趣了。大学士、兵部尚书明珠带头表态，内阁会议一致同意，为施琅排除了一切个人情感纠结的干扰。康熙最后下令，由施琅相机自行进剿，总督、巡抚只需负责接应粮饷。

施琅的实际表现证实了康熙决策的正确。康熙二十二年六月,施琅召开各镇、协、营官兵的出征动员大会,严申军令,发布查定功罪、赏罚官兵的条令,于十六日从福建铜山起锚向澎湖进发。施琅亲驾战舰,在澎湖前线侦察,细观阵势;在双方激战、炮火列阵中,身先士卒,驾船突入。清军士气大为高涨。因备战充分,指挥得当,仅花五天时间就攻取澎湖三十六岛屿。施琅攻入澎湖后,出榜安民告示:列岛商民,各宜安意生业,耕渔足事,蠲免三年徭税差役。施琅在军事上迅雷不及掩耳的打击,以及休养民生、安抚民心的举措,使据守台湾的郑部震慑无措,守军众志瓦解。七月,郑克塽率部正式降清。郑氏集团与清政府对峙二十余年,不乏双方胜负各半的交战,现仅一个月,台湾和平复归统一。施琅的功绩不可谓不奇,不可谓不大。

施琅代表清政府进入台湾,发布《安抚谕诚示》,令台湾地方官兵平民各自安意乐业,并严饬清军遵守纪律,官兵不许占住民房。乡社农耕渔捕,载运米谷蔬菜,出入港澳,均听民便。农工商贾经营市肆,若遭骚扰强买强卖,各巡差应予严惩。同时,又颁布《严禁犒师示》,劝训各乡社保甲长不得借犒师之名对乡民索派。施琅入台,不以胜利之师耀武扬威,而是以亲民之师获得台湾民众壶浆相授的夹道欢迎。这与顺治朝绿营入嘉定"三屠",杀戮二十余万人形成鲜明对照。康熙重用施琅不只是统一了台湾,更是在人才谋略上为大清朝的文韬武略树立了一个样板。

若将康熙、皇太极作番比照,同样是尊贤举才,两者的谋略和智慧迥然各异。皇太极较多的是功利主义。重用洪承畴,目的是利用其个人的影响力和人脉关系,招降更多的明朝官将为清朝所用。对洪承畴的信任却隐藏着权谋的控制。洪承畴被俘,曾有两年不服降清。皇太极却抓住其人性之弱点使之屈服。清史实录中有两处记载。一是洪承畴求生欲望强,不屈求死仅是表象。皇太极便礼贤恩厚,亲临囚室,脱下身上貂裘亲自给洪承畴披上,以示人情感化。二是洪承畴喜欢美色,皇太极选二美女服侍。由此牢牢控制住洪承畴,满足其私欲为大清朝效力。清初政权刚建,汉族官员还未真正站稳朝政。洪承畴的人性缺陷还得收敛和掩饰,若让洪承畴长寿些,在政治窳败的官场中,难保不是一个大贪官。

康熙的尊贤举才则不然。贤能人才的取舍以德为先,德以处事,事心度功,功以食民。也就是,德的标准是考量其能否以识大体、顾大局之伦理精义,规范处事行为;不以一己之恶好论事断事;建功立业,不以个人的名利为重。

尊贤举才以德为先,这在讲究德训的儒家传统里乃是人人皆知的道理,而康熙与众不同的是,举才除以德为纲,还须建筑在"真诚"的基础之上。真者,精诚所至。不真不诚,不能感动人才,信服人才。若以行政命令强用人才,未必能获得贤能俊才的真心回报。

东汉末年,刘玄德起兵兴汉,举贤孔明,真情之至。后者为建蜀汉,一生鞠躬尽瘁。一篇《出师表》可谓呕心沥血。曹孟德招贤徐庶,先掳徐母作人质,只换来"身在曹营心在汉"。康熙是否读过《三国》无从查考,但他深谙此真义:尊贤举才,不掩饰,不作秀;不诚则疏,不诚则卑。唯显真诚,才能使贤能竭尽其才,鞠躬尽瘁。这既是康熙"诚和善治"的政事之本,也是其用人之道。康熙尊能举才尽显真诚的经验和智慧,应为今日之鉴。

雍正

——爱新觉罗·胤禛

力挽狂澜，稳定大局，继往开来，赓续盛世。

铁腕治国，党同伐异，重于谋略，善于造势。

功过定评七三分。

雍正讲政治

在人们的记忆里，雍正是个篡改康熙遗诏谋夺皇位的阴谋家，靠血腥铁腕维持皇权统治的暴君。

诸如，党同伐异，毫不留情铲除争皇储的皇兄皇弟胤礽、胤禩，甚至是一母同胞的亲弟胤禵；密裁功高盖主，协助登基的合作伙伴、封疆大吏年羹尧；推行密折制度，怂恿各级官吏相互告密、攻讦；大兴文字狱，捕杀政治上的异己分子，自高官到知识达人罹难冤魂成千上万；等等。

这是雍正履历上的污点，洗刷不掉，粉饰不了。但话要说回来，封建王朝的宫廷内斗，排斥异己的血腥，是很难用正义与非正义的尺子来衡量的，正如唐太宗李世民的"玄武门之变"不能用革命或反革命定评一样，话题本身就陷入了悖论。

笔者的印象，雍正是个善于讲政治的强势帝王，善于掌控国家机器并能除弊立政的谋略家。雍正承统康熙创业的太平盛世，也接下了前朝的隐患：吏治腐败，政务松弛，税收短缺，国库空虚。当时的国库储银仅存八百万两，难以支撑庞大的国家财政。没有严厉的强制手段，无以赓续盛世。于是，雍正登基之要务便是力挽狂澜，稳定大局，继往开来。

整肃吏治腐败是当务之急。官吏不正，积弊不除，社稷焉能稳定？雍正从清查亏欠、钱粮亏空，拿捏铁证着手，查窝案，重典定罪罚：撤职、退赔、收监入狱，或处死示众，令腐败分子心惊胆战。雍正亮剑除弊，以儆效尤，给朝野一种不可违逆的威摄力。正当官宦惊魂未定，雍正又推出养廉银新政，按官职、凭业绩给予补贴，让官吏安心务政，自觉杜绝灰色收入、私纳受贿。雍正讲政治，是兼备除弊与立政，双管齐下，终而赢得史学家的盛赞："雍正一朝无官不清。"

康熙晚年的政务松弛，官员懒惰成风。雍正洞悉下情，勇于作为，挟整饬吏治之威，自上而下强制推行行政改革，从中央内阁部衙到各省抚督、府县，全面整顿政府事权，规范行政职司，建章立制，强化行政秩序，提升行政执行能力，清扫慵懒暮气。与此同时，造势全民教育，以儒学理义之学教化道德风尚，普及、宣讲儒学文化传统，营造扬善避恶、移风易俗的道德新风尚。三百年后的今天，时下的全民阅读，五讲四美的道德教育，均可在雍正的道德教化中找到启迪。

雍正好学善习，对中国儒家典籍研习甚深，是清代历朝帝王中少有的学问家。其造势道德教化的演说就是一篇精彩的学术演讲。逻辑清晰，哲理深邃，口才雄辩，这均给雍正染上一种深不可测、威严的政治色彩。

若说，康熙治国重在战略，诚和内政、开放仕途、复兴教育，布局大开大阖；治理却按部就班，稳扎稳打，步步为营。雍正则重于谋略，精于策划，善于造势，细针密迹。雍正以他的精明和政治魅力稳定全局，将太平盛世发扬光大。在某种意义上说，雍正的政治成熟和治国政务的技巧略胜康熙一筹。

若要给雍正一个定评，就是功过七三分。

除弊方能立政

康熙创建了大清朝第一个太平盛世。但也留下严重的后遗症：官吏腐败。尤其是晚年，他倾心培养的接班人皇储胤礽骄奢，结党营私，使其昼夜不宁。宣布废储后，诸皇子争储，党丛屡出，相互攻讦，康熙的精神焦虑及宫廷内乱，致使政务懈弛，吏治陷入混乱。

引爆康熙朝官吏腐败的诱因，是税收短缺、国库空虚。雍正元年，国库储银仅存八百万两，各道府州县连年亏欠。据《清史纪事本末》记载，钱谷甲天下的富庶之地江苏积欠钱银高达一千六百余万两。山东、湖南、湖北、河南等省报奏，亦欠征千万余两。财政亏空的背后，则是自上而下的官吏腐败。

雍正在嗣统之前，十分关注民生，事无巨细，必定亲历造访体察。故而对各地征收地丁钱粮，其征入支出的账目了如指掌。诸如，江西省漕运粮食，应支付修理船舱及拉纤民夫等费用，均被胥吏扣克。自康熙十八年至四十五年，被扣克钱银已达五十一余万两，粮米六十一万石。雍正对这些账目要比专司财政的户部还要清楚。

雍正常在官场行走，熟谙官吏种种舞弊。官事不告示于民，热衷暗箱操作，便是一弊。税赋名目、数量，减免税项因未作公示，而让胥吏得以钻空子作奸。诸如，巧立名目，串票洗钱；另立私册，超额征税；免征税赋，实征归己等已呈常态化。各省督抚大员对司库积欠、亏空习以为常；各行其是，功过不分,奖惩无术。积欠之弊已成为清朝官吏贪纳成习的潜规则。雍正对官吏腐败深恶痛绝,怒斥"官吏因缘作弊蠹国害民"。

其实,康熙执政并非怂恿腐败。他曾屡次诏谕倡廉惩贪,勉励勤政、廉政。康熙四年,谕示吏部:"民生之安,由于吏治之清浊,令惩治贪污。"官吏是否清明,是否严令惩治贪污,事关民生安定,社会稳定。但因四辅臣专权,公权私贪,官场腐败盛行。惩治贪污之诏谕成了官样文章。八年,康熙亲政,又宣诏天下,令内外文武各官殚忠尽职,洁己爱民,告诫如不遵行,国法严惩。但宣诏仅仅停留在道义的诫训上,对积弊甚深的官场并无实质性的震慑。到晚年,官场恶习成疾。官吏或借名庆生,贿赂上司,以搏升迁;督抚提镇地方大员索贿部属,行贿京官;监察官纠疏甚少、含糊结案,实是包庇。连康熙也深感头痛:"此等情弊,深可痛恨。"

雍正不然。他的治政之道是"除弊方能立政",除弊须施以重拳。据记载,雍正元年至四年,在全国开展清查亏空,治理官吏腐败。所谓清查除弊,用今人之语解读,即是审计反贪。雍正的"除弊立政"颇有章法,自上而下,全面察查;罪罚分明,严惩宽恕相济。

雍正对清查积欠钱粮划定一个界限:康熙五十年之前的积欠全部予以蠲免,以体恤民生;之后的赋税必须清查追赔,分年缴征。鉴于钱粮亏空、拖欠之弊由来已久,积习相沿,故而明确清查的重点:一是清查官吏侵蚀挪用之弊;二是厘清民欠实征:将农户已缴纳、积欠的钱粮,以及每年蠲免、应纳之数张榜公示,防止州、县官吏重复征收,敲诈侵吞,让百姓得以休养生息。为避免各级官吏暗箱操作,营私舞弊,雍正特下谕:告知天下,晓谕朝野,派遣能吏异地清查,限定三年内治弊取得成效。

　　雍正的清查并非流于表面文章,其实施的举措也甚是到位。

　　遣能吏专责分查,是其一。建立由内阁大臣、分查大员、协查人员组成的三级钦派清查队伍。各部内阁大臣应轮流出京查责。若在分查大臣等不足用或不得力时,可由察查重臣另行保举。察查的重点是省、道、府、州、县,此是将地方负责官吏列为清查对象。这可谓是雍正的创举。

　　江苏省素有鱼米之乡的称誉,但钱粮积欠、亏空最为严重。雍正将该省列为清查重点,派遣亲信近臣吏部侍郎王玑、刑部侍郎彭维新领衔清查总理大臣,江苏巡抚尹继善、御史伊拉齐、布政使赵向奎协助。另从各省抽调能吏任职江苏各府、州、县的分查大员。如浙江杭嘉湖道王湘淮清查松江府;苏松粮道冯景夏进驻常州府;汀漳道朱鸿绪负责镇江府;湖广岳常道温而逊查太仓州。再从内阁六部调四十余名属员分赴各府所属县衙协助清查。浙江总督李卫代替朝廷作统筹协调。清查声势之大,官员阵营之强实属少见。更为令人瞩目的是,所派遣的总理大臣、分查大员、协查人员很少与江苏省、府、县官员有牵连,有助于秉公处置。江苏督、抚、藩司仅作配合,在清查大臣的制约下行联络之责,有效规避了本省官吏上下勾连,亲疏庇隐的嫌疑。江苏的清查也确实效果显著。据清查大臣彭维新的奏报,江苏钱粮积欠达千余万,均是征收中弊端所致。粮户不载真实姓名,使官得以任意收侵,吏得以恣意私吞。仅仅官吏自首侵吞白银便有二百四十万两。清查将官侵、吏蚀、民欠三项得以明晰厘清。雍正旋即将江苏清查通晓内阁各部院、各省,谕照例督办。由此,清查积欠自江苏而推向全国。

　　自首者宽免治罪,是其二。凡侵吞钱粮之官吏人等,准其自首,且从宽治罪。执迷罔悟者,不行自首或自首不实,将按律科断，严惩不贷。为营造社会舆论之压力，雍正特谕清查、惩办结果均须公示，做到家喻户晓，让远乡僻壤都能知晓，由民众开展社会监督。清查时限自康熙五十年至雍正朝，积累达数十年，其间侵占贪纳的官吏不计其数，单就江苏省查出贪官污吏达上千人。湖广总督迈柱也报告，自康熙五十五年到雍正四年，两省积欠银八万九千余两，其中官吏侵蚀、豪绅包揽者竟达三万余两。百姓欠款不过十分之二，官吏侵蚀却有十分之三。要一应惩处，监狱人满为患，也会引起官场地震，有碍政局稳定。雍正采取贪侵官吏自首，宽免治罪，也是明智之举。但宽免之前提，必须按年份交纳；若自首不实，积欠追赔不到位，则从重从严惩办。

罚罪并责，是其三。贪污公款粮谷者，从严治罪。轻则罢官，重则处死，并追补亏空。清查贪污的重点，是主管财政的户部、各省督抚及府、县等官。雍正继位前，便耳闻户部司库亏空。在清查江苏省的同时，即令怡亲王胤祥负责清查户部司库。结果查明亏空高达二百五十多万两。胤祥曾建议，着户部以办公杂费逐年填补，分十年抵清。雍正批之不可。主管国库之户部堂司官员，任意侵渔，此时置之不问，令其脱解事外，国法安在？着令将徇情包庇的户部尚书孙渣齐革职查办，孙渣齐及历任户部尚书连坐以家产赔补，部属各官名下应追银两，照所派数目从速交纳，且以一年为限，应追立项不足完纳者，按律治罪。江苏积欠钱银达一千六百万两之巨。巡抚吴存礼被革职，布政使李世仁解任，查封家产，赔补亏空。山西巡抚苏可济任职十余年，勒索各府州县纹银四百五十万两，致使山西财政亏空。苏可济被清查，抄没家产处斩。山东知府、直隶知府已离任赴新职，审计清查出钱粮亏空，则按半补赔后才得以履行新职。雍正四年再次重申：凡遇亏空实系侵贪者，定行正法无赦。总督、巡抚若为属下庇隐，将侵吞说成因公挪用，亦严加处分。

　　查窝案，按责处置，是其四。省、道、府、县钱粮亏空，总不出侵贪、挪移之弊，而且官吏勾结，窝案居多，经办之胥吏也从中作奸分肥。为此，雍正下令，按责处置不得遗漏经承库吏、经管仓库之人。胥吏作弊，一同监追。湖北省原布政使张圣弼等侵欺库银亏空案发。经清查，原任总督满丕、巡抚张连登、布政使张圣弼、粮驿道许大定上下勾结、侵蚀欺罔，共亏空库银三十一万四千余两。按律例，涉案诸官被抄没家产填补，革职问罪，首犯张圣弼处斩。内务府官员张鼎鼐、张常住、李朝伙同作案，冒领银两达百万余两。内务府系朝廷要害部门，官员竟然奸猾巨蠹，则令处斩以足所儆戒。

　　雍正"除弊"四年，先后查案达三百八十三件，肃贪成效显著，各省吏治渐清，达到奖廉惩贪的预期。除弊后，国库储银由八百万两骤增到五千万两。康熙晚年，吏治懈怠，积弊甚多。雍正则拨乱反正，整肃吏治，起到以儆效尤的作用。有历史学家评说，"雍正一朝无官不清"，这也许过于夸张，但除弊方能立政，不能不说是雍正的一大功绩。

养廉银新政

雍正以惩治贪吏除弊在先,立新政养廉银于后,双管齐下,整饬吏治。所谓养廉银新政,说白些,就是对官史实行薪金补贴,遏制私下纳贿,贪污侵占。

养廉,最早见诸宋代。《宋史·职官志》有记载,"诸路职官,各有职田,所以养廉也"。宋朝初期,贵族世袭文官逐渐被科举入仕的文人所替代,靠才学进入仕途者大多是家资微薄,或处小康的寒俊。入仕为官的待遇并不高,经济上常显拮据。如当过七年宰相的富弼在死后便"家世零替",子孙的生计也难以维持。名声显赫的司马光也落得"丧其夫人,质田以葬"的困境。宋王朝为改变唐末五代以来藩镇割据,武臣拥兵恃重的积弊,推行重文轻武的国策,建立以士大夫为基础的文官体制,其中提高文官的地位和待遇,包括按职级高低拨付官田养士,便是一个措施。宋朝的"官田养廉",目的是重文官,限制、削弱武臣的权力,防止兵乱分裂,并非真正意义上的廉政。

清初建朝,百废待兴,赈灾免税,平定内乱,朝廷财政常有捉襟见肘之忧。当时官吏的薪俸基本上沿袭明朝旧制,一品大员的年薪仅为一百八十两。衙门公支也较为拮据。清官于成龙当县令时,县衙的公支仅是十四两纹银。为维持生计和衙门开支,州、县官员主要靠加征火耗攫取民财,入私囊贴己。督抚、藩、臬等高官则靠下属孝敬规礼和门包。日而久之,加征火耗,私纳肥己,受贿索取成为官场的潜规则,且得到朝廷的默许。

　　所谓火耗,即是征收的赋税银被熔铸成库银时所折耗的银两。赋税银实际熔耗不过百分之一二,但地方官员加收火耗竟高达二至五成。私纳侵贪的钱财之巨令人咋舌。火耗成了滋生官场腐败的肥沃土壤。

　　雍正启动清欠财政亏空,自然会牵出加征火耗,入私侵贪的弊症顽疾。善于辨风向的地方主官便放气球试探、揣摩圣上意向。先是云南巡抚杨名时上奏:先朝期间,巡抚衙门共收受规礼五万余两,请求少留部分用作衙门开支,其余上缴国库。接着,河南巡抚石文焯也请示,将缴存的礼金充作军饷。雍正明白,火耗和规礼已是历经数朝,积沉已久的潜规则,损公利己,侵吞库银属弊政无疑。但纠结的是,官饷微薄,入不敷出也是实情,贸然取缔火耗,势必造成朝廷与官场的对立,诱发巨大政治风险,如何处置? 事关吏治清明,也应顾及安抚官场。思虑再三,雍正命总理事务的王大臣、九卿、科道等复议,提出秉公处置意见。诸大臣均以前朝旧制为由,主张维持州县衙门自主处置火耗。雍正立即予以否决,并直言批驳:火耗留用非应有之项,由州、县掌握,更有所借口而肆其贪婪,败坏吏治;旧朝以来之积弊应当剔除。如何处置火耗和规礼,应合规合理且有度。雍正处置前朝遗留的弊政,划定了一条政治底线作为前提,必须坚持三条原则:一是"取所当取而不伤乎廉";二是"用所当用而不涉于滥";三是"不可朘削以困民"。也就是,合理收取,不得破坏官吏廉政约束,不得滥取过度,不得加重百姓负担。为此,雍正力排诸臣非议,独断朝纲,作了火耗归公,另设养廉银的决定:将火耗列为正税,杜绝灰色收入私纳受贿;火耗所得全部上交各省布政使司,再由各省提取部分耗羡充作养廉银,自上而下分配给各级官员;各省不得隐匿多余银两。

雍正的决定,建构了养廉银新政的初步框架。赋税所征耗折银两归公,不得私分;养廉银的主要来源是耗银结余;养廉银实行收、支分开;养廉银的处置权在省级官衙。随着养廉银新政的实施,雍正又对养廉银筹措、养廉银提成比例、补贴标准、范围等都作了具体规定,从而使养廉新政进一步制度化、规范化。从此,养廉银制度一直延续到道光朝。

扩大养廉银的筹集来源。赋税加征的耗余毕竟不能满足庞大的官员队伍,各省财政状况亦有较大差异,难以得到保证。如浙江省,每年耗余银两所得不过十四万两,而全省自督、抚、将军、副都统、学政以及藩、道、府、州、县等官员多达一百二十余名,仅靠耗资全部充作养廉银也不足支应。雍正三年起,决定扩大筹措养廉银的来源,包括:各级衙门的公支结余,部分茶、盐规例银,上交赋税的超额部分(如浙江嘉兴、湖州府,江苏苏州、松江府),国库专拨的补充金(限部分财政困难的省份,如河南、甘肃、陕西等)。如,甘肃省耗资银仅四万余两,而各级官员的养廉银需七万九千余两,清廷允许从西安藩库内每年发银一万五千两给予补充。浙江下属九个州县征税二百五十万两,超过预期赋税,清廷允许从中提取一成五,约十万两充实养廉银,等等。

规定火耗中提取养廉银的比例。视各省财政丰贫,其提成比例均不超过耗资的三成至五成。如山西布政使高成龄报告,全省耗资共五十万两,从中拨发养廉银十一万零五百余两,约占二成二;湖南省耗资共十一万七千九百两,因官员数量较多,故提取四万七千九百余两,约占四成左右。后者超支被责,不足部分拟由朝廷从盐税中调拨。

省属各级官员的养廉银给付标准由督抚衙门公议,报朝廷核准。由于各省官职数量不等,养廉银的积余各异,因此养廉银的标准也不求统一。如甘肃省巡抚的养廉银为一万四千一百十二两,布政使一万一千七百两,按察使二千九百五十两,道府各员为一千两,州县官自五百至八百两不等,通判得银六百两。湖广总督衙门申报,总督为一万二千两,巡抚一万四千两;四川省拨给督抚养廉银各九千九百九十两,布政使为一万零二十四两,道员以下官员的养廉银共计八万余两。各省督抚养廉银的开支应包括聘用幕宾之需及衙门开支。养廉银较之日常薪俸远远高出数倍,乃至数十倍,真可谓是高薪养廉了。

雍正还决定,军队各级武官的养廉银不纳入地方政府的统筹,一律由内库从盐税中专拨,并严申:八旗官员不允许以助饷为名向地方索银,防止八旗军以军饷为名扰乱地方的养廉新政。雍正专门下谕,对之作出具体规定:文武原属官饷、军饷两途,养廉用度亦各不相同。督抚为封疆大吏,全在察吏安民,抚辑地方。一应衙门用度,耗资等项足资为用。而提镇专司军营,责在整顿营伍,训练士兵。武官由将备升至总兵,其用度自应宽裕,倘将此项与地方官员持平,无助于养廉。为此,朝廷从内库专拨,适量予以养廉银。雍正五年,由户部专拨长芦盐课余银六千两,两淮盐课二万四千两,江浙盐课一万四千两,对八旗官将宜量给养廉。规定都统每人二百四十两,副都统每人一百七十两,参领各六十两,副参领各四十两。至此,不论文武、官职高低,均按职级获得相应养廉银,恰如当下的职务津贴。

高薪养廉的新政,对吏治清明的官员而言,常有诚惶诚恐、受之有愧之感。时任湖广总督福敏就是其中一员。雍正五年,福敏上奏朝廷:臣受朝廷恩泽深重,官俸过厚,再赐养廉银,受之于心不安,而饥民停赈,易致缺粮,臣除一切用度外还积余四千两,请求将积余存银买米散赈,以泽皇恩。雍正却不以为然,说：赈灾与养廉纯属两途，以廉银代赈银，则会"令后任难乎为继，亦非情理之乎"。雍正就福敏的陈奏，专门召集内阁重臣，再次重申其养廉新政之要义：养廉之目的在于根除巧立名目，豪夺民脂，贪赃行贿之弊。养廉银新政实乃澄清吏治之本，通权达变之善策。雍正的养廉银新政不仅政务治理的路径颇为清晰，又富有人情味。

雍正高薪养廉的同时，对严惩贪污受贿则更为强硬。雍正三令五申，今实施养廉银新政后，凡官员已得养廉银者，再有私受陋规，即处以重典，该督抚亦从重治罪。山西巡抚苏克济贪污勒索各府、州、县银四百余万两，曝光后被处死并抄没家产。雍正四年，湖广总督满丕、巡抚张连登、布政使张圣弼、粮驿道许大定等人伙同勾结，侵蚀欺罔，致使库银亏空三十一万四千余两。涉案诸犯均被抄家，革职问罪，或被处斩，或被流放边塞。雍正养廉银新政，兼之重典肃贪，确实收到显著效果。侵吞火耗，勒索民脂，私纳受贿的官场积弊得到有效遏制。有史学家评说，雍正朝是清代吏治甚为清明的时期。此论恰如其分。

诚然，雍正的养廉银新政并非完善，也存在诸多制度缺陷。养廉固然有助于清吏治、励廉洁，但新政的实施缺乏严密监督。各省督抚具有养廉银的支配权，受亲疏好恶及人脉关系的牵制，利益分配缺乏上下监督和公正性，导致地方官员俸禄的悬殊，这在客观上助长了下属迎奉、取媚上司，或上下串通联手输送权益的官场恶习。这些弊端为日后权力寻租，以及贪婪而滋生的腐败风埋下了祸根。

养廉银新政还存在较多的随意性，这也是导致养廉有损公正性的一个弊端。雍正执政期间，养廉银常常被挪用移作某种奖励，养廉新政因弹性过大，而有悖于当初制定的"用所当用而不涉于滥"的原则。清初以来,各地征收地丁钱粮基本上顺袭明末旧制。赋税繁重,加之胥吏侵吞,造成司库亏空,逐年积累,数量甚巨。雍正嗣位后,即在全国范围内清理积欠,以富国库。钦派大量官员赴各省清查积欠钱粮。为调动清查官员的积极性,雍正特地增加其养廉银。仅清查江浙两省的官员便有五六十名。其中,清查钱粮总理大臣五名,每员增加养廉银三千两;分查官员四名,每员一千两;协查人员四十九名,每人四百两。赴其他省清查积欠的官员也照此拨付养廉银。另有一例。湖南辰沅道王柔,以"施药奸民"之罪将行医卖药者许英贤一行五人逮捕。经过审讯,却无不轨之事。雍正闻报仍予以嘉奖,并批示:"遇此等事,宁防不虞,不可大意玩忽也。汝此赤心为国留意之忠诚,朕甚嘉之。"命将其养廉银增至五千两,加按察使衔。理政、办案乃是官员所司之职,其政务贤能与否纯属官吏考核之列。而巧立名目,滥用养廉银,便失去养廉之本意。相反,会滋生庸吏趋利枉法之弊端。王柔办的是糊涂案,仅仅靠"赤心忠诚"而升官发财,这对养廉银新政实在是个讽刺。

雍正的养廉与康熙的倡廉,是两种不同的制度安排。康熙强调清官效应,提倡官吏立德、清贫,坚守道德自律,公过于私;他的制度基础是士大夫重名的文化心理和仕途诉求。雍正则是施之以利,取之有道,规范其行为,抑制过度的欲望和私利膨胀。从这点而言,雍正实施养廉银新政是吏治的一种经济手段。

脱离经济、物质利益的道德自觉缺乏一种持久的驱动力,事倍功半。其实,康熙倡廉是以清官升迁为动力的,这也是个人利益的物化,只不过表现形式不同而已。古代圣人早有经典之说,"先义而后利者荣",此乃"常安之术"。过度的守清贫与重富贵,都未必能坚守贤德,对荣誉、利益的诉求,是人性所致。惩之以罪罚,勉之以利赏,都是统治者的一种利器。给官吏以一定的利益保障,又且勉、罚兼而有之,才能使其安于职守,这是一。其二,官职与养廉银的厚薄挂钩,也能有效激发官吏的政务潜能。如果说,康熙冀希于倡廉的清官效应是个理想主义者;那么,雍正将养廉银新政作为治国之本,则是典型的实用主义者了。

变革政制的考量

　　历代新朝开启，总是将维护皇权的绝对权威，强化政治秩序作为一项重要国策。但很少有新君全面谋划完善行政制度，提升执政能力的。清代雍正称得上是为数不多有远见的帝王。

　　雍正登基之初，便倾力推行行政制度的变革。继统的第三天，雍正帝便诏告天下，其治国大计有二，继统则为守成，勋业实为开创。尤其是后者，开创勋业的关键是荐举人才，考查政务利弊。雍正开宗明义地向朝廷众高官表达了他的想法：朕自继位以来，若用人施政上有缺失，望众臣直言不讳。一则是因为急于觅寻人才治理国家，二是想知道朕的决策是否确当，三是观察你们举荐人才及提供的建议，这便可知道你们对治国方略的态度。他在诏书中鼓励朝野，可用密折形式提出对政事中有应推行、应变革之策，以裨益国计民生。显而易见，雍正向朝野发出一个强烈信号，他将考查前朝的政务利弊，直言无隐地要倡导变革立新制，观察众臣对政制变革的态度。可以这么说，这是雍正启动政制变革的一次动员。

　　雍正变革政制来自对历史的借鉴。自秦兼并六国，罢诸侯分割而集权；汉代继统后，却未遵秦制，而是有沿袭有变革。旧制度再好也有所短，有不足；沿其长、革其短；不改革，何论其长短呢？雍正在诏书里，特地引用了《宋书》中一句话，"夫善政之于民，犹良工之于埴也"。其意是强调变革旧制，开创新制是治国之本义，其检验利弊的标准是善政为民。可见，雍正十分强调政制变革须以为民、注重实效为基本原则。

《清史纪事本末》记录了自雍正元年到七年所谋划的政制变革，其思考的路径及变革的轨迹是值得考量的。

雍正的政制变革是与整饬军政要务，整肃吏治同步运作的。前者是先破后立，推动整饬引向深入；后者则为建章立制提供政治及组织上的保障。二者相互依存，这便是雍正着手政制变革的初衷。

雍正整饬吏治从清理历年地方财政的积欠、钱粮亏空、治理官吏腐败起步，相配套的行政制度变革也以此为突破口。

清理积欠、亏空直接暴露了行政核销钱粮账目的弊症。各地申报的核销账目积弊甚大，无具体的开支明细账目，无档册凭据，账目混乱，前后矛盾。能否准确审计核销申报，是直接关系整肃吏治的关键。对刚执政的雍正来说，无疑是对其政务能力的一次考验和挑战。户部是监管各省、府、州财税钱粮的主管官衙。但户部的监管却笼而统之，重统计轻监管，各省乃至内阁部衙侵吞私纳，伪造账目之积弊由来已久；贪污成疾，上至督抚，下至差役，无不在其中。更为严重的是，户部与各省督抚内外勾通的丑闻屡有发生。如，某省一地要求核销部费高达百万之巨，户部却不加审核，亦准奏销。财政积欠及钱粮亏空与户部行政不力或不作为颇多关系。财政积欠暴露了官吏公权私用的贪污痼疾，也反映了行政制度的混乱和失范。

雍正元年决定设立临时性的行政官署：会考府。此相当于现在的审计机构，专司审计各省督抚申报核销的钱粮款项，整顿行政秩序。

雍正设会考府，整顿行政秩序是颇见章法的。会考府被授权独立审计，处理内阁各部、各省、府的钱粮奏销事务。会考府由朝廷重臣怡亲王胤祥、隆科多、大学士白潢、左都御史朱轼会同办理,只对皇帝负责。行政议事以王大人四人议奏为原则,意见一致,方可共同签署,防止个人利用公权放水。会考府的行政权限可批驳各省核销申请。作为一级行政衙门应保证事权的公正,其公务员须公开遴选贤能,由各部贤能司员指名保荐。会考府定编定员,精兵简政,杜绝人浮于事。除主管四人外,衙门仅设满汉郎中、员外郎各二员,主事各三员,其他文员十名。职司全国财务审计仅有十七名公务员,可谓精简高效矣。雍正设会考府意不在户部外重置行政部门,造成叠床加屋之繁政,一旦完成预期目标,即予以撤销。会考府于雍正元年设立,三年九月裁撤,与清理积欠、钱粮亏空的整饬吏治同步。会考府的建与撤均服从于行政管理的实际需要。

雍正设会考府,是一次变革行政制度的尝试,意图甚为清晰:查考户部行政管理的积弊。设置临时性的行政衙门,在会考府的审计实践中积累经验,建立新的财政管理秩序。可见,雍正设会考府并非权宜之计,实是寓有行政制度变革的深意。

在清查财政积欠、亏空,用铁腕严厉打击、惩处贪污官吏的同时,雍正思考着一个深层次的问题,即如何建立有效的行政机制,节制事权私用的官场积弊。《清史纪事本末》记载了雍正朝行政改制的一些探索路径。

分散事权,禁止一官兼署数司之职。事权分散的节制重点是在权力中枢:内阁各部。这是雍正精心思考后的一记重招。内阁六部握有行政重权,对国家行政秩序的运作起着枢纽作用。缺少制约而过度集中的事权便成为腐败的温床。审计积欠充分暴露了这一政务积弊。因此,雍正革新政制的重点就是分散事权,各司其职,禁止各部尚书、侍郎等内阁高官兼署数司。

雍正元年二月，雍正下谕内阁六部尚书、侍郎等高官：各部属员各有职守，彼此不得干预。嗣后不论满汉官员，永远不得借故一人兼摄数司之事；本司职责不得由他司越俎代庖，不准名为兼职，实系钻营包揽。雍正建章立制先从权力中枢内阁做起，禁止兼职、跨司揽权，节制以权谋利。掌握事权的尚书、侍郎仅限于本司职责，不准越位、错位，便于朝廷监察与问责，堵塞事权监管的交叉或缝隙留下的空白。当然，关键还在于厘清各职司的行政管理秩序，强化行政的监管与约束。雍正在这方面还缺乏具体的建章立制，但不管怎样，雍正毕竟看清了事权交叉是造成行政秩序混乱的重要诱因。

规范事权是雍正行政变革的着重之处。由整顿内阁各部起始，逐级细化到各省督抚及府、州、县官衙。

元年二月，雍正帝向直隶及各省下达谕令，规定：各直省督抚不许用家丁（如今人常说的秘书之类）代行事权，管理行政，以前有此劣习流行，今后永远禁止。官衙的正常事务，可由"佐贰官轮班直日"，也就是助理之类的公务员值班，但无处置决定权。若招摇生事，即行革退。这是儆戒，即便是值班公务员也须严守纪律，秉公当值。雍正的革新之举是有的放矢的。朝野弥漫慵懒懈怠的恶习，高官无所事事，沉湎于享乐、奢靡生活，由亲信、秘书代行事权的习气已成普遍之势。家丁、秘书代行事权常常诱发上下勾连、徇情枉法、权钱交易的行政腐败。雍正将家丁代政列为禁条，也是防止地方官员行政缺位而设立的一个机制，企盼能防微杜渐，督促地方官员，尤其是督抚大员的自律。

扩大异地任职的范围，将异地任职的行政管理常态化，制度化。康熙朝曾规定汉人督抚以上官员不得在本籍地任职。这是防止地方势力尾大不掉滋生的政治隐患。雍正将异地任职的定制扩大到道、府、州、县各级官员，由汉人延伸到满族，行政官员推及到军队将官。四年，雍正帝下达规定：八旗、汉军人员，照汉人回避本省之例，不在本地任职道府县等官。以免因亲朋散处，有请托牵制、徇私、报怨之弊。雍正帝在诏谕中特别强调，此为钦定"官制定例"。

从禁止家丁代政，到县以上军政官员异地任职，这是清王朝行政秩序制度化的质的变革。两个定例殊途同归，是节制地方官吏倚重的亲情、乡党意识，以及狭隘的地方本位，强化依法事权的意识。若说，禁止家丁代政仅是停留在封疆大吏的管理层面，军政官吏的异地任职制则是全覆盖了。官制定位更为明晰，官吏的个人行政行为被纳入事权管制的程序。可见，雍正的思考颇见深度，其变革举措也颇有力度。

雍正帝将政制变革延伸到县衙基层政府，有两项举措是令人瞩目的，而且意义深远，对社会稳定起着积极作用。一是增加县衙对流民收容、就业及其管理职能，二是推行保甲制度。

大清府、县职能较多沿袭明制。县衙设文案、刑事、钱粮等职司。县衙的主要行政职能限于文牍、审理刑案、缉盗治安，收缴钱粮纳库。但每逢灾荒、水患或战乱总有大量流离失所的难民，以及因地方风俗积淀的无业流民，不耕不织，或散于坊间，或聚集群居。不少流民结伙成盗匪，逼良为娼，成为社会失稳的隐患。县衙对这类民政事务持视而不见、放任自流、自生自灭的态度。山西、陕西、浙江、江苏、江西等地经常爆发流民的群体性事件，流民已成为地方治安管理的一大顽疾。诸如，山西、陕西两省均有"乐户"之习俗，另编籍贯，人口转户流动性大，实际是逼良为娼。这一民情纯属前朝弊政，自晚明以来已成习俗。入"乐籍"者，其子孙生女，世代入"乐籍"。礼部尚书张廷玉向朝廷上奏报告中，详述了浙江、江西地区的闽广流民状况：失业流民，搭棚居住，在山中栖息，三五成群，或数十家聚一处，呼朋引类，生息渐多。但逢灾年，五谷不丰，便结党盗窃，为地方之害。翰林院庶吉士马灏文、巡视两浙盐课的御史噶尔泰也报告：绍兴府有不少惰民，均系前明留遗的散民，被地方称为"丐户"。丐户无家无业，也不顾及礼义廉耻，不耕不织，有的流浪外省，蔓延浪荡，与无知棍徒私昵，似娼而不名为娼。据统计，仅绍兴一地，类似丐户多达数千户，近万余人。朝廷接江苏巡抚尹继善报告，人称江南富庶之地苏州府下属常熟、昭文二县也发现有丐户群聚。

　　流民的放任自流，显然是遵明制的县衙存在行政管理的缺位。雍正十分重视这一舆情。自元年至二年，雍正帝先后发布政令，将无业流民的安置、就业、改造纳入县衙的行政职司，撤销流民之"丐籍"，革除有伤风化的"乐籍"，由府、县二级负责安置，改业为良民。政府的民政管理由此而起。这也兑现了雍正"政在养民"的承诺。

　　担责流民的民政事务，并未停留在文告上，还给予制度上的保障。为确保地方行政落在实处，雍正批准了张廷玉的建议，在全国推行保甲制度。

　　所谓保甲制度，最早始于宋代王安石，"变募兵而行保甲"，"什伍其民"。也就是由地方百姓自主组织募兵，维持治安的一种制度。明代也有类似制度，但已不再承担募兵治安的职能。雍正朝恢复保甲制度是与安置流民的民政管理配套而行的。雍正明确规定：将棚民编入本县户籍，五家连保，严行保甲之法，不时稽查。编册之后，后续迁入的流民不得容留，须遣回本籍管理；流民入籍二十年，准其应文武科试，不得歧视。很清楚，保甲制度是对流民进行规范行政管理的一种制度保障。

　　雍正朝将实施保甲制度列入府、县的行政法规。规定：十户立一牌头,十牌立一甲长,十甲立一保正。还特别强调各府县须将文告通行各省,以文到后一年为限,必期实力奉行,地方官落实不力,均交吏部查处。雍正朝为府、县地方政府的民政事务确定的行政制度有较强的可操作性,且有法可依,按职问责。在此,雍正推行保甲制度,妥善处理民政,作为与征粮、纳税以资国库同等重要的善政并列。可见,强化管理在清代政制变革中的重要地位。

雍正变革、完善行政制度,注重建章立制,也强调监察稽查。在这方面,雍正也有创新之举。

清朝的原有官制沿袭明代,设有御史一职,内阁有都察院官署。御史的职责是督察内阁部衙及各省督抚府县官员。但御史主要是纪律监察,对行政管理的稽查难以包揽取代。雍正三年,雍正帝决定设立各省巡察官制度,具体职司是对各省所属府县的行政事权进行督察,将流民安置就业的民政事务,缉捕偷盗的社会治安一并纳入稽查范围。巡察官制度的职责、定位明晰,是有别于御史的专项稽察。雍正帝要求,巡察官务必在一年内历遍通省各府,尽力访察。巡察官的选拔主要来自内阁各部衙的郎中级的公务员。显然,巡察官制度不是坐地的官僚衙门,须是深入基层,认真察访的稽查,这也为来自内阁权力中枢的办事官吏提供接地气的平台。

雍正朝的政制变革是多管齐下的,虽然难以企及系统化、体系性的制度创新,但每项变革的举措均能落到实处,可操作性强,有效扭转了康熙晚期政务颓废之风,一扫官场暮气,呈现朝气蓬勃的新气象。

雍正帝的上述变革尚处于局部的范围,未牵动政制的全局。但雍正七年至十年,逐步确定的军机处官制,则将政制变革推向了权力中枢的重组。由此，清代在雍正朝的典制沿革开创了一个崭新局面，对历代清朝政体产生了巨大影响。

军机处系雍正朝辅佐皇帝的政务机构。最初设立于雍正七年，时值雍正谋划用兵西北之际。当时，内阁署衙设在紫禁城太和门外，离雍正处理政务的太和殿相距不近。军政奏折及御批往返容易泄漏机密。为防止意外，雍正在内宫隆崇门内专设一处军机房，以怡亲王胤祥、大学士张廷玉、蒋廷锡负责秘密集议及安排军需事宜。这一辅佐机构远比内阁精简、灵活、高效，且具神秘性，适合军事政务作重大决策前的谋划。雍正看准了这一行政机构的优越性，便决定将之固定化、官制化，赋以明确的事权，并设置军机大臣，精选熟谙政体的部阁大员担纲。由此，一个影响清代几朝的（由雍正朝而延至光绪朝），以军机处为核心的行政体制孕育而生。雍正七年始正式改称为办理军机处，简称军机处。

雍正对官署进行了充实和规范。规定军机处的职责是，每日晋见皇帝，商议处理军国要务，以面奉谕旨的名义对各部衙、各地督抚发布指示。"总揽军国大计，承旨出政"的定位确认了军机处是被清廷赋以最高事权的政务机构。军机处由亲王、大学士、尚书、侍郎担任，也称军机大臣。官衔拟按各人资历分别称军机处行走、大臣上行走等。其部属有军机章京及掌管缮写谕旨、档案、文书等职的公务员。雍正朝的军机处暂无定编，常驻军机处的大臣仅六七人。到乾隆朝，军机处进行大幅扩充，分满汉两班各八人，后增至四班三十二人。原来精简的机构又变得臃肿不堪了。

按清初政制，内阁六部向朝廷呈报政事及政策建议，对各省、府、州、县的行政管理有着督察和指导的行政权力。虽说，决策权在帝王，但各部衙的事权容易造成扯皮、推诿，以及行政不力、效率低下等弊习。军机处的设立,对这一政制弊端有着显著改观。军机处总揽军政大计,担当政策谋划、论证的职司,另则,"承旨出政",将皇帝的决策具体演化成执行方案。而内阁六部的职能便是落实军机处的决议。军机处与内阁各司职能。前者不涉及具体执事,后者无政策谋划之职。实际上,在体制上建立了行政事权分散及相互制衡的机制,遏制了行政权力的垄断。雍正朝创立军机处可说是对清代政制的一次重大改革。

雍正的政制变革并没有作所谓的顶层设计,却有摸着石子过河的味道。不搞虚浮的花架子,边做边想,逐步推进完善,注重实效。在他看来,过度的理想化,造一个面面俱到的花架子,于政务无益。

考量其变革之路径,可发现一个清晰的逻辑:一切从实际出发,从改观康熙晚年政务时弊出发,以完善行政秩序为本义;改旧制、立新观、设机构,调整职司,目的是让短期应对与长效管理互动,寻找及解决行政制度的缺失。这个变革逻辑与现代人的管理意识已相差无几了。一个封建帝王具有如此清醒的政制意识实是难能可贵。

雍正朝的政制变革是采取自上而下、以点带面、制度配套的线路图,尽可能减少旧有行政体制滞后所产生的干扰和阻力。这确实是需要智慧的。雍正初期的新政,是禁止内阁各部衙兼职,节制事权谋私。这是关门整顿,稳定地方,纠偏中枢。待厘清高层后,再将新政逐级推向省级督抚及基层府县,先行政后军队。这叫稳住一方,变革一方。变革的本身便是利益调整,在利益源及输送链接中断的情况下,进行改革调整,可收到事半功倍的效果。这便是雍正政制变革的逻辑和娴熟的治理技巧。

　　对全局性的改革，雍正并不急于求成，而是在实践中探索，摸着石子过河。设置军机处的重大改革自酝酿至成型历经四年之久。军机处的最初职司仅仅是征战西北作军粮辎重的后勤保障，之后才延伸到承旨督办军政事务。军机处的成型使雍正敏锐地发现这是解决旧行政体制及内阁各部不协调弊端的最佳制度选择。军机处的政简、兵精，办事效率高，责任担当性强，是一种理想化的行政官署模式。为此，雍正最后将军机处的官署定位于"总揽军国大计，承旨出政"，奠定了清廷的整体行政格局。军机处官制的创新意味着清代行政体制产生了重大变革。

　　应该说，雍正的政制变革仅是初试锋芒。积淀数千年的封建官僚体制有其超稳定性的行政传统，并非能通过一些局部性的革新便可彻底将传统政制撤弦更张的。但不管怎样，雍正迈出了政制变革的切实一步，为后朝的政务治理铺垫了基础，其功莫大焉。

　　不过，翻阅清史，雍正的行政改制的思想并没得到后朝的承继。有的是依样画葫芦，有的则东施效颦，弄巧成拙。乾隆扩充军机处便是一例，与雍正的初衷南辕北辙，原有的效力机制大打折扣了。

　　历史是镜鉴，考量清代政制革新的本义便是改革须接地气，从实际出发，因时制宜、因地制宜，不迷信于拍脑袋的顶层设计，也不贬斥摸石子过河，重要的是变革者的理性和睿智。

造势道德教化

雍正初政，三箭齐发。清查亏欠，铁腕治贪；变革政制，提升执政力；造势道德教化，构建和谐的社会风尚。尤其是后者，将面向全民的普世教育列为新政，令人刮目相看。

雍正元年二月，召见张廷玉，就道德教化一事作了一次深谈。张廷玉系康熙朝进士，授任刑部侍郎，到雍正元年被提拔为礼部尚书，《明史》总裁官。之后晋升保和殿大学士，兼管吏、户部及翰林院，后为军机大臣。雍正视之为亲信谋臣，对未成熟的政务决策，事前与张廷玉总有推心置腹的交谈。此次话题是道德教化。

雍正说：治理社会首要是道德教化，移风易俗，鼓励百姓从良从善，让每个人都知道要遵守的法度规训，是以忠义廉节为重点的。朝廷每次深思熟虑谋划新政，总要在诏谕内列上表彰孝义贞节的条文。朝廷已将道德教化、移风易俗列入治政的重要议程，但内阁大员及各省督抚却不以为意，令至而不行，往往视为一般公文，敷衍了事，不下功夫访查民间孝义贞节人物之事迹，精心宣传推广，只凭地方府县具文申表即行转报了事，纯粹是敷衍搪塞。

雍正要求张廷玉以礼部名义行文传谕各省督抚、学政，督责所属府、州、县认真收集、核实各乡报荐的实迹，申报表彰嘉奖。不能因为普通百姓而轻视阻止，也不能以出身富家豪门而滥于表扬，勿辜负其教化民众，真心实意表彰道德从善的旨意。

雍正的谈话,表达了一个崭新的治政思路:道德教化、移风易俗,将是新朝治政的国策;道德教化不限于各级官吏的德政训导,要广及普天下之平民、蒙童;不拘于一城一地,须深入民间、山村僻壤;教化之内容是忠孝廉节,鼓励为人至孝至善。礼部应承担道德教化的职司;各省封疆大员须亲力亲为,不得敷衍搪塞,不准虚假作伪;表彰孝廉不准有性别、贫富、贵贱之歧视。

雍正对移风易俗的道德教化作了如此充分的深度思考,这在清代历朝可称是破天荒的。历代封建帝王论治政国策,总是将国强民富、太平盛世列为终极目标,较少提及社会的和谐,而系维和谐社会的则是伦理道德的价值取向以及民习风俗的教化。有数千年文化传统熏陶的华夏民族,孝廉节义则是系维社会和谐的精神纽带。雍正整顿吏治,治理国家的同时,将目光投向民众的伦理教化和道德建设,是很有智慧的。这是为实现国强民富的政治目标,提供必要的社会基础。这也是历代帝王尚未思考而留下的治政空白。

对礼部作了充分部署后,雍正召集内阁大臣,为造势道德教化作了一次动员,就教化的内容、含义作了精辟的解读。

由头是新开科进士的应试论题。新朝开恩科,论题是:宋代儒贤说文人应有礼义廉耻。雍正亲自抽阅试卷。诸生答卷的文章工夫优劣有别,但文义均无新见,鲜有文题中的意蕴,除了背记词章的老生常谈,便是枝微末节的咬文嚼字。雍正就此借题发挥,说了一通道德教化的题中之义:古代人常言礼义廉耻,系维国家的就是这四个字。道德之天下,四海之民众,教化皆在范围之中。上至圣启,下至人臣,均应以礼义廉耻之教化为要务。

破题之后,接下便是一番颇具哲理的演说:

言礼。礼可分大小。大者"立教明伦",使天下人尽知为臣忠、为子孝。小者"进退周旋,俯仰揖让",举止谦和,彬彬有礼。也就是从大局而言,遵礼是让民众立道德风俗,明悉伦理规范;若小处着想,则是熏陶个人谦恭的修养。

解义。大义,"开诚布公,荡平正直",让天下人无党无偏,和衷共济;小义,则是"诺不欺,出入必谨"。大义说的是追求公平、正义,人际真诚互信,不偏不倚;小义则讲究个人谨慎,不以力制人,不以财欺人,不以势压人。前者是指社会诉求,后者则是个人行为的约束。

说廉。大廉,"理财制用,崇俭务本",致力天下人均能富足,"路不拾遗,盗贼不生,争讼不作,贪官污吏无以自容";小廉,"箪食豆羹,一介不取"。朝野若能倡守崇俭为本,力戒奢华侈靡,就会培育出淳朴的民风,廉洁的官风;廉洁自好的个人,也应该不取非分之食。

论耻。大耻,君者"以不为尧舜为耻";臣者"以一夫不获其所为耻"。小耻,"不失言于人,不失色于人"。君、臣若不能以善政而治天下,不能实现朝野、万民的和谐,则是治政者的耻辱。而言不能信者,行不求果者,则是个人口是心非之耻辱。

雍正从全局、论政、君臣,以及个体、社会、庶民等不同层面诠释礼、义、廉、耻所包容的内涵,将道德教化的内涵、外延阐述得如此透彻和精彩,既有思想的深度,又有文采的光鲜度。

雍正在演讲中反复强调,道德教化,只要朝野一致,君臣一心,经几年努力便可使道德风貌焕然一新。人心风俗蒸蒸日上,大清盛世指日可待。雍正演说的结语充满着激情和期盼。可以猜想,御前聆听的大臣们一定是热泪盈眶,但各人的心理感受也一定是五味陈杂。

雍正的演说，表达了他对造势道德教化的判断和决策路径：

自朝廷重臣至科举新进入仕者，对道德教化、移风易俗之要义认知不足，知之不详；

道德教化应以礼、义、廉、耻为核心的道德追求、伦理价值取向及行为规范去改造社会风尚及个人的修为；

道德教化是全民教育，涵盖臣、民各色人等，不同对象的伦理规范应有各自的准则和操守；

道德教化要有理想目标的追求，更要有道德底线的坚守。礼、义、廉、耻所倡导的是教化的目标，也是道德底线的界定。

这些可以看作雍正朝推行道德教化的理论大纲和实施指南。雍正在演说中有两句话颇耐人寻味：朕自身体力行，为天下先；诸王、内外大臣，文武官弁与乡绅富户，当深体朕心，钦遵朕谕，期共勉之。君臣共勉，是在表示其推行教化的决心，也是告诫朝野，除全力以赴，别无选择。在语切情恳的背后，却是冰冷的压力。

从《清史纪事本末》的记载上得知，雍正推行全民道德教化的第一步是启蒙教育，选择示范读本。

雍正元年五月，指示礼部尚书张廷玉，确定《孝经》及康熙钦定的《孝经衍义》为全民启蒙读本。《孝经》乃是儒家典籍，被列为四书五经同等重要的七经之一。《孝经衍义》是在《十三经注疏》的基础上，对《孝经》作诠释，为康熙所认可。作为启蒙读本，雍正又亲自为《孝经》作序，直言《孝经》是彰明规训，启蒙民众，详述家庭、国家伦理的必读课本。为何首选《孝经》？雍正对张廷玉说得很明白，"《孝经》一书与五经为并重，盖孝为百行之首"，也就是，百善孝为先。孝道之伦理涵盖全民之人伦、全社会之风气，故而，道德教化就是以"孝道"破题，开启民风德修教育。礼以孝为先。孝之传统，是弘扬尊老敬老，引导家庭和睦、社会和谐的思想基础。雍正对草民社会不先宣"忠"而首选宣"孝"，将社会稳定作为道德教化的重要归旨，乃是睿智所容也。当月，经雍正批准，礼部刻印满、汉文版《孝经》及《孝经衍义》颁布全国，成为全民读本。

雍正要求礼部采取两项措施让道德启蒙教育深入人心，使天下之人都能阅读背诵，作为修身务学之本。一是明令各地私塾学童照本习读，能记能背；二是谕示各地乡试、会试，恢复《孝经》为题。学童、士子教育的普及性、广泛性会牵动每家各户。无论官吏富绅及庶民，均应阅读熟记，照章履行。

当然，启蒙教育要入耳、入脑，易记能懂，符合平民和幼童的文化认知程度。为此，雍正再三提醒张廷玉，庶民的道德启蒙如同学童习读背诵那样，需要谆谆引导，不厌其烦，让庶民真正懂得一些浅显的道理，诸如要懂得与人为善，必有好报，待人凶暴，必将得祸，等等之类。而照本宣读，教条式的宣讲，不接地气，称不上真正的道德启蒙。雍正对张廷玉的指导可谓思维缜密，用心良苦矣。

雍正多次规定，各级官吏在道德教化中须做到身体力行，为平民起表率作用。此说并非是套话、空话。

雍正登基不久，江宁织造衙门按内宫惯例进贡绣品示贺。此次上贡金银线绣织的黄龙袍达九件之多。外省督抚也纷纷进贡，香囊、宫扇、玉雕之类饰品不计其数。装饰华丽，雕刻精工，堪称华粲、工巧、奇观。雍正对进贡之风甚为反感，就黄龙袍、玉雕等贡品借题发挥，下了一道长谕，言称，贡品是开风俗奢侈之端，助长华靡之风。为政者须牢记"治天下之道，莫要于厚风俗。而厚风俗之道，必当崇俭而祛奢。若诸臣以奢为尚，又何以训民俭乎"？当官的以身作则，防微杜渐，先树崇俭之政风，才能教化民众励行道德新风。身体力行者，应为天下先。禁贡品虽小事，却事涉民生风俗者至大。为君、为臣均应自正其德。

由进贡惯例而导入整饬政风；教化民间移风易俗须先端正君臣政风。雍正禁贡品的亲自示范，对朝野的道德教化是一种警示，也是一次造势。

君臣以身作则，身体力行是道德教化的一种表率；树立民间典型更是一种行之有效的示范。以民间扬善的典范导引民众的伦理取向，可取得家喻户晓的理想效果。在这方面，雍正是下足功夫的。

河南省孟津县有个名为翟世有的市民，拾得陕西棉商路经孟津县遗失的货银一百七十两，竭尽心力寻访失主，经历数月，终得以归还遗金。失主欲赠银答谢，翟氏却分文不受。雍正朝初期，一品大员的年俸仅一百八十两，翟氏所拾遗金可谓是一笔巨款了。翟氏拾金不昧的义举清操在陕、豫两省引起轰动，坊间广为传颂而成为美谈。雍正从河东总督田文镜的奏报中悉知详情，立刻下令表彰嘉奖，指示河东总督在省府官衙亲自宣读嘉奖圣谕，并造势宣传，让翟氏的事迹家喻户晓。

雍正在嘉奖的诏谕上，给翟氏以最高褒奖：天下能否太平在于民风习俗，而风俗的教化在于端正人品。翟氏守法奉公，安分知足，则不贪苟得之财，不为非理之事，昭示了社会风气之祥和，但是像孟津翟氏淳朴作风还不多见。雍正期盼拾金不昧之行为能蔚然成风，形成天下太平，人心向善的淳朴民风。溢美之词有过之而无不及，就差一句：翟世有乃钦定道德模范了。经这番造势，雍正又助推了一把，钦赐翟世有七品顶戴，赏银一百两，表彰其善良品德。奖励之重令朝野惊叹不已。雍正赐官赏银在民间的影响远远超过拾金归主。造势翟世有的意图就是让民众有效仿之榜样。人人学习，自觉效仿，道德的教化效应就是应该如此。

雍正二年，京畿四郊受水灾之害，灾民纷纷逃荒，流向京城乞讨度灾。一些富绅主动捐款设普济堂、育婴堂，救助流民及散于坊间的弃儿。雍正认定此乃是善举、义举，立刻下谕礼部给捐款者建坊立碑刊刻姓名予以表彰，同时要礼部督责各省督抚大员，凡募捐施善者，均仿照京师之例办理，以期营造"起其仁心，善于为善"的社会风尚。

同样，江南诸府县频发水灾，松江、苏州、常州等地乡绅慷慨解囊，资助米粮赈灾，施医捐药治疗流行病疫。雍正接报后谕示内阁："以此拯灾扶困之心，不愧古人仁血之谊，风俗淳厚，甚属可嘉。"他要求两江总督亲赴捐施之府县宣读嘉奖诏谕，按捐助多少者论赏。少者给予匾额，免其差徭；多者申报礼部，另行奖励。清廷对捐施乡绅的回报远超过其付出。雍正看重的，是施捐之善能教化一方社会的淳厚民风。

若说，扬善旨在导引教化的伦理取向；那么，惩恶则是确立教化的道德底线了。雍正造势惩恶纠俗也是不遗余力的。

雍正三年，江南发生罕见水灾，朝廷蠲免当年钱粮税赋。苏州、松江两地知府涕感皇恩，以表崇敬，便发动富绅、乡民诵经立碑，盖造龙亭，聚会演戏。这在清代官场是习以为常之举，说白了是拍皇上的马屁。雍正却在纠俗上做起了文章。雍正训斥苏、松两府：蠲免税赋是朝廷顾及民生，并非有恩于苏、松两府，尔等撰文以祈朕有福是曲解朕之本意，崇尚圣上是虚伪之恶俗。雍正未扣上欺君之罪，算是客气了。雍正将话锋转到了道德教化。自己临御以来，晓谕天下人民务本重农，力行节俭,而建造碑亭,聚众演戏,更属奢靡浪费,此是江南苏、松地区的恶俗,概行停止。雍正连带该省督抚一起问责,力行节俭是其晓谕天下的底线,不容触犯。

又如,赌博是伤风败俗之恶习。聚赌诱发为匪作盗,作奸犯科。社会治安的失控,放僻邪侈之事均由赌而起。其涉及社会面甚广,痼疾顽习甚深,历朝历代都未能禁绝。因此,禁赌、戒赌也是雍正道德教化的一道底线。

雍正在禁赌的律令中,特别强调,偷盗赌狎均是有伤风化、损害礼义廉耻道德的恶俗,现列为禁区,朝野官宦无不例外:读书居官之人沾上这个恶习,必然丧失良知,志气消沉,昏庸迷失,何以能上进!若说,庶民参与赌博是道德教化的底线,官宦、士绅参与赌博则被列入违纪犯法之禁区了。

维护道德底线需要建章立制,奖惩制度化,方能使教化常态而持久,用今人的话来说,是要建立长效机制。

诸如,历代王朝禁赌不绝的现状引起雍正的反思。雍正七年,指令礼部制订"禁造赌具劝惩之例"。规定,劝惩赌博须清其根源。查获赌徒,必查清赌具之由来。一旦查明赌具出于某县,该县知县以渎职例革职,知府革职留任,督抚司道各降一级留任。地方官员能缉拿赌具制造者,各加级奖励。此规定于雍正八年起实行。雍正立法、执法显示了铁腕手段。但平心而论,这种强制性的规定仅是短时的威慑而已,未能根本改变历代禁赌不绝的状况。

相比之下,雍正推广"乡约"制度,对移风易俗的道德教化更有实效。康熙年间有个大乡的村庄。村民和睦相处,自动发起签订"乡约"。所谓"乡约",是同乡同村人共同遵守的道德规约。签"乡约"者须恪守承诺,如德业相助,过失相规,礼俗相交,患难相恤,劝人为善去恶。康熙朝大乡的村民还将组织阅读康熙帝亲撰的《上谕十六条》列入"乡约"。雍正认为,起自民间的约定俗成是道德教化的最佳形式。于是,下令礼部积极推广"乡约",并给予指导,让建立"乡约"的乡村、坊间均备置两种簿册,一记善行,一记过恶,以便规劝与奖励。记善、记过由民间自行实施,规劝、奖励由府、县官衙责成。官民共同建章立约,其效用可消除对行政强制性的抵触,使道德教化成为民众自觉的行为。这确是一个高招。

雍正造势道德教化可谓深思熟虑,谋划周全。教化之内容、目的,树立典范、官衙承担的职责,配套的建章立制,乃至营造氛围等均有具体谕示。推行教化按部就班,深浅兼顾,有声有色。如此精于谋划,规模宏大的全民德化教育实为旷古未见。

更为令人感叹的,是雍正执政的最后一年,在其患病期间仍不忘道德教化事宜。雍正告诫诸重臣,"屏弃虚文,敦尚实政"。"风俗淳良","则和气致祥,天道之感应,捷于影响"。也就是,道德教化、易风移俗,非一朝而就,是长时期的,不能追求立竿见影;要见实效,立为实政,不能作秀、做假。雍正要求将这一谕意刊刻发布,务使远乡僻壤人人知悉。这也算是雍正的一个政治交代吧。

雍正不遗余力造势推行道德教化,已超过一般的政务治理。其目的究竟何谓? 有些史学家会作这样的论断,雍正之举纯粹是要维护封建皇权的统治,以封建礼教灌输、约束民众,达到稳固大清江山之目的。这一点,雍正在给张廷玉的指示中也说得很明白:教化之义乃是"明伦纪"、"维朝纲"。这样的评说不能判其错。否认这点,雍正不是封建帝王,倒成了现代革命者了。但恪守这一教条,去评析雍正的治政策略,也会陷入庸俗的政治实用主义的泥潭。历史没有镜鉴的价值了。

　　雍正造势道德教化，阐明了一个历史的逻辑：国家的兴衰，民族之强盛，均与社会道德风尚息息相关。无论是新桃换旧符，还是社会变革，一旦道德伦理失范，道德底线沦陷，见利忘义不以为耻，侈靡奢华引以为荣，权力寻租不以为耻，恶习得以蔓延，江山社稷岂能长治久安？道德沦丧与政治窳败往往是一对双生子，互为因果。雍正治政意在救赎。就这点而言，乃是历史的进步。而他推行道德教化之谋略，宣传造势、启蒙教育、立章建制、讲究实效、杜绝作秀等决策，对时下的社会都有镜鉴之价值。

告密的制度化

　　封建统治者为巩固皇位，强化君主集权，往往会采取极端手段，打击异己，管制官吏。明代的特务政治，清代雍正朝的暗箱政治，就是如此。

　　明代特务政治以锦衣卫、东西厂最为典型。锦衣卫是明洪武十五年设置的宫廷亲军都指挥使司，最初职责仅仅是掌管皇帝出入仪仗而已。朱元璋为加强专制统治，便赋予锦衣卫巡察缉捕的权力，专司告密、缉捕、刑狱之责，受皇帝直接掌控。明朝中叶，明成祖为打击不同政见者，于永乐十八年在京城东安门设立东厂官署，由亲信宦官任提督，权力高于锦衣卫。明宪宗时代，又在东厂以外增设西厂，其缉侦范围扩大到全国各地。在洪武年间，宰相胡惟庸被杀，开国元勋徐达自裁，大学士宋濂被诬成胡惟庸同党，凉国公蓝玉被诬谋逆，等等，均是朱元璋授意，锦衣卫夸大其事，穿凿附会的密告所致。明代诸帝以恐怖统治使群臣慑服，堪称史无前例，恶名昭著的锦衣卫、东西厂更是人人共愤。正是如此，明末遗士黄宗羲、顾炎武痛斥君主专制之黑暗，赢得清初士大夫的共鸣。

　　清初立朝，康熙主张"诚和善治"，尽力调和君臣的政治博弈。雍正虽然是个强化君主集权的铁腕人物，也不愿冒天下之大不韪，照搬明代的特务政治，制造白色恐怖以掌控诸臣。雍正的策略是用"密折奏报"的暗箱政治取而代之，通过行政权力将告密行为制度化。看似平和，但打击异己，掌控官吏，树立皇帝绝对权威的实效却能显于无形之中。

密折初现于康熙朝,而将密折奏报异化为告密制度则始于雍正。康熙治理政务颇为务实,亲力亲为,直接拆阅涉及重大国事的部分奏章,不允许内大臣插手、过目。朝廷内臣将这些奏章称之为"密折"。由皇帝亲自拆阅的奏章被视作一种信任和荣誉,而上奏密折者,仅是少数亲信家臣。雍正嗣位,因诸皇子嗣统之争的波余犹在,贵族集团的实力派亦未必与新君同心同德。雍正要树立权威,独断朝纲,治理国政,必须采取有效的政治手段,建立一支信得过的官僚队伍,掌控国家机器。密折奏报是其暗箱操纵行政权力的重要途径,它既能掌握朝廷诸臣的思想动态、政治倾向以及个人行为,甄别其忠伪、亲疏;又能以上奏密折的荣誉感和批复谕旨的私密,不动声色地培植亲信官僚。因此,雍正即位仅半个月,便下令推行密折奏报制度。开始的举措有三:收缴历朝先皇的朱批谕旨,规范密折文本,扩大密折奏报的官员范围。

康熙驾崩后的第十四天,雍正下了缴批的谕示:所有皇考朱批谕旨,俱着敬谨封固进呈;若抄写、存留、隐匿、焚弃,一经发现绝不宽恕,从重治罪。完善档案管理,是无可指摘的常规,但雍正的真实用意是防止朝臣利用先皇的朱批谕旨,牵制新政,遏止其独断朝纲,影响其对朝臣的政治甄别和使用。看似漫不经心,实是变革奏报制度的一个重要信号。

康熙朝上奏密折的范围并不大,有资格者仅有近百人。雍正朝却将有资格密折奏报的官员范围扩大到一千一百多名。在各省增设一名御史,另外,赋予藩司密折奏报的资格,与督抚相制约。授予吏、户、礼等六部下属给事中一级官员以密折奏报的资格,其职事等同于御史,执行封驳六部事奏之权。到了雍正后期，连知府、同知、副将军等基层官员也可特许密奏。扩大密折奏报的官员范围，是建立自上而下的监察系统，把内阁部院、外省督抚及部分府、州官吏都纳入监察视野。

密折奏报的内容甚广，上自军机、国政大事，下至隐私琐事，贬人、褒奖、揭发，无所不包。雍正说得很明白，"密折言事，无非欲人人尽其所言，无非瞻顾四辟，于治理大有裨益"。因是密折，奏者可以无所顾忌。凡有密折奏报资格官员，允许越界奏事，越级监视，有权向皇帝密告同僚、下级甚至上司。当然，在监视别人和密告的同时，自己也置于别人的监视之下。雍正利用密折奏报制度，对亲王、内阁大臣、督抚，下至地方官吏的思想、行为乃至隐私均是了如指掌。难怪雍正颇为得意地说，"朕励精图治，耳目甚广"。

为有效提升暗箱政治的威慑力，雍正严申密折的保密性。雍正三年，下谕告诫朝臣应严格执行保密纪律，官员上奏密折及复批的密旨均不得泄漏。严禁各省督抚、提镇，将批复密旨互相传阅、互相通气、私自探问，一经发觉，该照泄露军机律治罪。封疆大吏浙闽总督觉罗保，山西巡抚诺珉，云南巡抚杨名时突然遭到雍正的严厉训斥，被停止上奏密折的权利，究其原因，是被人密告有透露奏章内容的嫌疑。雍正初政，朝臣阵营莫辨，敌友不明，密折及密旨的保密就显得十分重要，稍有不慎就会陷于政局混乱的困境。这也显现了雍正玩弄权术之缜密。

密折奏报的实质就是怂恿相互告密。小人常戚戚，君子坦荡荡。从道德上说，告密则是有悖道德的小人行为。恪守道德良知的官员常有抵触情绪，敷衍而为之。为此，雍正三令五申，密折奏报是朝臣各级官员的职司所在。对不尽心尽责密折奏报的官员给予严厉警告，或撤销资格。雍正六年，发现都察院的言官不按要求密奏，即令停止密折资格，改密折为露章明言。

不料言官们集体失语，"皆默不言事"。结果遭到严厉训斥："为臣之道，惟在公忠，如自惴不能供职，即当引退。"告密自觉与否成了忠君的标准。此谕上纲上线，文武百官再也不敢掉以轻心。

雍正对密折书写的规格、装封、传递、批阅以及密旨收缴程序都有详细规定。密折开卷，撰明所奏主题、要点，奏章外封须注明"密"字，不准任何人拆封。军机处密折所需的钤封印信，须有"办理军机印信"字样，印信由礼部铸造，军机处派员专职管理。凡密折奏报得皇帝面授谕旨者，须将口谕缮写成进呈，经览阅核实后方许存录。但不准私自记录、传播。凡不缮写进呈，私相传播者，均作"假捏旨意"，"从重治罪"。为确保这一制度严格执行，着令各部院衙门将此谕旨抄录张贴在衙门大堂，让现任及接任官员都知晓。各省督抚每年向各级文武官弁通行晓谕一次。若发现有属员不知此规定，将予以问责。雍正对密折制度作如此繁琐规定，在诸项新政中亦属少见。

雍正说得很透彻，推行密折制度是"朕惟治天下之道，首重用人"，既要善用其长，又要防其变节。在雍正看来，用人之长，是培植亲信官僚的需要；防其变节是打击异己之必须；而密折报奏则是制度上的保障。诸如，时任云南巡抚的嫡系宠臣鄂尔泰推荐王绍绪为广州提督。雍正并不以亲信荐人，便掉以轻心，下密旨令广州将军石礼哈留心探听，据实奏闻。石礼哈密折上报：王绍绪念念不忘圣恩，志洁行清，勤于办事。雍正仍不为所动，再次密旨两广总督密折奏报，相互印证。直到多方密折一致，才决定任用。密折奏报不仅多方考察被荐者，而且在印证中督察考核者，这对官吏的监督起到吏部考察所起不到的作用。

密折奏报的告密制度,在雍正铲除异己,打击朋党的政治斗争中起了显著作用。

康熙晚年,众皇子为争夺嗣统而争纷屡起。八皇子胤禩的才能超过四皇子胤禛(即雍正),又且朝廷文武拥护者众多。九皇子胤禟、十皇子胤䄉,以及十四皇子胤禵均亲附于胤禩。雍正继位后,作为皇族的实力派胤禩等成为牵掣新君的政治力量。雍正表面上要显示君主的宽容大度,故作姿态封胤禩等为亲王,参与内阁佐政,暗地则密旨臣下密折奏报其所作所为,收集各种有失忠、孝、节、义的证据,予以打击。

雍正元年,胤禩在满洲为母妃举行祭礼。当地官员立刻密折奏报,密告胤禩办丧事过于奢靡。在内务部规定外,屡加祭礼。每次祭礼都要焚化珍珠、金银器皿等贵重物品,花费巨大。自初丧到百日,与其弟胤䄉、胤禵、胤禟天天大摆筵席,每筵必宰猪羊二三十口,山珍海味、佳肴美酒,轮流馈送。雍正乘机在内阁各部院及八旗大臣面前,制造舆论,进行攻讦,称:胤禩沽名钓誉,博取孝名,纯属虚伪。胤禩在内阁任总理事务之职。清理工部积欠时,帮助工部郎中完纳拖欠钱粮。当即工部有人密报。雍正抓住机会又予以攻击:胤禩所做之事,都是要笼络人心,却将恶名强加于朕。私下完纳欠银,纯属暗使银两,收买人心。工部修造太祖、太宗、世祖神牌,因工匠粗疏,神牌施漆不均,字迹不工,都察院也上密折,言主管工部的胤禩草率不敬。雍正立即回应:并非胤禩考虑不周,不能办事,而是有意为之,陷朕对先祖不敬。并借题发挥,谕示诸亲王、内大臣,"胤禩素行阴险狡诈",应"时加规劝",且"据实陈奏"。明白无疑,这是直截了当示意文武朝臣进行监视,及时密报。

十皇子胤䄉也被纳入监视、密告之列。雍正二年,胤䄉奉旨送蒙古亲王出关。雍正下密旨,令宣化总兵许国桂严密监视,并密示:不可给他一点体面,必寻出几件事,不可徇一点情面。当胤禔中途返回张家口关时,许国桂即密告:胤禔属下旗人庄儿、随从王国宾骚扰地方,调戏妇女,辱官打兵。雍正在密报上朱批:"甚好,如此方是实心任事。"对许国桂的告密给予嘉奖鼓励。同时,又以密折为据,下旨:胤禔不肯前往奉差地方,诈称抱病,任意出入边界,着革去王爵,调回京师,永远拘禁。密折奏的是胤禔属下犯纪,密旨批的却是胤禔之过,显然,雍正是利用密折的保密性,夸大其事以达到政治目的。

十四皇子胤禵是雍正的胞弟,深得康熙宠信,被授予抚远大将军,率兵出征,驱逐准噶尔,安定西北,功勋卓越。康熙病逝,胤禵回京奔丧,雍正却命其留在马兰口汤泉守陵。同时密令镇守马兰口的总兵范时绎随时密折奏报。有个叫蔡怀玺的投奔胤禵,声称庙神托梦说,"十四爷命大,将来要做皇帝"。雍正当日即获密告,立遣康熙的亲侄满都护、内大臣马尔赛前往马兰口察查,并密令范时绎暗中监视满都护的言行。范将审讯胤禵时,"满都护未发一言"密折奏报。满都护被视作胤禩、胤禟、胤禵之党,阻挠政事,扰乱人心而被降职。胤禵也被召回京城,囚禁在寿皇殿。胤禩、胤禟最终也被革去亲王爵位,除去皇族玉牒,先后病故。雍正利用密折成功清除皇族异己,巩固了皇位。

若说胤禩等是政治对手,必除之而后快。那么,作为宠臣亲信的年羹尧也遭遇了同样命运。年羹尧曾在康熙朝任要职,因办事明敏干练,由四川巡抚晋升四川总督。康熙八十年,因支援清军进剿西北有功,擢升川陕总督,统辖西北军政大权。在雍正朝为其嗣位,力阻胤禵率师回京问罪立下汗马功劳。后又平定青海叛乱,被封一等公、抚远大将军,接管亲王胤禵一切军权。更为显赫的是,年羹尧的胞妹嫁与雍正成为皇贵妃。政治上的联姻让年羹尧位高权重,权倾朝廷。雍正二年,年羹尧奉旨回京觐见。途中经过西安,总督李维钧、巡抚范时捷竟然跪道迎送。至京师,诸大臣郊外迎接,年氏却"安坐而过,不为礼"。这一举一动,都被纳入密折奏报。年氏居功自傲,骄纵揽权,引起雍正的愤怒和警觉。表面上,雍正亲自为年氏仗势欺人的"流言"辟谣,暗中却密示各省督抚予以监视,"朕甚疑其居心不纯,大有舞智弄巧潜蓄揽权之意",在各督抚的密折上朱批:"近日年羹尧擅作威福,逞奸纳贿,朕甚恶之。"最终,年羹尧被褫夺军权,调往浙江当个挂名的杭州将军,后又以九十二条罪状勒令自裁。

密折犹如悬挂在文武官员头上的利剑,令人生死福祸难卜,无所适从。尤其是雍正将密折作为随意处置官员的利器,更让朝臣感到恐惧。雍正三年,年羹尧参劾陕西巡抚蔡珽纵情任性,威逼知府蒋兴仁自尽,内阁及刑部议罪,建议"按律拟斩"。又有人密告四川巡抚王景灏系年羹尧所荐,有年党之嫌,参奏革职处置。雍正却作出令朝野颇为不解的决定:宁可听年羹尧之言而用王景灏,断不可听年羹尧之言而杀蔡珽。下旨将蔡珽从宽免罪,后又被授都察院左都御史,王景灏简任巡抚以观后效。雍正的决定罪责不明,有失公正,但他的真正用意是借蔡、王之例威慑内阁各部。"国法所在,恩威自朕出","朝廷威福之柄,臣下得而操之,有此理乎?"对朝臣之恩威,权力在帝王,岂容臣下操纵?官员可以告密,但处置权力唯独君主一人。

密折制度驱使文武官员自觉效忠皇帝。随之而来的则是官场奴才文化心态和攻讦作伪的恶习得以泛滥。各级官员唯上、媚上,谨小慎微,唯唯诺诺,终日以揣摩帝王的意图为能事,见风使舵,假话、媚话连篇;同僚、上下级之间相互设防,虚与委蛇,扯皮推诿;因告密得宠,又助长内斗之风,官场混乱,暮气沉沉。密折制度巩固了帝王的权威,培植了亲信,也走向了反面:庸吏登堂入室,政务混乱。这些均不是雍正所乐以待见的。

雍正在达到清除异己、独断朝纲的目的后,也开始对密折制度进行了微调。雍正八年,自找了个台阶,告诉朝臣:文武官员的密折,每天少则二三十件,多则五六十件,皆由朕一人阅览批发,无人相助于左右,而御批常是随到随批,疏漏难免,行之日久,滋弊必多。为此决定:凡是密折奏报的批谕,"不准引入本章,则奏折之不可据为定案"。密折之弊被轻描淡写掩饰而过。

雍正去世当月,朝臣对密折制度非议之声不绝。监察御史谢济世、伯爵钦拜率先上书乾隆,历数密折之弊端:小人多以此说害君子,首告者不知主名,被告者无由申诉,上下相忌,君臣相疑,呼吁取消密折报奏。乾隆以宽严相济的治政大计为由,将密折制暂且搁置,将密折奏报限制在督抚、藩臬大吏的范围,但必须据实入告,公正毫无欺德。这种空洞的谕旨,难以改观官场媚上之奴才心态,告密攻讦的君臣博弈。历代帝王竭力实施吏治之政,却往往难以持久,其制度性弊端则是重要的原因。

挟文字狱治天下

　　文字狱的始作俑者,是明太祖朱元璋。朱元璋出身卑微,一介草莽之士,依靠谋士武将得以推翻元朝,剿灭劲敌张士诚、陈友谅而一统天下。但巩固皇权,延续朱家王朝远难于夺天下。明太祖实施铁腕政治的一个举措,便是以文字之祸、书籍之禁,大兴文字狱,用文化专制维系朱氏中央集权统治。明代文字狱涉及面之广,诛杀无辜之惨,堪比秦始皇的焚书坑儒。史学界有"秦鉴在先,明鉴在后"一说,指的便是秦、明两朝开创了封建王朝中央集权的文化专制。有史学家在探究明太祖大兴文字狱的成因时,有两个推断:一是出于荒年出家的自卑心理,排斥知识文人,对之猜忌重于礼敬;二是维护皇权,限制文人的自我文化表现。从朱元璋制造"贺表案"、"诗文案"、"书院讲学案"等诸多文字狱的案例中拟可作此佐证。

　　清军入关,明亡清兴。挟文字狱以治天下,也成了清王朝"以满制汉"的政治手段。据《清史纪事本末》记载,清初顺治、康熙、雍正、乾隆诸朝殚虑图治均自信于文治武功。武功,即镇压反清起义,平定藩臣,拓展疆土;文治,则集中于整饬吏治,务农治生,合理赋税;此外,以满制汉的文化专制,强化意识形态的思想管制,在顺治、雍正朝尤为突出。对市井民夫而言,文化专制是施以剃发令、易衣冠令,消除民众对明朝制度及习俗的眷恋,强制汉俗融入满族习俗。对知识文人而言,则兴文字狱,钳制民间舆论和思想。若与明太祖相比,顺、康(晚年)、雍朝的文字狱更多是倾向于政治压制与意识形态的思想禁锢。

顺治朝的"庄氏史案"便是一起震惊朝野的文字狱。明末内阁首辅朱国祯被宦官权臣魏忠贤排挤，致仕家居，潜心著述，撰写《明史纪事》数百卷，以《史概》之名记录其对明朝政事兴衰的思考。顺治十六年，浙江湖州首富庄廷鑨怀着明末遗民的情结重金收购并刊印《史概》，并广聘坊间名士茅元铭等十余人为《史概》断句润色；后又将新购《明末启祯遗书》编入《史概》崇祯朝史事。为尊重编纂者，特将其姓名列在卷首，于顺治十七年刊刻发行。庄氏刻印之事即以"写造逆书"之嫌遭人举报，庄氏史案便成了清初第一大文字狱。凡参与朱氏书著编辑、刻印、发行及收藏者被悉数缉拿，被囚者多达两千余人。从重处罚者达七十余人，其中凌迟处死十八人。作序、编纂者皆满门抄斩。已故的庄廷鑨遭鞭尸，其弟庄廷钺一家十数口连坐。

康熙五十年，又有一起史案酿成了文字狱。明清王朝的更迭，满族入主中原，造成天崩地裂的社会震荡。尤其是明王朝二百余年基业的轰然倒塌，触发了一些文人名士对亡国惨痛的反思。一些文人开始撰写明朝兴亡纪事，把思考聚焦于君主的统治。文化名士戴名世亦在其中。他参考另一名士方孝标的《滇黔纪闻》所记的明永历朝史事，将明末遗事的思考心得，编入《南山集》。《南山集》刻印后，立刻遭清廷缉查，被扣以"私刻文集，肆口游谈，倒置是非，语多狂悖"，打成冤案。康熙五十二年，对戴氏史案作了裁决，康熙虽比顺治宽容，牵连有限，但文字狱的暴政同样令人战栗。戴名世私造《南山集》，决不姑息，被处斩。方孝标遭剖棺戮尸，其子、侄、妻虽免死，但发配黑龙江为奴。其实，方孝标获罪，纯粹是张冠李戴的冤案。方氏获罪的理由是归顺吴三桂作伪官。而作伪官者却另有其人，名为方学诗。戴名世在《南山集》里尊方孝标为方学士,"学士"与"学诗",风马牛不相及,一字之差竟酿成一桩文字狱的血案。

　　若说,顺治、康熙两朝的文字狱仅是偶发的单案,尚未连案成风,那么,雍正朝却出于政治上打击异己,思想上禁锢民间的反清意识,常从文字究审处下手,且制造舆论,鼓动地方官吏主动搜访悖逆文字,密织文网,穿凿附会,构陷告讦,大兴文字狱。雍正把兴文字狱视作铁腕的政治运作,从而将大清朝的文化专制推向了极端。"曾静投书案"便是雍正精心策划文字狱的典型案例。

　　"投书案"的主角是曾静、张熙师生俩。曾静仅是康熙朝的秀才,举仕未果,便以读书授徒为生。毕生极其崇拜浙江著名学者吕留良。吕留良是清初省思明朝亡国,批判君主专制的领袖人物。曾静自身也著有《知新录》,在坊间略有文名。在浙江搜寻吕氏著述途中,曾静与吕留良之子吕毅中、门生严鸿逵结成私交,由此购得大量吕氏书著。雍正六年,坊间盛传雍正嗣位的内宫争斗之秘与打击权臣年羹尧的流言,以及取代年氏执掌西北兵权的岳钟琪系岳飞后人之传闻。曾静竟异想天开,遣徒弟张熙赴陕投书,劝岳钟琪兴兵反清。岳钟琪告密,雍正以谋反罪将曾静、张熙逮捕。在查抄中发现大量吕氏著作,投书案便累及吕氏家族。

　　雍正处置投书案却深藏杀机。曾静投书犯的是谋反大清的重罪,但雍正却不在乎杀一两个平民解恨,而是对深受清初明末遗士影响的思想文化界精心策划了一场意识形态的政治围剿。

　　雍正先令刑部侍郎杭奕禄密审曾静,宣讲一通大清如何正统立朝,列朝帝王功德盖天下。当今天下崇孝敬德,恭俭谦和,为国为民，励精图治，执政为民。劝诫曾静服罪，改过自新。曾静在刑部威逼利诱下认罪，并供称是轻信吕留良邪说，被其蛊惑，而误入歧途，愿撰写《大义觉迷录》，向大众宣讲，悔过自新。雍正七年，下令特赦曾静、张熙，并作长篇谕旨，大造舆论，将谋反的投书案转向政治围剿吕留良的"异端邪说"。雍正列数吕留良追思明代，深怨本朝，著邪书，立逆说；所著书文以及日记等广为流传，做作妖妄，其声势嚣凌，党徒众盛等罪状，曾静投书逆反，实是吕留良之罪。为此，雍正作出两项决定："毁板焚书之灭其迹"，"将已故逆贼吕留良及子孙、嫡亲照律治罪"，吕留良戮尸枭示，其子吕毅中斩首，孙辈、门生流放宁古塔为奴。这才是雍正兴文字狱，处置曾静投书案的政治意图。吕留良的《四书讲义》在江南文人中影响甚深，流传甚广。除阐扬华夷之分，大于君臣之义的"夷夏之防"论，抗议清兵扬州、嘉定屠城之暴行，更多是对君主专制的批判。他宣称，由秦代发端的尊君卑臣的专制主义使贤臣沦于宦官宫妾之下，这既是明亡之训，也是现朝之鉴。雍正将吕氏言论斥之为反清之邪说。雍正利用曾静案，兴文字狱，诛剿吕氏家族，不仅是抑制吕氏反清民族主义思想的传播，同时通过曾静遍及乡壤宣讲《大义觉迷录》的现身说法，用社会舆论宣扬雍正嗣位一统天下的合法性；其手段远高明于顺、康二朝对庄、戴史案的剿杀。同样震惊朝野的文字狱，后者因简单的政治暴力激起了民间文人的愤懑，前者却昭示了雍正的大义。曾静投书案显示了雍正推行文化专制的残酷性和意识形态禁锢的隐蔽性。这一策略在雍正执政十三年间是屡试不爽的，尤其是，文字狱已成为打击政敌、排斥异己的有效工具。

查考《清史纪事本末》，稍举几例，便可知悉雍正兴文字狱之频繁，打击面之广：

案一，浙江钱塘人汪景祺投奔年羹尧当其幕僚。为报知遇之恩，汪景祺特地撰写《读书堂西征随笔》，阿谀献媚吹捧年羹尧，称年氏为"宇宙之第一传人"，"圣贤豪杰备于一身"。这纯粹是庸俗文人拍马溜须之技。其中《历代年号论》一文，言"雍正"的"正"字有"一止之象"；《功臣不可为论》斥责历代君王屠戮功臣，等等。年羹尧权重、功高震主，遭雍正猜忌，随即失宠，终遭革职、抄家、处死。汪景祺的手抄本《读书堂西征随笔》已然曝光。雍正亲书批示："悖谬狂乱，至于此极。"着令立斩枭示。汪景祺的头颅长久挂于京城菜市口，直至雍正驾崩。

案二，礼部侍郎查嗣庭的日记中记述他对朝政种种弊端的批评。尤其是康熙朝晚期用人行政不当，钦赐进士过滥，戴名世获罪纯属文字之祸，热河水灾毙民无数，等等。在江西主考任上，查嗣庭出试题"君子不以言举人，不以言废人"，更被诬之别有用心。查嗣庭因"怨诽捏造之语甚多"之罪而成为获文字狱人中官阶最高的一个。查虽病故，却遭戮尸枭示，其兄、子侄发配三千里为奴。因江西考题遭连坐的江西巡抚汪漋降四级，布政使丁士一、副考官俞鸿图革职。

案三，监察御史谢济世注释《大学》，批评朱熹自立新说。此说与康熙尊程朱理学为国学相悖。雍正以毁谤程朱，恣意谤讪而降罪，下谕革职充军。江南吴县知县陆生楠著《通鉴论》，批评秦始皇统一天下实是"一片私心，废之为害"；这是借古喻今，公然与雍正大一统之旨叫板；也被扣上与谢济世结为党援的帽子论罪，终以正法。谢、陆著述严查烧毁。

案四，刑部尚书徐乾学之子、翰林院庶吉士徐骏著有《坚蕉诗稿》、《戊戌文稿》、《杂录》等，诗文中讥讽康熙朝奉朱熹为十大哲人之首，其诗"明月有情还顾我，清风无意不留人"之句，更被指摘为"思念明代，不念本朝，出语诋毁，大逆不道"，获文字狱而斩立决。

雍正朝大兴文字狱，致使官吏相互告讦构陷成风，造成思想混乱，是非难辨，社会动乱，留下诸多的后遗症。十三年，雍正驾崩。山东道监察御史曹一士上疏乾隆，多年以来，朝廷常借影响之词，攻讦诗文，指摘字句论罪，累及师生，株连亲故，破家亡命。迂儒之常谈，不可以作为援古刺今的罪名，故恳请阻止因文字之累而助长的告讦之风。文字狱已让朝野风声鹤唳，人人自危，政务难继，这是乾隆初政所不愿见的。

乾隆元年批准此疏，清王朝的文字狱暂告停息。但乾隆十六年，"伪孙嘉淦奏稿案"又起，奏稿手抄本在坊间广为流传，均系指摘清廷吏治不当及种种朝政弊端。此案促使乾隆的政策突变，重新恢复意识形态的控制，由此，清朝的文字狱再次兴起，这已是后话。

纵观雍正朝的文字狱，其涉案者，无非是以史为戒，以事为训，喻今政之鉴；或是批评现朝政务，指摘官吏腐败，直言民生之诉求，但文人士大夫均遭际文字狱的相似命运。雍正兴文字狱意在划出一条政治底线：思想文化领域不得攻讦、诋毁大清朝，否则，施以专政。意识形态的遏制，在相当程度上制约了中国思想文化的活力。

文字狱所谓悖逆之谤的背后，隐藏着深层次的原因：盛世表象下，仍涌动着民忧与民怨，掩盖着社会矛盾的激化。改朝换代的激荡，总会诱发社会矛盾多发的态势，社会冲突不仅表现为群体情绪的对立和利益博弈，还有着思想意识的抵触。大清朝单凭整饬吏治，安抚民生，求得政绩以积累政治资本，换取太平盛世与清明圣君的美誉，并不足以消除社会矛盾和冲突。思想文化的宽容，才是社会稳定，趋之和谐的保证。尽管康、雍朝均推行广开言路之政,但容忍度较低。因此,自顺治、康熙、雍正,乃至乾隆均没有走出禁锢思想——广开言路——再禁锢思想的怪圈。

乾隆

——爱新觉罗·弘历

君临天下的外表，诗人的潇洒，好大喜功的冲动，长袖善舞的自我陶醉，刚愎自用的固执。

受惑宠臣，尝够自酿的苦酒。

还 原 乾 隆

　　香港艺人郑少秋、英国籍华人张铁林演绎的现代版乾隆给大众留下了深刻印象。一个是风流倜傥、拈花惹草的情种;一个是端架子、充大佬,任由宠臣设局戏弄的土绅。艺人的戏说,与历史上的乾隆相差甚远,当不得真。

　　乾隆自己认可的,是和珅让江湖艺人画丹青《射鹿图》中的乾隆。《清史纪事本末》记载的画中形象是:乾隆身穿金铠甲,骑高头大马,手持弓弦满月,奔驰在茫茫草原上,一只小鹿四面顾盼,踯躅迈步。乾隆仅四十岁模样,英姿勃勃,一副君临天下之气概。乾隆见画龙颜大悦,拍案击掌,连称"极品","此乃朕也"。乾隆认可的就是这种精气神貌。

　　历史里的乾隆有君临天下的外表,无深藏不露的气质,较多是诗人的潇洒,好大喜功的冲动,长袖善舞的自我陶醉。

　　乾隆治国得意于不守成规,标新立异,长袖善舞。善取前朝之长,避前朝之短,宽严相济,营造和谐、宽松的政治氛围。康熙、雍正奉尊程朱理学,奠定了大清的思想基础,但过度的造势滋生了学术作伪、虚假的学风,乾隆因势利导,借助汉学之朴学传统,匡正学风,纠正伪学术。前朝重义轻利,致力于道德教化,乾隆却另辟蹊径,利义兼重,倡导治生之道,重农开垦,开放矿政,扩大自由贸易。乾隆长袖善舞,纠偏前朝弊政于无形之中,也算得上是个治国高手。

　　乾隆的聪慧和灵气来自他的诗人气质。其审美造诣和艺术才气有资格跻身文化名人之列。诗人的浪漫激起文化自信和自觉，驱动着他对华夏民族文化的钟爱，对文化传统传承的自觉，吸纳外域文化的宽容。他精心营造世界园林之典范，圆明园便留下了令人神往的文化记忆。

当然，乾隆的人性弱点便是好大喜功，晚年时时沉湎自恋、陶醉于君临天下的遐想。乾隆对自己一生有过总结：自诩"十全老人"，一生文治武功在于"西师"、"南巡"。西师，是指武力平定西北的伟绩；南巡，则是巡察南方各省。皇帝驾临之处，赐恩免蠲税赋，送钱送粮，树立亲民圣君形象。乾隆六下江南，整合十八年半，被人戏称一日不肯留京的马上朝廷。穷兵黩武，巡视江南，耗尽巨资，终使国库入不敷出，囊中羞涩。为弥补财政缺口，乾隆走上了歪门邪道，开禁纳粟捐监，明码卖官鬻爵，敞开权力寻租之门。制度化的钱权交易从根本上动摇了清廷的根基。

乾隆由好大喜功终于滑向了刚愎自用、固执己见的困境，受惑、依赖于宠臣，一手培育了和珅式的毒瘤，也尝够了自酿的苦酒。

乾隆晚年陷入纠结而不得自拔。大清盛世走上了下坡路。若给乾隆一个评语，那就是，盛亦乾隆，衰亦乾隆。

整饬官场　宽严相济

　　康、雍、乾三朝是大清的鼎盛时期,之所以能国泰民安均得益于卓越的政务治理。当然,三朝各有千秋,利弊得失亦各有评说。康熙以诚信、中和而善治,尊理学,重民生,和谐社会。雍正立政以除弊为先,整肃贪污腐败,官吏清廉,民心则安。乾隆取两朝所长,以宽严相济为准则,尽责者宽,渎职者严;对民以宽,责官以严。若说,雍正除弊方能立政的理政之道,是对康熙晚年政务松弛的纠偏;那么,乾隆的宽严相济可看作是对雍正失之严苛的调整。"诸臣理政必须宽严并济,力戒废弛,又不可陷于苛细。"可见,乾隆的新政是省思前朝的灼见。

　　雍正十三年九月,乾隆举行即位典礼。次月,便开宗明义,诏谕:治理天下,应当宽严相济。何谓宽严相济?乾隆作如是解释:治理国家的方法,贵在恰到好处。过于宽容,应该用严厉规训加以纠正;过于严厉,就需要用宽容作调节。整饬与严厉,宽容与废弛,看似相近,但本质不同。朕认为,宽容只是对士兵、百姓而言,他们需要安抚,不过罪犯不能赦免,刑罚不能宽纵无边,对臣民的管理也不能放任自流。朕对臣工略微宽容,是要诸王大臣自觉严守规训,振作精神。如果政务松懈,朕则从严整饬,拿你是问。显而易见,乾隆的诠释,言明了治政宽严的两条标准:一是抚恤民众,宽待民生,严责治安;二是官吏在任守制,严明振作,宽小过,严大纲。前者是宽严之表,后者则是宽严之本。

乾隆是务实的。宣布新政的同时，连发十数道诏谕，全面整顿政务。各级官吏必须关心民生，崇尚简朴，戒绝奢侈，视国事如家事，以民身为己身，此为在任守制的政务大纲。以下是实施细则：禁止重复征税，豁免学租杂税；荒年停征米税，歉收之年，贫民借谷不得收息；豁免苗族新赋税；兵丁可退休养老，嫁娶赏银；地方官吏不准忌盗，力禁盗、赌、娼；各级官吏须实政陈奏，严禁匿灾瞒报，报喜不报忧，奏末不奏本；裁撤各部冗员，精兵简政；各省督抚不得越权调整府县官员，增设官职，安插亲信；鼓励保荐人才，选杰出之贤能；司法公正，刑狱务须公平，刑具悉遵守制，不准滥用私刑；匡正文风，允许臣下直言不隐，章疏、考举须自抒己见；推广浙江佐杂官的养廉经验，等等。据《清史纪事本末》统计，乾隆执政的第一、二年，先后颁布诏谕近百余条，从官吏作风、职责守制、推荐能吏、科举教育、匡正文风、关注民生、治安秩序等诸多方面进行全面的政务整顿。诏谕既有一事一议的政策，也有持以为常的制度、规章。为贯彻宽严相济的新政，防止搞形式，走过场，乾隆亲自在乾清门听政，之后率以为常态。新政为清朝盛世的延续起了直接的作用。

雍正朝除弊立政的方式是问责及罪罚，严苛且简单：罢官、索赔、抄家、入监。乾隆之严旨在整治，以制度、纪律，整顿官场秩序，约束官吏之行为。

康、雍朝的盛世遮蔽了根深蒂固的官场文化，官场的生存规则支撑着清代的官僚体制。诸如，投桃报李，标榜拉拢，排挤造谣，嫁祸攻讦，打官腔、说假话，做官样文章，此乃潜移默化的官场道德；揣摩上司意图，疏奏陈事多报吉祥，不告凶灾，互相隐讳已成为官场游戏规则。靠圆滑趋避之术得以官运亨通的庸吏比比皆是。

　　乾隆的高明之处,是将从严的政令针对官场的弊端,规范其行为。

　　诸如,处置民生,各省督抚须实心爱民,征赋税,农垦种植应考虑民众的承受力。不少官吏为追逐政绩,苛捐杂税,劳民扰民。河南总督田文镜、河东总督王士俊以垦地荒政为由,强行摊派超额开荒,苦累百姓,因此遭严厉训斥,田、王被解职候任。王士俊不服处分,陈奏辩驳,并公开扬言:要为其在雍正朝奉令垦地之事翻案。乾隆随即于养心殿召集总理事务的王公、大臣、九卿议罪具奏。众臣一致意见,以大不敬律之罪拟斩立决。不过,乾隆还算明智,有错必罚,罚则不偏,只是改判削职为民,驱逐回籍。这也符合宽严相济的原则。

　　又如保荐人才一项,乾隆的政令是:各省、府县保荐能吏在数量、政治要求、业务特长上均作明文规定;禁止督抚大员越权擅自增设官职,安插幕僚、亲信。但各省督抚违例升用官员的现象甚为普遍,以朝廷之官阶,报私门之桃李,已成惯例。乾隆对此采取严格措施予以控制。凡各省督抚奏保推荐的候选官员,必须申报其籍贯,从政经历,出具考评意见,报吏部审察。新任湖广总督永常奏请从其管辖的州县内遴选佐治候补道,委任官职。乾隆闻报立即批示,外遣官员必须交吏部拣选,地方官员无权任免。对湖广总督的违纪也给以责问:永常初任总督不知规定,情有可原,但前任总督为何不行告知? 问责的板子敲在前任督抚身上。乾隆还不罢休,就此事再发谕警示各省,着用官员可出具考语,但必须送吏部引见。将此作为一项纪律,不得逾越。两广总督陈宏谋也以广东按察使一职出缺为由,保荐道员王概就近升迁。乾隆即批驳:"藩臬为方面大员,从无督抚奏补之理。"而陈宏谋历任封疆大吏,竟然贸然行事,即下谕将陈调离岗位,赴江苏任职。同是违纪任用官员,永常不知情,以训诫责之;陈宏谋明知故犯,则从严处置。乾隆宽严有之,令朝野颇为信服。

科场举仕是营私舞弊的重灾区。乾隆更是从严整治。乾隆元年,重申先朝旧例,凡科场考试,涉及官宦子弟及本家族人一概回避。违反规定,所涉各官一律惩办。有的官员积习难改,肆无忌惮顶风作案。元年,顺天府开考乡试。经查,所取头名解元许秉智乃是原户部员外郎许秉义的胞弟,触犯朝规。案发后,乾隆将主考官戴瀚革职,依律杖一百,处徒刑三年;同考官徐焕然、顾祖镇各杖九十,徒刑两年,以整肃纪律。

清代历朝对科场条例规定虽严,但舞弊积习日久,常有托人情、走关系的私弊。有的官家子弟仗势张扬,或行贿送礼,挟带文卷入考场。官卷、旗卷监试官碍于情面而任意为之,试场条例往往成了一纸空文。乾隆九年,顺天府乡试,乾隆派亲信御前大臣哈达哈、步兵统领舒赫德临场监管。考生点名入场时,被查出二十一名"挟带"者。乾隆对此案作了十分严厉的惩处:二十一名考生于科场前枷号示众,革去生员资格,永不入科举。查明作弊考生同陵泰之父乃少詹事仙保;图敏之父原任礼部郎中穆臣;考生私自篡改名籍,已属犯律,革去仙保、穆臣官职。自乾隆元年至九年,历科顺天府乡试的监试御史,俱交吏部清查,若有舞弊者按律治罪。乾隆追溯历科乡试的科场舞弊,可见整肃之严厉。

顺天府乡试是在天子脚下,乾隆直接过问,成效明显。但外省积弊痼疾甚深,营私舞弊,录取不公,引发考生骚乱事件屡见不鲜。如乾隆十一年,湖广总督鄂弥达奏报:长沙知府叶建封为考场提调,对考场监管敷衍了事,托委典史行使职权。于是,掉包顶替,行贿受贿,招摇撞骗之弊丛生。所取案首头名竟是请人代考。众考生不服闹事,府署只是倒赃退银以平息纠纷。所涉官吏虽遭惩处,但影响极为恶劣。类似的科场舞弊案在河南、四川等省的奏报中都有记录。乾隆对外省乡试的监管有点鞭长莫及,便着令吏、刑部建立若干制度规定予以约束。

经乾隆批准,首先改革科举考试的内容,不得注重四书文字,忽略经义、表判、策论,新考题使考生无法猜度、挟带文书。次是各省放榜录取的考生,须由本省巡抚、学政当面复试;考卷解京交翰林院及京堂科道共同阅卷。再是各部员外郎、主事以上官员的子弟考试,不得编入官卷,仍入民卷,与一般考生同等审评,择优录取,宁缺毋滥。四是发生科场舞弊行径的省、府,停乡试一科,杜绝舞弊泛滥;等等。相比之下,制度化的规范,其效果远比顺天府乡试的监管更为显著。立法以制之,任贤以守法。多管齐下,有效遏止了任人唯亲、营私舞弊风气的蔓延。

可称赞的是,乾隆的略微宽容之语,是警示官吏须严明振作,自觉执行政务新规。违者、敷衍者,则以不得不严而罪责之。事实证明,乾隆严中见宽,形宽实严的新规督促官吏执行新政的自觉性和长效性超过雍正朝运动式的审计问责。

乾隆朝的宽严相济,以刚性政策与柔性训诫相结合,规范官吏之行为,是基于对前朝历史经验的总结和反思。但人治的权威取代法治的公正,虽说或多或少能推进历史的前进,却不能跳出体制自身的桎梏,官场文化的恶习及腐蚀依然会侵蚀着政体。乾隆朝亦是如此。中国历史上最大贪官和珅得到乾隆的信任和庇护,便证明官僚体制的弊症。由此说来,宽严相济亦非完美。

表彰汉学　匡正学风

在中国文化史上,乾嘉学术催生于清代学人对宋明理学的批判,致力历史文化的总结,开创了古代文献考订、整理、校勘、辨伪、辑佚之汉学研究的全盛时代。

但汉学勃起于乾隆朝,却与康、雍朝尊奉宋明理学为"圣学"相悖。这一文化现象便值得探究了。

康熙六年亲政,拟定"上谕十六条",作为治国之策。其中第七条明令:"黜异端以崇圣学",奉宋明程朱理学为官学。康熙还特意谕示九卿各部,"有明于性理实学之人,令各举所知"。其意不言而喻,精习义理之学将是选拔官员的重要标准。康熙力主程朱理学是以宋儒的政治伦理和道德伦理为核心价值强化集权统治。康熙将明永乐年间编的《性理大全》列为朝臣必读之官书,同时开设"经筵日讲",让朝臣相互参讲经书的治道之义。于是,程朱理学以独尊之官学、朝野之认同而演化成国家意志。

雍正登基后则将前朝官学推向了全民阅读和启蒙教育。一项新的举措便是道德教化。所谓教化,便是普及宋儒义理之学的道德伦理,连学童入私塾所接受的教育,也是治天下之道,仁爱孝悌之行。雍正为营造全民阅读之氛围,指令各省、府、县须进行程朱理学的通俗化宣讲,要入耳、入脑、遍及穷乡僻壤,其力度不亚于康熙朝。不同的是,雍正注重于民间,康熙则关切执政的官吏。

经两朝的推行,程朱理学成了清代意识形态的重要构成,但也衍生出一个另类的文化现象:程朱理学营造了新的名利场。对经书典籍一知半解的文人也充当起鸿儒的角色,扮演学术明星,宣讲义理之学招摇过市,以博名利;研习理学成了谋官入仕的捷径;更有附庸风雅的,雇枪手、找代笔,杜撰所谓"大全"、"讲疏读本",沽名钓誉,结果坑了文人,富了刻印书坊。曾任内阁中书、礼部主事的晚清思想家龚自珍对康、雍朝流行的程朱理学热作过冷峻的批评:在朝廷、民间广为流传的理学大全之类经书,有二成是伪书,真正的汉儒经书仍有八成未见整理刊印。

康、雍二朝尊奉程朱理学之喧闹,引发了秉承汉儒治经传统的文化人的不满和反抗。如汉学大师戴震及其弟子段玉裁、王念孙,汉学倡议者阮元、汪中、惠栋等纷纷挺身而出,以高喊"不",亮相于学术场。

时任两广总督的阮元剑指时下的经学论著庞杂泛滥。他直言"其弊症在株守传注,曲为附会,凭臆空谈等",即是盛行牵强附会,凭空杜撰之风,使经学研习不堪入目。

乾隆进士、学术领袖章学诚说得更为尖刻:清初钦定的理学排斥考据求证,学术流于浮浅骄躁,纵容一些自命不凡的南郭先生,假冒鸿儒而登堂入室,或用罗列断章取义的语录混迹于讲经学堂,或是谋官入仕,追逐名利。章氏将康、雍朝的学术流弊培植的伪文人勾画得惟妙惟肖。

汉学家们为证实经学伪书泛滥成灾的事实,举证康熙朝经学家阎若璩所著的《古文尚书疏证》为例。由东晋梅赜所藏的《尚书》,曾被宋儒经学家视作能引据证典的典籍珍本。而阎若璩是个长于考证,遇有疑义,必定反复穷究的学问家。他从《古文尚书》的篇数、篇名、字数、书法、文例等方面考证梅氏本《尚书》乃是伪造，其错误多达一百二十八条，每条都有确凿证据。汉学领军人物戴震顺势借题发挥，被宋儒大家视为经典的《尚书》尚且作伪，时下集宋儒经学之大成的程朱理学未经训诂考据，岂能保证篇篇皆典、句句存真？说程颐、朱熹精通经学之义理，却不经文字训诂的考证，义理之学是从哪里推断的？戴震的质疑直指官学程朱理学。经如此争辩，鱼龙混杂的理学家被逼进了死胡同。

以戴震、惠栋为首的训诂家一致提出，经史理学必须正本清源。所谓"有文字而后有训诂，有训诂而后有义理"，已成为乾嘉朝学人的共识。经戴、惠的号召，以考据、训诂、古文字、音韵为学术路径的汉学应运而生。汉学之矛直指官学程朱理学。在某种意义上说，乾、嘉朝兴起的汉学思潮乃是清代学术界的一次思想解放。

程朱理学是康、雍皇权支持下的显学，竟在乾隆朝遭到口诛笔伐。这在清初盛行文字狱的政治文化语境中，焉能明哲保身？好大喜功的乾隆帝是否又要标新立异，有悖于前朝？

为诠释这一历史文化现象，史学家曾作过两种推测：一是汉学家们有意将乾隆作挡箭牌，二是乾隆表彰汉学促进汉学思潮的兴起。为证实如是推测，罗列了几个证据：

其一，汉学之领军人物大多是乾隆朝的命官。汉学皖派领袖戴震被乾隆钦定为《四库全书》纂修官，授翰林院庶吉士。钱大昕官居内阁詹事府少詹事。段玉裁做过四川巫山县知县，王念孙为永定河道，阮元则官居两广总督之职，为封疆大吏。作为学术流派的文化人能集体行走朝廷，实为少见。何况，康熙以研习理学为取仕标准，乾隆岂不是反其道而行之？

　　其二，乾隆于十年、十九年先后两次亲自主持太和殿策试。为广招鸿儒才俊，乾隆决定从十年始，殿试增加"经史典章制度"。新试题须有经学考据的功底。钱大昕、王念孙、阮正等汉学健将均是策试"经史典章"而被择优录取的进士。乾隆的科举新政释放了支持、鼓励汉学之信号。

　　其三，自乾隆十四年始，清廷除策试贡生经学之才，还扩大范围在全国招聘文风朴实、广博精通经学的士人。两年内，经内阁大学士及九卿重臣保荐的汉学经史之才多达四十九名。乾隆择善亲览其研究经义之著述，分别授国子监司业之职，以示奖励实学之意。

　　无论是乾隆被利用的挡箭说，还是扬汉学的开明说，史学家论断：乾隆大举修书，延揽人才，目的是兴汉学、斥理学，使汉学经史研究蔚然成风。一言蔽之，乾隆对汉学之兴起、发展起了定海神针的作用。

　　其实不然。将汉学思潮的学术解放归功于乾隆，只是一种逻辑推理而已。查阅《清史纪事本末》"表彰汉学"条，可发现乾隆的真实意图。

　　乾隆五年，在一次训责内阁九卿时，就朝野务必研精理学的奏题作了一番透彻而直白的演说。

　　乾隆说：宋代周敦颐、程颢、程颐、朱熹的天理学说，是立国修身之本所在，深得孔孟之衣钵。理学对公利、义利的界定，分析得十分清楚。遵循者则为君子，违背者则是小人。为国家，遵理学能安定天下，失理学则陷于社会动乱，实是教化民风习俗，修身静心的基本道理。

　　乾隆的界线划得很清楚。宋明程朱理学是大清朝治政之本原所在，循遵理学者为君子，违背者是小人，依理学治国修己乃是治政之要。这是明白无误地告知朝野，乾隆乃是继承先帝康、雍之衣钵的。

接着乾隆话锋一转，又说：研究理学，尤其是讲授理学的人，有真有伪。真的不可多得，而伪者常借道德伦理之说，欺世盗名。日而久之，则有自我标榜、自立门户的危害。乾隆清醒看到朝廷上下、世俗街坊弥漫着虚浮的学风，对康、雍二朝诠释、演讲程朱理学的滥觞表示了忧虑。为此，乾隆认为，时下初兴汉学传统，承继汉唐诸儒考据典章制度的学风，不可废弃。他表彰汉学承继汉儒考据、训诂之传统，旨在匡正理学研习之学风，贬斥作伪，杜绝欺世盗名，以及走捷径、沽名钓誉的不良学术道德。

乾隆训责朝臣的最后结论是，应以研习理学为要务，不必因作伪者众多而因噎废食，愿诸臣研精宋儒之书。由此可见，乾隆看重汉学，是对宋儒理学的正本清源，决非全盘否定。在乾隆演说的第二年，下诏各省督抚、学政广为收集汉儒以来未刊经学遗著，尤其是留心采访近世以来研究六经，阐明性理的著述，随时进呈。乾隆要改变的，正是汉学领军人物阮元攻击程朱理学所说的，讲经诠释的虚浮文章和名不副实的经学典籍。

这一点，清末思想家梁启超看得十分明白。他在《清代学术概论》中，对乾嘉汉学思潮的评估，特别强调汉学传统的学风。梁氏概括如下几条：

1. "凡立一义，必凭证据。"反对随心所欲地臆测，更不应信口开河；

2. "选择证据，以古为尚。"要用前朝史证推断后朝之是非，即以经证经；

3. "孤证不为定说。"考证要相互傍证，正反互证，孤证须得续证才可信之，提倡比较研究，亦是汉学所创；

4. 做学问应讲究学德，"隐匿证据或曲解证据，则视为不德"；

5. "凡采用旧说，必明引之。"剽窃他人之成就是学德之败坏；

6. "所见不合，则相辩诘。"鼓励争鸣，尤其是同门、师生之间的公平讨论，争辩要注意谦和，反对恶言攻讦，以尊重他人为前提；

7. "喜专治一业。"提倡专治一业，为窄而深的专业研究精神；

8. "文体贵朴实简洁。"讲究文风，提倡朴实简洁的文体，反对旁枝蔓叶，言不达意之文风。

其一至三条，是提倡科学而严谨的治学方法；其四至六条，是忌戒不道德的学风；其六至八条，是提倡公平、公允的学术讨论和朴实文风。就梁启超的概括，可发现：清初汉学所倡导、警戒、指摘的学术规范便是摒弃空洞说教和曲解经典意蕴，随意性的诠释，排斥宋明理学的形而上的学术传统，建立以训诂、考据、辨伪等注重工具理性的新学风。这也是乾隆所容忍，或者说，他欲借助汉学学派之手整饬朝野的不正学风。

澄清乾隆的动机，拟可考量汉学思潮何以勃兴于乾隆朝的真实成因了。

笔者认为，汉学传统的复古首先是文化人对清初大兴文字狱，施行思想专制的抗争。

清王朝除武力征服汉民族，还施以思想文化的专制，兴文字狱，制造文化领域的冤假错案。自顺治、康熙、雍正乃至乾隆诸朝都有文字狱，而雍正朝则将文字狱推到了极致，铁腕政治充满了血腥。如监察御史谢济世因注释《大学》，批评朱熹自立新说，便被以毁谤程朱、恣意谤讪之罪革职充军。刑部尚书徐乾学之子、翰林院庶吉士徐骏著《戊戌文稿》、《杂录》等，讥讽清廷尊奉朱熹为自汉至明十大哲人之首，乃是贻笑大方的无知，而获文字狱，被判斩立决。更为离奇的是雍正朝的曾静案。曾静原是民间一名普通秀才，因仕途不济而以教书授徒为业，自恃一知半解的经学，粗通文墨，且模仿经学大家顾炎武的《日知录》而写《知新录》，以所谓治经学之心得沽名钓誉，混迹江湖。只因曾静崇拜江南学者吕留良而获文字狱，险成冤魂。雍正为程朱理学造势，设局让曾静撰写《大义觉迷录》，以义理之说悔过自新作为俯首认罪，换取苟生之条件。之后曾静成了雍正牵线的小丑，被文化人讥笑咒骂。有骨气的文化人便借经学典籍须经学术考据为借口，对康、雍朝借理学之说行文化专制之实进行抗争。而曾静欺世盗名的忏悔和觉醒式演讲却玷污了宋儒经学。乾隆登基后，即令在全国收缴《大义觉迷录》，将曾静收监处死。伪理学的劣拙表演促成了文化人的执着和团结，也倒逼了乾隆执政后对汉学指责程朱理学的容忍。

程朱理学的滥觞，过度的造势作秀，助长了学术道德败坏之风，这也为恢复汉学传统，建立和谐、公允的学术环境，营构朴实、科学的学术路径，提供了必需的文化语境。

钦定的显学给文化人的只是思想牢笼，而不是科学的学术路径和方法。汉学传统注重实证的学理、证伪之方式是对随意性肢解经书典籍的最有力反击。正如梁启超所说的，清代思潮的结果是怎样？简言之，是对宋明理学之一大反动。

若说，乾隆对清初汉学的勃兴还有促进作用，不如说是放松了意识形态政治诉求对汉学思潮的管制和约束，营造了学术公正和自由的氛围。乾隆的底线是理学为官学，学术路径、方法可以放任自流。这乃是一个聪明的政治家所为。

利义并重的治生之道

　　有史学家评说,中国的闭关锁国政策始于乾隆。声称乾隆二十四年批准两广总督李侍尧的奏折《防夷五事》可列为佐证。史学家又认为,康熙末年,葡萄牙传教士穆经远卷入皇子夺位之争,支持雍正的政敌胤禟,教士巴多明支持另一政敌苏努,扰乱清廷统治。由此,乾隆敌视西方,最终走向闭关。前者是果,后者是因。这些分析意在求证乾隆帝推行闭关政策的逻辑,但如此推理却忽视了当时的经济社会形态,其论断难免失之偏颇。

　　清初,程朱理学被尊为显学,重义轻利便成为一种文化传统和意识形态。随着乾隆朝对经济社会发展的重视,重义轻利的理学思想被逐渐边缘化,它只是作为调节人际关系和道德规范的一种社会伦理而存在。而引导人们经济生活准则的"治生"之道,逐渐被清政府所接受,并成为不同人群的共识。

　　所谓"治生",通俗地说,治,即管理;生,则是谋生。治生之道始见于《货殖列传》、《盐铁论》、《潜夫论》等篇,"夫纤啬筋力,治生之道也"。其核心思想是,追逐牟利性的经济活动应视作正当的权利。具体内容而言,可概括为:一是繁荣各行各业,田农、掘采矿业、行商均应纳入其中;二是示民以利,趋利能使百姓"交于道而接于市";三是要善于经营管理。农工商各业均有本、末,如,以农桑为本,以游牧业为末;百工者,以致用为本,以巧饰为末;商贾者,以通货为本,以投机取巧为末;三者守本离末则民富。凡开明圣君治国，必然是推崇根本，抑制旁门左道，遏止经营混乱于萌芽之中。所谓"守本离末"正是"治生之道"中的核心思想，即顺应注重经营管理之道。

　　乾隆亲政后，十分重视儒家的治生之道的经营思想，他将农工商诸业发展，平抑物价，贸易兴旺的治生之精髓贯彻于经济社会发展之中。《清史纪事本末》记载乾隆实施重农开垦，开放矿政，发展对外商贸的三项经济政策正是其治生之道的成果。

　　重农开垦。民以食为天，一夫不耕，受之于饥饿；一女不织，受之于寒暑。为使天下百姓，竭力于耕牧、衣织，乾隆嗣位不久，便下谕将重农开垦作为地方大吏重点考核的政绩。对勉力凿井溉田之地方官予以嘉奖。云南省推行鼓励青壮劳力开垦，牧养耕牛，充备农具，精选良种，择宜种植，确保灌溉，按农时施肥、耕耘等十项措施，乾隆则是大加赞赏，即刻下诏通谕各省遵行。乾隆特谕云南巡抚张允随，每年秋收后，对谷粮丰收的州、县所管辖乡村，可召开庆功会，"给予以花红，导以鼓乐，以示奖励"。河南省土地贫瘠，督抚采取广为种植果树的办法，收效甚为显著。乾隆也谕令各省各尽所能，因地制宜种植经济作物，务求做到所辖境内百姓各自尽力农耕，野无荒地，户无游民。同时，诏谕各州、县，凡开垦者，任由农民开荒种植，一律免交土地税，不增税赋。根据各省土农垦荒地的肥瘠，作出减免赋税的具体规定：山西省开垦荒地十亩以下永免上地税；陕西垦荒，地在五亩以下，山东开荒一亩以下免其土地税；甘肃荒地由农户开垦自种，永免土地税；浙江开垦荒地三亩以下永免土地税，三亩以上报水田六年、旱田十年之例免交土地税；等等。乾隆的政策是"一切留心民生安计"。尤其是鼓励发展经济作物。乾隆九年，下诏推广湖南饲养野蚕，将养蚕、收种、缫丝之经验，刊印颁发各省，大力扶植；指示官府制造织机，教授纺织技能，以农为本，商贾利市。贵州农民善耕不善织，致使丝布昂贵。乾隆悉情后即令川楚邻省购种木棉、萱麻，教民纺织。遇灾年，乾隆的经济政策更为灵活，通过免米豆税，以平米价，设官衙稽查，严禁商贾哄抬物价牟取暴利。乾隆重农，既有不与民争利，发展多种刺激农业经济的激励政策，又有管理市场秩序的措施，显然是融合了儒家以民为本及搞活市场的治生之道。

开放矿政。自乾隆二年始，允许民间商绅自筹资金开采金、银、铜、锡、煤等矿业。乾隆二年至七年，先后批准：广西宣化、怀集、苍梧等县开采铅、金矿；贵州招商开采铅矿；贵州绥阳开采铅、煤矿；广东韶、肇等府开采锡矿；湖南商人自筹资金开采铜矿；因中原各省燃煤短缺，特许直隶、山东、山西、湖南等省民间开采煤矿；等等。允许商贾投资获取合理的利润，政府暂定二八抽税，二成交官，八成归商作本。开放矿政的同时，又加强管理。一是对获利丰厚的矿业，限制民间投资，改为官商合办，如锡矿稀有，市价昂贵，牟利甚丰；乾隆五年便责令广东惠州地方州府与民商合办，开设锡矿三四处，以定额征税。二是政府颁发执照，合法开采。直隶省富含煤矿，为维护矿政秩序，防止乱采，责令地方官府，择本地殷实商民，鼓励开采，给予执照。通过颁发执照，将开采矿业纳入政府的规范管理。三是合理开采。乾隆十年，再发诏令，告诫各级官吏，开矿之事，利害相半，必须妥然为之；矿物资源有限，若开采太过，易致枯竭，断不可图近利而忘远忧。乾隆十四年，云南省奏报，多处开采铜矿，当年产铜较前三年增加二百余万斤。乾隆认为，开采铜矿过猛，令该省有节制地合理开采，不准地方为贪牟利益，盲目采掘。湖广总督鄂弥达以靖州绥宁地区矿藏丰富为由,申报开矿。乾隆却以"地近苗疆"而驳回。直隶藁城知县申请自筹资金,在山东平阴、泰安等地开采铜、银矿。乾隆不予批准,其理由是:地处中原开采,因交通便利,开掘成本低,纯属牟取暴利,尤其是银、铜乃铸币之原料,银、铜价日增,极易滋生奸商,扰乱市场。可见,乾隆的治生之道,开放与管理兼而有之并非取利舍义,而是利义并重;其义,正是规范的经营管理。这一经济思想,在处理对外贸易的经济活动中显得尤为突出。

对外贸易始于康熙朝,广州、澳门、厦门、宁波被列为通商口岸。当时,商贸纯粹是民间的自由贸易,出口商品并无限制,除大米、大豆、丝绸外,还有大量矿产品。据《清史纪事本末》记载,开放对外贸易的中期,发生几件大事引起乾隆的警觉,并促发他加强管理的决心。

乾隆十三年,葡萄牙商船驶入广州,外国水手无理殴打中国商绅李廷富、简亚致死,并抛尸入海灭迹。广东巡抚岳濬仅拟杖刑后流放,并按葡萄牙法律,由葡人判处执行,最终不了了之。此种挟着暴力的经商活动严重损害了国家主权。但如何处理突发事件,地方督抚显得束手无策。其二,外商入浙江宁波、定海停泊,廉价收购浙江物产;而浙商贪图蝇头小利,竟然内外勾结牟利,屡现私贩出洋、走私生丝等事件。其三,广州海关官员李永标利用职权,克扣货物,置买货物,不以实价支付而遭英商举报。经查,其家人每遇洋船进口,置买绒呢羽纱等项,带至京城售卖,以获重利。类似奏报,屡见不鲜。这使乾隆意识到,开放对外贸易缺乏有序管理,海关监察屡现不规范的弊端,盲目扩大开放贸易,将危及经济安全。

于是,乾隆着手制定一系列的管理措施:诏谕各通商口岸的地方政府,予以礼待外商,显示礼仪之邦开放贸易的宽容;浙江宁波、定海增设海关官署，按广州海关例律进行管理；提高浙江口岸的关税，消除宁波港不公平贸易之弊；政策限定生丝出口价格，防止重要资源廉价外流；通过市场调节迫使外商回归广州贸易区。乾隆还特意下谕：与外商交易，须认真周密筹划，遇有交涉诉讼之事，断不可因庇护本地官吏、百姓而损害外商，整肃政纪，确保对外贸易的市场秩序。乾隆二十四年，批准实施两广总督李侍尧的《防夷五事》，将开放贸易的市场管理进一步系统化：外商必须是行商，禁止外商长住广东；外商应居住当地政府指定的商馆；中国商人不得向外商借款，不得为外商提供商业行情；外商船停泊出入，须派兵稽查。这些措施目的是防止哄抬物价，走私，行贿，扰乱贸易秩序，看似严厉的商业管制，其实是鉴于清廷开放贸易的现状而实行的规范管理。将民间的自由贸易纳入正常化、秩序化的轨道。这较之今人为盲目开拓海外市场不惜廉价出售资源，牟取一己私利的经商者要明智得多。

纵观乾隆的重农务本，开放矿政，开放自由贸易的经济政策，其逻辑是一以贯之的，是融合儒家治理思想的治生之道。

有的论者称乾隆是闭关锁国的始作俑者。论证列举的是乾隆五十八年英国马嘎尔尼勋爵访华的礼仪纠纷与商贸谈判。该年正逢乾隆的八十寿诞。英王遣参议官马嘎尔尼勋爵为首的使团访华，表面上是贺寿，实是谈判中英贸易。据副使斯当东爵士撰写的《英使谒见乾隆纪实》叙述：仅1792年（乾隆五十六年），东印度公司运往广东的货物价值白银二百七十五余万两；而中国每年出口茶叶高达一千三百多万磅，英国贸易逆差达白银几十万两。马嘎尔尼的使命是要求中国进一步开放自由通商口岸，扩大英国出口贸易。使团启程前，英国东印度公司董事长弗兰西斯·培林爵士用英文、拉丁文各写一信给时任两广总督郭世勋，以两国平等的外交方式撰写公函告知使团奉命访华。郭世勋自作主张，让翻译以外夷对天朝的禀帖译成汉文。乾隆读了译文甚为高兴，下令广东及沿途官员优待使者，对使团所携货物免其纳税，指示使团参照藩国使者的规制进京谒见行三跪九叩之礼。马嘎尔尼拒绝跪拜大礼，最后议定，英使按照谒见英王的礼节行单腿下跪礼。乾隆大为不悦，指责英使妄自尊大，取消优待，降低接待标准。乾隆在处理马嘎尔尼谒觐的礼仪上，显露天朝大国的自负心态，确凿无疑。但就此论断：乾隆以一种主奴关系处理中英贸易关系，则有待商榷。

马嘎尔尼与清廷代表和珅谈判通商贸易，提出八项要求：多口自由贸易，开放宁波、珠山、天津、广东等地口岸；在北京设立英国商行；专拨珠山一小岛、广州邻近一地给英国作为商贸物流的集散地；英国货物自广东到澳门予以减、免税；英船入关按中国地方税率纳税；等等。

八项要求显然是针对乾隆朝既定的贸易政策。多地设自由贸易港口仅是幌子，企图是恢复廉价攫取中国粮食、矿产资源的民间自由贸易；怂恿走私牟利，扰乱贸易秩序；减免赋税，缩减英方贸易逆差作借口，单方面扩大贸易出口，迫使大清朝放弃海关管辖权、税赋权；索小岛，设物流集散地是虚，治外割地是实。大英帝国诉求"自由贸易"已是挑战大清的主权底线的贸易开放的容忍度。

乾隆愤而拒绝，事在情理之中。若就此推断因大国君主的傲慢与保守，贴上闭关锁国的标签，便有失公允了。笔者愿为乾隆一辩。

师爷佐治的另类官场

师爷佐治，是清代官场的奇特现象。起于顺治、康熙、雍正朝，盛在乾隆、嘉庆朝。到乾隆期，师爷已构成清代官场的另类群体；师爷助理督抚、府县的政务已成为一种官场文化，被朝野所认同。

师爷，是幕僚、幕友之俗称。最早记载是在晋代。将帅出征，常以搭帐为府处置公务，故称之为幕府。为将帅充当参谋、文书之类职务，便称为幕僚或幕友。以后，文职官员也常聘用幕友为其处理文书案牍。至战国时期，信陵、孟尝、平原、春申"四大公子"酷爱招揽幕友、食客，以数量多寡炫耀其权势和财富。此时的幕友是充当门客帮闲的角色，或是随吟清谈，附庸风雅。自宋代开始，幕友已改俗称"师爷"居多了。但宋朝明文规定，师爷不得任官，只能充当官衙的文员。如《宋史·颜衍传》记载："请自今藩镇幕僚勿得任台官。"到明朝晚期，师爷有了专业分工，或是专事刑名律例，或是佐理钱粮会计，或是捉笔文书案牍。师爷均具相关的知识和一技之长。至此，师爷开始掌握着官衙的事权，成为各级官员的助手，起着佐治政务的配角作用。明嘉靖年间，素有"明代第一才子"美誉的徐文长（徐渭）便充当过浙江巡抚胡宗宪的执事师爷。至清乾隆朝，师爷已成为清代官僚体系的重要构成。上至京师各部衙、各省督抚，下至各府、州、县，均有师爷佐理衙门的具体事务。特别是府、县两级政府，师爷专分刑名、钱粮、文案、挂号等，各司其职。

故清史有"无幕不成衙"之记载。

清代盛行师爷佐治参政，有其特殊的原因。满族入中原，对汉文化传统知之甚少。清朝官员大多是满族以军功入仕，不谙汉域的地方治理；而科举入仕者，大多缺乏从政的实践经验。与此同时，清廷规定任职回避制，不准各级官员任职于原籍。故而对刑事、钱粮管理、公文案牒等政务及当地民情颇有隔阂。因此，邀聘师爷，赋以执事之权，佐助处理行政事务也成为必然了。师爷佐治，与清朝以前的"幕客取资驱策"，仅作参谋、文书之责已迥然不同，师爷掌握着政务的事权，成为清代官场的另类群体。

师爷入幕，不经科举，均以同乡、同窗、亲友的推荐，被官衙量才录用。师爷与官员是雇佣关系。清代师爷以浙江籍人士居多，被泛称为"绍兴师爷"。浙江地域乃是全国的文化中心之一，人文荟萃，文人学士聚居于此。浙江的读书人文墨精通，饱览四书五经，有着丰厚的文化修养。雍正朝大兴文字狱，便将浙江视为文字逆清的重灾区，曾下令暂停浙江诸多府州县的乡试科举。不少读书人或是科举落第，又无家资捐纳监生；或是停乡试而放弃仕途，转而学幕，充当师爷谋生。由于乾隆朝的浙江籍官员甚多，单就绍兴府中进士者多达七百余人，内任京官，外放督抚、府县。浙江文人凭借同族、同乡、师门之谊，纷纷入官衙为幕宾。而浙江籍师爷处世精明，治事审慎，又善于谋划和辞令，特别适应幕宾的职业需求。于是，浙江师爷迅速走向全国各地的大小官衙。而乡土观念和文化习俗的归同，使师爷呈现一种群体性行为，即互相推荐、互通信息，上下其手，甚至在各省会建立新年团拜或联谊活动。由此，师爷对清代官场起着左右政务吏治的影响。尤其是，官衙之间的沟通，上司下属的人脉关系，官场的利益输送，官吏的权力寻租，师爷佐治有着幕后运作的推手作用。

　　康熙朝高调倡廉，又且措施得当，清官效应颇为显著。雍正朝采取治贪的高压政策，官场的清明廉洁亦能蔚然成风。到乾隆朝，为制造朝野上下祥和气氛，彰显王朝盛世气象，乾隆的吏治政策则以宽严相济，劝勉训诫为主。但清明廉洁仅靠自觉自律难以抗衡物质利益及权力寻租的诱惑。加之，乾隆高调民生为重，常施以蠲免赋税、赈粮济荒，此举固然为稳定社会、安抚民生起了积极作用，但也为权力寻租、贪冒肥己的吏治腐败提供了机会。而官吏的腐败行径，往往伴随着师爷的幕后运作，或是献谋划策，玩事弄权；或是暗度陈仓，纳贿分赃。在乾隆朝早期曝光的贪污案中，均可找到师爷推手的蛛丝马迹。

　　乾隆十二年，在各地奏报中发现，贪风日炽，亏空积习，侵占钱粮案件屡禁不绝。乾隆多次下谕各省督抚，时时加意稽查，据实办理。然而，上有政策，下有对策。各府县官员以律例载有"分年减等，逾限不交，仍照原拟监追"字样，申请"概入缓决"。所谓"照原拟监追"历年亏空，是以"分年减等"的对策，钻了"监追"年限未界定的空子。这种掩盖侵盗钱粮的作派，在湖北各府、州、县比比皆是。湖北巡抚彭树葵的调查报告说得很明白：甲年钱粮，例应乙年五月奏销；而乙年钱粮，又应是年二月开征。但各府县在奏销时，统一口径：只将甲年完欠数目，载入盘查结内，而乙年已征钱粮，并不具结，且落入私囊。若遇察查，便挪新掩旧。府、州、县的亏空，很少在奏销盘查之时露馅。各省、各府县居然如此行动一致，口径统一，正是精通钱粮管理律例的师爷，在幕后沟通，相互串结，上下其手运作的结果。

　　大清律例规定，凡贪污、贿赂之案件，必遭从重治罪；而占些小便宜的"侵贪之犯"，则"必不正法"。侵贪不过是虚拟罪名,责过惩罚而已,犯罪成本较低。各地督抚在处置侵盗钱粮案件时,为庇护下属行贿上司,往往以"侵渔之案"具结。大事化小,小事化了。清代官场的隐匿包庇,官官相护,也是师爷们精心研究大清律例所致。其后果是营私贪污之风日益滋长,渐至酿成痼疾。师爷的佐治参政,对清代官场的腐败起着推波助澜的作用。

乾隆为弥补国库亏空,曾作过一个规定:将亏空各员摘印看守,规定补亏年限,未补亏者,即予正法。其实这是罪罚不明,为贪赃枉法者开了方便之门。山西布政使蒋洲在任上亏帑二万余两。师爷出了个主意:摊派下属官员弥补,尚有不足,可私伐林木售卖弥补,以罚逃避罪责。湖南巡抚李因培、布政使赫升额等亦是通过师爷授意下属官员代为弥补。如此上下扶用,徇情蒙蔽,在清代官场已成为习以为常的潜规则。云南布政使钱度收受下属礼物、赃款甚多。任职期间,收赃金玉器四百件,银二万九千两。钱度亲笔家书,嘱家人或做地窖,或做夹壁,收为藏贮。而钱度的贪赃、藏赃,全由师爷叶士元一手操办,事后得贿二万两。乾隆着刑部审案,才悉知宾主串合,共同私贪。震惊朝野的甘肃布政使王亶望侵盗赈银的大案,涉及总督及各道、府、州、县五十多名官员。钦差李侍尧查实,在各级犯官中,师爷均已涉案,或是串联,或是策划分赃;有的府县官员由师爷具名填报冒领监生纳捐银两。可见,师爷这一角色已成为清代官场贪污链上的重要一环。

湖南地方官衙还屡见师爷包揽侵蚀的舞弊现象。乾隆十一年,湖南巡抚杨锡绂报告:湖南征粮册籍,并不逐户按产开造,而是按族设户名,人数、户数多少不一,官府不细分。吏胥得钻空子贪污入私囊。清廷若有钱粮蠲免,则改变方法,捏造名目,科派需索。两江总督尹继善在奏报江、浙两省拖欠钱粮的情况,也屡屡提及师爷舞弊劣迹:江苏钱粮拖欠至二百余万两,此中多有吏役侵蚀,遍粮侵赋已习以为常。师爷不论刑名、钱粮、文案职责之分,在以事权谋私中,已是沆瀣一气,官员、幕僚共同作弊了。

为遏止官场腐败风气的蔓延,乾隆朝将师爷佐治参政纳入整饬吏治的范畴,从官员问责、限制录用、规范行政及廉政禁令等方面遏止事权滥用。

官员问责。各衙门的师爷往往有乡党、亲友、师门之关系,暗中联络,私通线索;上司衙门师爷借故外出,与各官往来洽款,串通信息,遇事则彼此关照,作弊营私。对此,自乾隆四年始,清廷要求内阁各部院、外省各督抚规范师爷的行政行为,约束属员,稽查书吏,且严肃行政问责。诸如,禁止上司衙门书吏拜谒官员;督抚对京城各部院书吏若有联络事宜,必须即时奏闻,如有私相授予之事,则与受贿书吏照枉法贪赃同等治罪;各省遭灾蠲免赈济,凡书役克扣冒领及平粜借谷、包买勒捐等滥用事权,而州县官员不行查察,均降二级调用,等等。官员问责是规范行政的制度保证。官员对书吏、幕宾的监管,实际是对行政事权运作的公正性、廉洁度承担全面责任。在封建王朝,能对事权进行监督,应该是一种历史的进步。

录用限制。各级官府聘用师爷、幕宾缺乏必要的遴选程序,以致良莠不齐,用人不当。因此,清廷对延聘师爷作了诸多限制性的规定:延聘幕宾必须考查其品德;督抚司道不得聘请本省幕宾;省级官衙所聘师爷,须随时报吏部备案,府、州、县衙的幕宾应报督抚衙门备案;督抚藩臬调任,前任之幕,不得留于现任;幕宾任职满五年,即行更换;幕宾任用、更换,每年年终汇奏造报,以备稽考;地方府、州、县延请,不得听其家中往返;严禁上司官员推荐幕宾，坐省、坐府听差；受过处分或有舞弊前科的师爷，不得入幕，如此等等。清廷的录用限制规定，细化而具可操作性。在某种意义上，较之官员任职资格的考查要严格得多。

　　廉政禁令。师爷入幕大多秉承官有去留，幕无更易的传统，在府、县衙门更是屡见不鲜。为避免招揽事权，恶习相沿，清廷对师爷佐治参政也纳入廉政规范。如，明文规定，地方州、府、县衙师爷不准更名换姓，兼充捐客，倚势作奸，垄断取利，鱼肉商民，利用事权促成私下权钱交易，从中获得佣金。吏、户、兵、工等部衙的文案师爷，有经手文件、书信往来、引见官员之事权，也最易引发私弊。此类师爷也不得私通书办。另则，禁止师爷的团拜联谊活动，遏止利用聚会呼朋引类，探知各衙内幕，或是投帖拜往，互相照应。

　　乾隆朝整饬师爷佐治参政对吏治清明起着一定的积极作用。由于乾隆晚年政务松懈，尤其是和珅专权，官风每况愈下，对师爷入幕与佐治参政的种种规范已流于形式。师爷舞弊，作奸犯科，随着官员的腐化而愈演愈烈。但乾隆朝对师爷佐治参政的整饬，对当下公务员的事权廉政不乏启示意义。

和珅的潜规则

　　和珅是乾隆晚年的宠臣，也是清代历史上第一贪官。和珅在影视剧中的形象红遍大江南北，成了妇孺皆知的人物。如今，考量清史，探微清朝官场文化，和珅也是不可或缺的典型。

　　和珅系生员出生，钮祜禄氏，属于满洲正红旗二甲喇人。其直系先祖噶哈察鸾，以军功授一等云骑尉；高祖尼雅哈纳也因征战山东有功，为子孙挣了个三等轻车都尉的虚衔。到父辈已是家道中落。和珅家境贫寒，立志勤奋读书，企求日后高官显爵，光宗耀祖。其领悟能力超群，兼通汉、蒙、满文，年少时博得著名学者袁枚的赏识。和珅科举落第后，被袁枚推荐给协办大学士冯英廉。因其文才及堂堂仪表，被相中招为孙女婿。乾隆三十四年，经冯英廉上下疏通，进宫承袭了三等轻车都尉的实职。

　　和珅如何得宠于乾隆？坊间有个传说：雍正帝的妃子婉嫔天姿国色，楚楚动人。因不甘深宫寂寞，与皇子弘历（乾隆）两情相悦，败露后被赐自缢而亡。和珅与婉嫔相貌酷似，因而受宠于乾隆。这并无历史记录，权当戏说。据《清史纪事本末》记载，乾隆是在一个偶然机会中发现和珅的。三十九年，乾隆幸驾承德，参加木兰狝狩，在检阅侍卫时，才发现堂堂仪表的和珅。和珅系八旗子弟的身份，又有协办大学士冯英廉的显赫背景，获得乾隆的初步信任，则是无疑的。和珅时任宫中侍卫，对宫中情况略有耳闻，又且善于观察乾隆的秉性、细微的心理情绪变化,揣摩其内心深处的意图,投其所好。由此博得乾隆的好感与信任,终而得宠。

揣摩乾隆,献媚邀宠,是和珅为官一生所做的功课。乾隆晚年常处于精神恍惚的状态,或是沉浸在文治武功的自我陶醉和痴迷中,或是陷于穷兵黩武、政务混乱的思绪焦虑中。和珅察言观色,善于在乾隆喜、怒、哀、怨的情绪宣泄中捏准脉门,或是迎奉,或是劝慰,或是献媚,舒解乾隆的多愁善感,这是其工于心计的本领。

乾隆三十九年,宠妃惇妃怀有身孕。乾隆六十多岁得子而心花怒放。他把老年得子视作王朝盛世、精力充沛的象征。身为宫廷侍卫的和珅毫不放过献媚机会。在恭祝龙脉兴旺的献媚之言后又颇有心机地奏上一句,因沾皇上的喜庆,奴才老婆也怀有身孕。乾隆头脑一热,脱口允诺:"朕若与你生下龙、凤胎,则可赐婚与你。"乾隆的口头戏语,不过是心血来潮的情绪宣泄,却为和珅日后的飞黄腾达作了铺垫。

乾隆帝为排遣政务困顿的烦恼,定期率众离京围猎。金甲戎装,骑马驰骋,诸皇子、王公大臣、禁旅八旗随驾。此刻,乾隆便会精神亢奋,有一种纵横天下的快感,寻找年轻时的自我。和珅深知这种虚渺的亢奋是晚年乾隆的一种精神支撑。献媚的精义是要将虚幻的亢奋定格,又须献之不言,媚而不俗;既避窥视圣上内心秘密之嫌,又达惺惺相惜,忠贞无二的媚意。和珅高明之举是请善画丹青的江湖艺人画了幅《射鹿图》,进呈乾隆。画面图景是:乾隆身穿金铠甲,骑高头大马,弓弦满月,左下方仅露庞大卫队的脚部,茫茫草原,一只小鹿四面顾盼。特别精心布局的是,乾隆形象栩栩如生,仅四十岁模样,年富力强,英姿勃勃,一副君临天下之气概。乾隆龙颜大悦,拍案击掌,连称"极品"。称"极",并非绘画艺术之完臻,而是乾隆君临天下的精气神貌被定格了。和珅献媚不露痕迹，却得到丰厚回报：乾隆四十年，和珅由御前侍卫晋升为正蓝旗满洲副都统。仅隔三个月，特准和珅家族入籍正黄旗，成为清朝上三旗满洲人，授户部右侍郎，二品官戴。两个月后，又被破格任命为军机大臣。乾隆四十四年，和珅又擢升为御前大臣，实授户部尚书，兼任《四库全书》馆总裁。到乾隆四十七年，和珅被加封太子太保，文渊阁大学士，军机大臣。到此，和珅大权在握，一个毫不起眼又不懂射箭骑马的侍卫，仅几年就成为乾隆第一宠臣。和珅仕途上的飞黄腾达堪称史无前例。

培植私党，排斥异己，是和珅在官场中历练而成的经验，也是其行事方式。和珅深知清廷重臣靠的是资深的政务、显赫的军功，以及盘根错节的人脉关系。官场的凶险往往在不经意中陷于命悬一线的困境。和珅应对的策略是两手，一是培植私党，二是排斥异己，攻守兼备。

和珅培植私党的方式颇多。扶植家族亲信，利用主考官开科取士，网罗党羽；或是权钱交易，充当保护伞，结成死党，等等。在和珅的操纵下，未入科举，毫无政绩建树的胞弟和琳，在官场中平步青云，先后官任湖广道御史，内阁大学士，工部尚书，云贵总督兼工部尚书，成为一品大员。其子丰绅殷德任散秩大臣，后升内务府大臣。连车夫出身的家仆刘全也是四品顶戴，官袍加身。庇护贪官浙江巡抚陈耀祖则是权钱交易，结成私党的一例。曾任甘肃布政使王亶望的冒赈受贿案，是乾隆年间的大案。王亶望串通陕甘总督于敏中虚报旱灾，贪污赈银，甘肃大小官员五十余人涉案其中。自总督以下，按官职大小分赃，多则几十万两，少则几十两。乾隆派李侍尧赴甘肃查案的同时，命和珅、浙江巡抚陈耀祖秘密逮捕已调任浙江的王亶望，以防其藏匿赃物。陈耀祖是名贪官，善于溜须拍马。缉办王亶望后,陈耀祖将王亶望颇有姿色的宠妾送与和珅,另塞上一张珠宝古玩礼单。交易的条件是,其胞弟渭西县令已列入甘肃大案,望和珅庇护,免遭株连之罪。和珅财色照单全收,将贪赃枉法的浙江巡抚染成良官,并结成死党。

攻讦,排斥异己。攻讦之手段是挑拨君王与重臣的关系,达到唯我独宠,宠信揽权的目的。和珅在攻讦两广总督李侍尧的暗斗中受益匪浅。李侍尧因剿灭民众起义,平定内乱深得乾隆的信任,官至武英殿大学士、两广总督。但此人恃才放旷,居功自傲,对献媚得宠的和珅不屑一顾。对乾隆赐婚丰绅殷德,更是微词颇多,当着群臣,直言讥笑、羞辱和珅。乾隆四十五年,和珅乘调查云贵赈灾案之机,告了时任云贵总督李侍尧一状,揭发其收贿一万两余,奏请革职拿问。只因李侍尧督办王亶望甘肃捐监冒赈案有功,不予追究,只是将李改任陕甘总督。和珅虽未参倒李侍尧,但将其变相发配荒芜边区,远离朝廷权力中心,自己又落得办事认真的考评,得了个议政大臣,领侍卫内大臣之职,也算是赢了一局。

明争暗斗,是清代官场常见的现象。但巧于心计,不择手段,编织陷阱,以排斥异己,则是和珅的一技之长。乾隆最宠信的三大军机大臣是阿桂、福康安、和珅。前两位军功显赫,平新疆,征金川,伐安南,为乾隆扩大版图立下汗马功劳,视之为股肱之臣。三重臣之间,和珅仅列第三。阿桂年事已高,明哲保身,不愿参与朝廷是非争斗。福康安则手握重兵,其亲信、部属均为各地的军政首脑,在御前有一呼百应之威。但和珅的权力欲岂能容他人窥之?福、和的暗斗则势在必然。

和珅对官场渊源、人脉关系烂熟于心。先施重金买通福康安之弟福长安,得知福康安的亲信、湖北按察使李天培常为其操办私事,而和珅之胞弟和琳正任湖广道御史,属其监察范围。

兄弟俩密谋策划,由和珅重金收买北京名妓吴氏,勾引李天培的亲信家仆。和琳则秘密调查福、李往来之细节。在美色诱惑下,家仆密告李天培托漕运使以漕船为福康安私运上等木料。当时,清廷有严格规定,朝廷文武百官一律不得挟权私自调动漕船。违者,不论官职,一律按律严惩。和珅得报,即半路拦截,并向乾隆告状。证据确凿,乾隆严责福康安为一己之私,不顾漕船职责,即革去其两广总督职务,戴罪留任。幸亏阿桂、刘墉作保,才改罚总督俸银了之。和珅因秉公办事,被加封为太子太保。四十七年,又让和珅顶替福康安。和珅成为军机处实际上的第一把手。福康安失宠,引起朝廷地震,除少数秉性正直的大吏如阿桂、刘墉、纪晓岚、王杰之外,文武百官多倒向和珅,尽卑躬屈膝而顺之。和珅利用乾隆的宠信,为所欲为,大肆擅权。英国访华使团的副使斯当东在回忆录中作了这样的评说:"他是皇帝唯一信任的人,掌握着统治全国的实权。这位中堂大人统率百僚,管理庶务,许多中国人私下称之为'二皇帝'。"可见,乾隆晚年,和珅排斥异己,擅权妄为,已到了登峰造极的地步。

　　权力寻租,将权力转化为资本,敛财肥己,也是和珅为官的一个潜规则。然而,和珅的权力寻租是堂而皇之打着乾隆的旗号,这是历代贪官无出其右的。乾隆四十七年要筹办七十寿诞,着令和珅清点国库,筹措寿诞之费用。和珅授意几个户部侍郎编造内、外国库的细账,呈报库银仅剩一亿二千万两。这与乾隆的预估大相径庭,出入颇巨。和珅乘机献计,现今吏治紊乱,各地大小官吏均有贪赃枉法之嫌,宜设立"议罪罚银"之法,让贪官们交纳罚金,以示警戒,又可充实国库之需。和珅将之称作"议罪银",并由他兼任尚书的户部决定和追索,暗箱操作,秘而不宣。和珅的规定是,"议罪银"应以罪错轻重、职位高

低、俸禄多少和官职肥缺而定银数。也就是，议罪罚银全由和
珅一人说了算。各地官吏凭借手中权力，搜刮民脂民膏，和珅
又按官职权力大小，收缴贿赂。真是将权力寻租演绎到了极
致。在"议罪银"的旗号下，和珅疯狂敛财，日进斗金，贿银如流
水。满朝文武纷纷上门巴结，赂送金银及古玩字画，门庭若市。
和珅应接不暇，竟吩咐门官对四品以下的官员一概不见。据记
载，仅苏州知府贺鸣一，每年向和珅交纳"罚银"三万两。其他
文武百官要孝敬多少，和珅自己也算不清。

　　和珅的议罪罚银令，使清朝官吏的贪腐之风愈演愈烈。堤
外损失堤内补。不少督抚、府州县官拼命敛财。直隶、山东、江
苏、浙江司库均因"硕鼠"而亏空。内阁大学士尹壮图深知和珅
所为，为社稷安危而不顾个人荣辱，冒险陈奏，要求查办议罪罚
银令。和珅以自担责任之辩，暗喻尹壮图所奏，是将吏治腐败
归咎于乾隆钦定的议罪罚银令，挑起刚愎自用的乾隆的愤怒，
以大不敬罪将尹革职留用，八年无过，方准开发。朝野上下对
和珅的飞扬跋扈，贪赃枉法，更是无可奈何。经此折腾，和珅敛
财更加疯狂而无所顾忌了。日后嘉庆帝抄家，据薛氏《庸庵笔
记》的统计，和珅的家产总值二亿六千万两，仅从地窖内就抄出
黄金三万三千两，白银二百万两。

　　有史学家评说，乾隆晚年有所悔悟，称和珅坏了其一世英
名。这不过是一种臆测。乾隆晚年并未清醒。任何一个封建
帝王都不会否定亲信宠臣而自毁形象的。乾隆亦然。嘉庆继
位，乾隆依然是执掌大权的太上皇。在最后时刻，正式任命和
珅为首席军机大臣，封其为一等公。

　　和珅受宠、发迹、权倾朝野，凸显了清代官场的政治窳败。
和珅受宠，乾隆固然要负失察之责，但究根寻源还是封建官僚

制度和意识形态所致。封建帝王家天下，"朕即国家"。臣以君为纲，判断官吏的第一标准是忠君，而非德能。乾隆刚愎自用的性格缺陷则强化了忠君的意识形态。君天下，逆言者，不忠；悖意者，逆忠。朝廷只有忠、奸之分，没有德、性之辨。这自然培育了清王朝唯上、献媚取宠，揣摩君意的腐败风气。

乾隆初、中期虽对政务吏治的清明提出诸多要求，但任凭帝王对官吏好恶的判断决定着个人升降及生死之命运，在意识形态上形成了仕途就是权力之阶梯的潜规则。在狭窄的升官通道中，要保全既得地位，企求向上的权力，自然会形成明争暗斗、相互攻讦、培植私党、打击异己，或是明哲保身、趋炎附势的官场文化。在这种土壤和氛围中培育出和珅这类恶果也是必然的。

权力可以转化为资本。这是利益驱使、规范官吏行为的潜规则。敛财之丰贫取决于权力的大小，权力运作的技巧。巧取豪夺，不过是一种表现形态而已。朝廷各衙门、各省督抚，乃至地方官吏无不蔓延权力寻租的闹剧。和珅的贪婪则不过是权力寻租表现为无所顾忌的疯狂而已。

康熙力推倡廉，雍正铁腕治贪，不过是使官场潜规则此消彼长。一旦政务松懈，官场之腐败文化便会强势反弹。这是历代封建王朝所屡见不鲜的。只要封建意识形态还存在，和珅式的潜规则仍然会滋生、发酵。这是历史的结论。

盛亦乾隆　衰亦乾隆

　　乾隆是备受争议的人物。史学界有人将之与康、雍并列，共同创建了大清朝的太平盛世；也有称之为败家子而贬之。文艺界更是将之选作戏说的明星，睿智与昏庸、清明与专横集于一身。如何评价？乾隆的文治武功，重农务本，开垦屯田，开放矿政，活跃商贸，平定边疆，确有所建树，延续了康雍盛世。但潜伏的危机及政策的失当，致使盛世黯淡失色。这在《清史纪事本末》琐细而真实的记录中可得到佐证。

　　乾隆中期是清代的鼎盛期。但晚期始至嘉庆期，清王朝则转盛为衰，盛世不再。究其原因是，朝廷开支庞大，入不敷出；好大喜功，穷兵黩武；纳粟捐监，权力寻租。可谓盛也乾隆，衰也乾隆矣。

　　《清史纪事本末》记载，御制《南巡记》称："予临御五十年，凡事二大事。一曰西师，一曰南巡。"这是乾隆从政五十年来的自我总结。西师，是指武力平定准噶尔、新疆、西藏；南巡，为视察各省。

　　南巡是乾隆的政绩，也是其树立亲民圣君形象的途径。功过共存，毁誉兼之。南巡地域甚广，直隶、山东、山西、湖北、湖南、江苏、浙江等省府州县，均有乾隆的足迹。有人统计，乾隆南巡的绝对时间为六千七百五十一日，整合十八年半。后人戏称乾隆朝为"一日不肯留京"的"马上朝廷"。乾隆每到一处，即诏谕蠲免或减征当地税赋，少则减三成，多则减半。这自然是百姓乐以待见的。乾隆八年,取道避暑山庄,赴盛京恭谒祖陵。乾隆通知直隶总督、奉天府尹,凡圣驾经过地方蠲免本年钱粮。以后几年每次谒祖也照例办理。其实,那几年风调雨顺,巡幸路途并无灾情可赈,仅凭一句恩德,便蠲免数十府、县的赋税,可谓大方之极。恭谒祖陵礼毕,为表彰奉天府,又慷而慨之,豁免奉天府属乾隆九年应征地丁银两。一场祭拜换得一年地丁税,这笔买卖也就是乾隆愿意做。乾隆十六年南巡,蠲税元年至十三年江苏积欠地丁税二百二十八万余两;安徽积欠三十万五千两;浙江省并无积欠,也被免去当年地丁税三十万两。免税的名义是:以示鼓励。南巡之始,尚未见对官吏的政绩考核,评判其优劣,又何鼓励之必要? 国库流失,而唯一光鲜的,是乾隆的面子。

南巡虽频繁,视察主事却较为单一:赈灾、水利、民风、考查官吏,而走马观花又多于调查研究,其间还夹着游山玩水、祭神拜庙。《清史纪事本末》记载,南巡之旅,常见巡幸五台山,驾临曲阜孔林、孔庙,登泰山,巡南京等记录。摘录乾隆十三年二月的记事:初四日,率皇后自京师启程。二十四日,驾临山东曲阜,诣文庙。二十五日,至先师庙行释奠礼。谒孔林。又诣少昊陵、周公庙。二十八日,驾临泰安府,诣岱岳庙。二十九日,登泰山,诣玉皇庙行礼。类似的记录,在屡次南巡中比比皆是。皇帝出巡,迎驾接待,兴师动众,随从官吏之庞大,开支之巨是可想而知的。

乾隆十五年,自山西五台山至江浙南巡途中,御史钱琦奏疏提醒乾隆,各地官吏为迎驾接待耗资甚巨,单是聘请导游一项,府县支付酬金多则千金,少亦五六百金;更有随从员役,任意勒索;地方官员逢迎备极华靡;巡幸办差官员扰害百姓,经过道路,不能耕种,影响百姓正常生活。乾隆却不以为然,称言之不免过实,是坊间散布流言,夸大其事;并以先皇康熙可屡以巡省,其下诏南巡"又当如何"一言堵塞众言官。从此,再无人敢直言劝驾。十余年的南巡耗费远远超过康熙六次南巡的一百余倍。仅乾隆四十五年的一次南巡,和珅为之结账,花去一千七百万两。有人估计乾隆南巡开支高达数亿两帑银。雍正朝十余年积丰的国库被耗去十之二三,还不计减免各地的税赋。大清国库如何经得起乾隆南巡的巨额公费开支。亲民圣君形象以巨额财富为代价,实在是得不偿失。

西师,秉武力扩大清王朝版图,是乾隆甚为得意的政绩。他自封为"十全老人",便指的是平定金川、准噶尔、新疆,进驻西藏等十次战役。乾隆二十年,平定金川少数民族的反抗后,又解决了康、雍朝久未征服的准噶尔汗国动乱。胜利的诱惑,使乾隆迷恋武力扩张,为扩大版图建立进贡天朝的附属国,实施穷兵黩武政策,出兵境外征战缅甸、越南、尼泊尔。乾隆三十年,先发起征缅之役。这场非正义之战,前后长达四年,调动军队七八万将士,花费帑银一千三百万两,因水土不服瘴疠过甚,数万将士的尸骸留在缅甸的疆土上,乾隆才不得已鸣金收兵。乾隆五十六年征安南(越南)之役,也是耗资一千万两,终无功而返。清廷黩武不断,庞大的军费开支,使国家财政不堪重负。盛世的一个主要标志,是政和清明,国富民强,国泰民安;绝非罔顾民意,凭借个人意志,穷兵黩武,建立天朝的理想王国。

西师、南巡,为应付战争、赈灾、水利,造成财政的巨大支出。为支撑盛世,弥补入不敷出的国库,乾隆却推行了"纳粟捐监"的政策。所谓"纳粟捐监",实为卖官鬻爵,怂恿权力寻租。政治腐败由此而起,乾隆的治政走进了死胡同。

纳粟捐监之初,是有节制的,仅限于户部捐监生,对各省报请捐监亦有数量的控制。乾隆曾言:原定捐监,额数过多,酌量折减。为防止纳粟捐监中的官吏舞弊,再申饬:各省纳粟捐监生,原本是为忧劳兴国筹集钱粮贮备,目的是让百姓丰衣足食。若地方经办,私收倒腾,那就是开了捐纳之例了。为此,还处分了两名营私舞弊的知县。以百姓丰衣足食之名,掩盖弥补国库亏空之实,真有点滑稽了。但是,要源源不断地填补战争、河工、赈灾、南巡之开支,纳粟捐监的范围逐步由户部延伸至兵部,再扩至各省府。福建巡抚刘于义为台湾府捐监专门申报了具体价格:俊秀应捐二百七十石,廪生一百五十石三斗,增生二百石七斗,附生二百二十五石,武生二百五十石二斗。监生、俊秀、廪生之类,都是大清朝科举制度下的生员。名称不一,各有区别。监生一般是国子监肄业生,尚未入府县乡试应考,但已具有入仕做官的身份。俊秀是读书人,以平民身份获取监生资格。廪生是资历较深的学生,每年私塾科试成绩优等,享受生活补贴,用现代语说,就是奖学金。增生的区别是不享受生活补贴。福建巡抚已不是遮遮掩掩,而且将学生分档,明码标价了。而乾隆竟批:"俱准作监生。"除科举入仕,捐监生便成了进入仕途做官的预备生。户部还提议,凡京官外任被降、革职者,也可通过"捐例"复职。湖广总督鄂弥达建议,捐谷不如捐银,并定一石米折银三十两。乾隆均予以批准。由此,卖官鬻爵正式列入"捐例"成为一种制度。更为滑稽的,捐官谷折银,可按市价行情而上下波动。乾隆二十一年,因农业丰收,谷米价下跌,湖南按察使爱舒申请每谷一石作银六钱,官越卖越便宜。虽说捐纳明朝就有,乾隆炒了明景帝的冷饭。不过,景帝仅限于生员入监,乾隆却一发不可收拾,有过之而无不及,由监生而朝廷命官,自文官到武将,捐监演成了卖官鬻爵的大卖场。

　　乾隆三十五年,曾在诏谕中对"纳粟捐监"政策作过辩解:以前暂开捐例,原属一时权宜。但各部衙、省督抚则将"纳粟捐监"作为权力寻租的借口。乾隆作辩解的当年,一份出卖基层官职的"捐例"正式出台:外官自末流以上,至同州为止(相当市长助理),武职自把总以上,至游击为止(相当团职),京官自未入流,从九品及一应小官以上,到郎中为止(相当处级);外官自未入流以上到道员(相当局级)为止。"纳粟捐监",卖官鬻爵严重侵蚀了清王朝的政体,制度腐败蔓延为政治腐败。

乾隆批准实施捐监政策的最初动机有二:一是弥补国库,二是作为推荐人才的补充。前者是实情,后者是托词。结果是适得其反。乾隆三十七年,他似乎有了醒悟,在对川督文绶申请开捐以充军需的奏折上批示:捐赀入官,本非选择之路,当初臣工多言捐纳中可得人才,因而试行。捐纳事例一开,必致正途滞积,朕实觉无益,是以降旨永远停止。乾隆的反思为时已晚。不过,要面子,乾隆甩锅于众臣,推卸责任过于反思。

卖官被制度化,权力被异化为资本,权力寻租,权钱交易已从根本上动摇了大清的根基。大清朝由盛转向衰落已为时不远了。史学家有评:清朝中衰,乾隆是始作俑者。此论恰如其分。

嘉庆

——爱新觉罗·颙琰

勤政图治贯以底线思维, 处事周密执着政治志向。
鲜少合纵连横的谋略, 颇多固执己见的剑走偏锋。

嘉庆的偏执

嘉庆给人们留下最深刻的印象是扳倒贪官宠臣和珅。坊间有个传说，"和珅扳倒，嘉庆吃饱"。然其治国之帝王形象甚为模糊。

嘉庆四年正月三日，太上皇乾隆驾崩，嘉庆帝亲政。正月四日，嘉庆下诏，褫夺和珅军机大臣、九门提督之职；造舆论，指责和珅，冒功升赏，寡廉鲜耻，营私肥橐，策动御史们弹劾。十一日，逮捕和珅，抄家，十八日赐死和珅。扳倒和珅前后不过两周。嘉庆处事之果断、周密，行动之迅速，令朝野震惊不已。除此之外，人们很难说清楚嘉庆帝的作为，其曝光率远不及儿子道光。

颙琰秉性忠厚，少有合纵连横的政治谋略，较多对志向的执着。在乾隆的眼里，颙琰不擅长政治，并非是理想的继承人。颙琰继承皇位纯粹出于一种偶然。准皇储永琏、永琮先后英年早逝，晚年乾隆唯一的选择便是庶皇子颙琰。有史学家评说，嘉庆是个"无能的幸运儿"，虽是勤政图治，却守成而无建树。这个评语似乎有些刻薄。嘉庆虽无先祖雍正的政治铁腕和实力，但绝非无能之辈，办事有底线，政治志向执着，勤政图治却不盲目墨守前朝定制，在某些场合能反其道而行之。不过，缺乏历练的政治幼稚，常使新政剑走偏锋，如锁关自守，维稳失度，主观意愿与客观效果相悖。

新君继位的初政整饬吏治是历朝的传统。秉性忠厚的嘉庆选择勤政修为的吏治之道,也就是注意个人品德修养,恪守儒家传统的道德规范,整肃官场之铺张奢靡、懈怠政务、沉湎享乐等歪风。整肃虽接地气,有针对性,却有些书生气。官场四风仅是表象,腐败痼疾在于官僚制度,及前朝政策失误遗留的时弊,温良恭俭让的整风,只是表面上的热闹而已。

相比之下,嘉庆严禁鸦片倒是搞得有声有色。积数十年之恶习,鸦片之患已侵入大清社会的深层,上自宫廷、文武官衙,下至官绅、民夫、走卒无不受其毒害,贩售走私鸦片关联着官吏腐败。嘉庆停止鸦片征税,杜绝进口源头,军政合力,查禁严打,内外兼治,有效遏止了鸦片祸患,也严厉惩治了腐化官吏。禁毒反腐,配之行政严打,才彰显实效。嘉庆帝初试芒锋还是有值得一书的政绩。

执着是性格善的显现。过度的执着,便会陷于性格缺陷的偏执。一旦赋以政治志向的内涵,偏执便成了一种性格障碍,限制了政治谋略的灵活性,留下的除了抽象原则,只有情绪化的固执。嘉庆对鸦片荼毒的憎恨,偏执成为对西方的政治仇恨。西方列强的商贸外交,在嘉庆眼里是一种挑衅和觊觎。他的对策便是针锋相对,关门自守。对通商谈判,以天朝礼仪为借口,设卡拒绝。嘉庆在维护国家形象和安全的同时,封闭了思想文化的交流通道,把自己隔离于通向世界的大门外。

若寻找嘉庆执政成败之性格原因,即是,执着、偏执、固执。

整肃官场四风

乾隆晚年,宠臣和珅专权擅政,贪污勒索,结党营私,朝野上下皆侧目而避之,谁敢议论是非?太上皇乾隆驾崩,嘉庆得以亲政。其第一件大事就是铲除和珅,恢复朝纲。嘉庆四年正月,颁发谕旨,宣布和珅二十大罪状,列数贪纵狂妄之罪,扳倒和珅。抄其家产约二亿六千万两,仅一窝赃处查抄白银就有二百万两之多。和珅家产相当于雍正继位当年国库储银的十余倍,还不计珠宝、字画、古玩、田产。嘉庆以此为契机,开始了新一轮的整饬吏治。

康、乾朝晚年有相似之处,吏治懈怠,政务废弛。前者忧于皇子之争,后者困于和珅擅政。雍正、嘉庆继位的初政自然是整饬吏治。雍正以铁腕整肃除弊,嘉庆既无实力,也乏魄力。俗话说,性格决定命运,以注重个人品德修养,恪守封建道德规范的嘉庆,选择了勤政修为的吏治之道。

《清史纪事本末》记载,嘉庆亲政当月便下诏求直言,广开言路。谕示:仅凭一二人之言,即使出于公心,亦不能周知天下之事务,何况不是也。嘉庆的表白,显然是对乾隆宠信和珅,招致吏治腐败的婉转批评。为广开言路,嘉庆作了两个决定:

为直言参劾和珅而获罪的御史曹锡宝、礼部侍郎尹壮图昭雪平反。称曹锡宝独能抗疏执奏,殊为可嘉,不愧诤臣之职。曹锡宝因被贬而忧郁成疾,含冤去世。嘉庆追赠其为副都御史。称尹壮图是敢言之臣,即赏给事中衔,回籍侍母。

　　恢复雍正朝的密折奏报制度,对用人行政一切事务,皆得封章密奏。内阁各部院及各省督抚藩臬等地方高官奏事必须直送御前,不允许另具副封通知军机大臣。

　　嘉庆的决定是向朝臣发出两重信号:以先朝为鉴,臣工均"有奏事之职",陈言奏报,以关系国家社稷,纠劾贪污为要务,令人尽言,而不是以言罪人;嘉庆将亲政直接处理事务,以防重蹈和珅之类擅权扰乱朝纲之覆辙。乾隆晚年已近昏庸,难理政务,依赖和珅处理朝事。和珅常有扣压奏折、另行拟旨等扰乱朝纲的行为,政务废弛便势在必然。嘉庆对和珅擅政,堵塞言路,可谓深恶痛疾。

　　整饬吏治的前提是起用品学兼优的能吏。在嘉庆心目中,能吏须要实政、勤政、倡廉祛奢。由此,嘉庆下令"四禁"整饬。

　　一禁铺张奢靡之风。清代官场十分讲究官仪排场。凡大员因公外出,随从寡众按官职大小而定,少则数十人,多则百余人,车马辐辏,前呼后拥。下属官员须按官职等级规礼接待,精心安置下榻公馆,送迎酒宴。兴师动众,服务于高官大员的人力、物力远超过随从之数十倍。地方衙门的支出大半消费在接待公支上。铺张奢靡风气习以为常,不以为耻。而官场之礼仪已成为考量地方官员能力和德政的一种标准。嘉庆十分反感这种奢华的官仪。亲政的当年,便作出规定,内阁大臣及各省督抚、藩臬道府县遇事公出,须去繁从简,规礼不得奢靡,应轻骑减从,凡过境的官员,一律不准遣人迎送。

　　嘉庆要取得祛奢之实效,还将整饬之剑指向内宫。内务府每年均有修缮行宫及避暑山庄的计划。尤其是好大喜功,崇尚虚荣的乾隆。南巡六次,在各地修建的行宫花费甚巨。每逢回盛京祭祖谒陵,势必修缮夏园行宫。为尽显皇家之荣耀,修缮装饰如新,竭尽其豪华。嘉庆亲政,内务府再奏请修缮盛京夏园行宫。嘉庆不准,并借机发挥了一通:历来先祖习勤淳朴,按满洲祖先习俗,凡巡幸所到之处,一贯是携带毡庐帐篷,随地支立行宫,从无建盖行宫之事。夏园若再加以修缮,忘勤俭之遗,劳民伤财,朕甚不取。老祖宗立帐为宫,已是时过境迁,借题发挥有华而不实之嫌,但重提祖宗倡俭之习,示戒好大喜功、虚荣之恶习,则是其真实的意图。言必信,行必果。嘉庆下令将正在运往京城,修缮行宫的叶尔羌大块玉石,即行抛弃,不必解运。嘉庆的决定是存有瑕疵的。为祛奢而抛弃名贵玉石岂不浪费?禁止奢靡之风的决心确实可鉴,但矫枉过正却是情绪冲动所驱。

二禁古玩宝物呈贡之风。乾隆后期,京城官场盛行古玩字画呈进之风。凡外省督抚进京觐见,或逢庆典节日必进呈珍稀古玩、名贵字画,以邀宠信。京官也效而仿之,以古玩宝物纳结权贵,勾连人脉。呈贡之风愈演愈烈,逐渐漫延至地方,成为清代官场交际的潜规划。而古玩字画常常成为高官行贿、索贿的重要猎物。和珅被抄家财中便有甚多玉器、古瓷、名字画。呈贡之物,皆非自己耗资所购,督抚、京官大吏下而取之州、县各官,州、县官吏又必取之百姓,敲诈勒索,巧取豪夺,鲸吞民之脂膏。上行下效,此风加剧了官吏腐败。嘉庆下发禁令,嗣后概不许呈进,违者以违制论,决不稍贷。肃亲王永锡自恃皇族,却顶风犯忌。三阿哥绵恺被准入上书房上学,永锡按惯例让本府太监进呈玉器如意以表祝贺,笼络感情。嘉庆获悉后即降旨严加查处。革去肃亲王一切行政职务,交宗人府看管,并召集各亲王、郡王面训,引以为戒。处置肃亲王,看似有点小题大做,但借皇族犯忌之例,以正视听,表达整肃朝臣呈贡之风的决心,也是可取的。

三禁京城设戏园,高官养戏班的享乐之风。官吏懈怠政务沉湎于声色犬马,被当作太平盛世的景观。京官迷恋戏园捧戏子为乐,高官则在署衙内自养戏班,奢靡妄费;地方官吏借口年节,雇觅戏班,寻欢作乐。湖南布政使郑源涛的贪污案败露。其供词中便有喜庆宴客,招戏班演唱作乐一条。民间戏班是借此谋生计,而官衙自养戏班纯属取乐,旷废公事。因此,嘉庆规定戏园迁出京城,其城内戏园一概永远禁止,不准复行开设。各省督抚司道署内,不许自养戏班,地方官吏应以肃官患,而维系风化。御史景德为讨好嘉庆,在其五十寿辰之日,申请在京城内演戏十日以表庆贺。此奏立即遭到嘉庆的怒斥:景德竟敢以此举取宠,还将朕当主子么? 景德意欲献媚,实是挑战嘉庆的整饬,其结果自然是招致惩处,被革去顶戴,发往盛京关外派当苦差去了。

　　四禁疲怠玩忽之风。疲怠玩忽已成清王朝官场之顽疾。若说,送礼、敛财已成为权力寻租的官场规则;懈怠、麻木不只是暴露伦理的缺失,更是一种消极腐败。清朝常见各地奏报被内务府扣压,拖延成习;每逢庆节,文武大小衙门竟然自作主张,休政放假,玩忽渎职。如嘉庆六年,内务府议处御膳房管理大臣的奏折竟拖延四十天之久。有时,嘉庆去瀛台校阅,各部衙门既无奏报,也不进朝,自行放假,惰散成习。至于各省官员玩忽渎职更是屡见不鲜。山东巡抚和宁对本省发生蝗灾,竟以下情不明而敷衍塞责。直到和宁任满离职,新任巡抚据实奏报,才知蝗灾已遍及山东五十余州县。嘉庆十年,嘉庆对内阁各部作了一次集体训示:诸臣任意偷安,在家晚起,畏避早寒,积习不改,不知振作。今后应以事为戒,勤于政事。嘉庆的训话意在督促众臣自觉修为,颇有恨铁不成钢的愤懑。但怒而不威的训导,实不在点上,玩忽疲怠实是渎职之过,应作罪责之训。有史学家曾做过评点:嘉庆性善而政治幼稚。此说倒是中肯。

　　嘉庆的吏治纠结于"和珅式腐败"，其整饬路径、举措均出自对和珅这一反面教材的省思。禁"四风"的反腐情绪被灌注着一种对和珅的仇恨和偏执。用现代语言解读，嘉庆吏治反腐缺乏政治视野的大思路。虽说，整饬吏治颇为热闹，对腐化官场的歪风有一定的抑制，但毕竟尚未触及根本，只是对乾隆晚年政务废弛的一个修补而已。

内外兼治禁鸦片

　　说起禁鸦片,人们总把灯光聚焦在道光年间的钦差林则徐身上,其实,大清朝全面禁烟的第一人却是嘉庆皇帝。

　　鸦片进入中国,最早的记载是唐代贞元年间,由阿拉伯商人经丝绸之路带入中国,数量极微,仅作治疗头痛、失眠之药用。清康熙朝开放口岸通商,鸦片列为西药,允许纳税进口,规定每百斤鸦片征税银三两。鸦片纳税入关,意味着经营鸦片是合法生意。英国东印度公司乘机大量倾销鸦片,英商的入关商品,鸦片竟占六成之多。据《清史纪事本末》记载,雍正七年,输入中国的鸦片仅二百箱,每箱100～120斤。到乾隆五十五年已上升到四千余箱,增加二十余倍。鸦片易吸食上瘾,致使行为失控,精神萎靡,如同废人。因鸦片所带来的暴利,贩烟者趋之若鹜,欺行霸市,烟馆林立,吸食者道德沦丧,家破人亡,直接导致社会混乱。

　　雍正朝曾颁布过禁烟法令,规定贩卖鸦片烟者,枷号一月,近边充军;私开鸦片烟馆者,处绞监候;胁从者,杖一百,流放三千里;运烟者,杖一百,徒刑三年,兵役人等索烟者,按贪赃枉法治罪;失察官吏交吏部严加责处。禁烟令虽明晰严厉,但留下两个致命的缺失:仍允许鸦片纳税进口,吸食者不见入罪,禁烟令便成了一纸空文。到乾隆后期,政府逐利关税,鸦片祸患愈演愈烈。

　　嘉庆嗣位,立志铲除鸦片祸害,将禁鸦片列为治国之要务。

这在大清朝实是难能可贵的。积数十年之恶习，鸦片之患已侵入社会深处。上自宫廷、文武官衙，下至商绅、民夫、走卒无不受其毒害。禁烟不只需要决心，持之以恒；更要有智慧，以法治理。

嘉庆元年，首先颁布法令停止征收鸦片税，严禁鸦片进口；宣布禁止内地种植罂粟；内外管制，切断鸦片源头。在流通环节，打击鸦片的贩运、销售者。嘉庆谕示两广总督觉罗吉庆：闽粤等省走私贩烟者甚多，应严密稽查杜绝，不得疏漏，并责令驻军介入地方禁烟，一有缉获，当即按律惩治。军政合力堵塞贩售鸦片的流通，可谓是嘉庆的首创。

鸦片祸患积疾日久，吸食者遍及官吏、市井民夫，难怪雍正禁烟未果。嘉庆则顺势而为，颁行吸食者的定罪条例，罪罚吸食者，毫不姑息。诸如，宫中侍卫、朝廷官员买食鸦片烟者，无论功勋、权贵庇护，一律革职，杖一百，枷号两个月；军民人等杖一百，枷号一个月，太监供职内廷，吸食鸦片情节尤为可恶，着总管内务府大臣查拿，枷号两个月，发往黑龙江为奴。罪罚重于劝诫，量刑与贩售者相当；官民同罪同惩，惩官重于惩民。嘉庆起步就是杜绝源头，遏止流通，罪罚吸食，三管齐下，警戒法纪并重，思路清晰，颇见声势。

自嘉庆元年宣布禁止鸦片入关后，鸦片贸易被列为非法。英国商人为开辟贩卖鸦片烟渠道，利用澳门作为囤贮地，用货船偷运到黄埔私行交易。广东地方官吏不能秉公守法、认真查禁，甚至索贿卖放，致使鸦片屡禁不止。广州黄埔已成为鸦片走私、卖放的集散地。因官吏腐败，福建、浙江、江苏等沿海诸多海关官吏均有卖放走私的劣迹。鸦片由广州黄埔通过这些渠道源源不断流向内地，乃至京城。

嘉庆在颁布禁烟令及吸食鸦片的定罪条例后，将打击重点转向严禁走私、索贿卖放的吏治上，把禁止鸦片作为从严吏治的延伸。嘉庆先后下谕广东、福建、浙江、江苏各省督抚责成其亲自督办，查察各口岸的海关衙署。一经发现官员有卖放情弊者，立即严惩不贷，轻则革职，重则入监、流放；对失察主官也究其刑责。凡在内地查获鸦片，必须究根寻源，缉查鸦片流入的源头，查办违法官吏。嘉庆十九年，北京崇文门驻军缉获一名为兴亮的鸦片贩子。此人系广州驻防正红旗满洲骁校骑，随广东副都统萧昌进京。兴亮乘公务之便，夹带鸦片十一斤，偷运入京被查获。兴亮被革去军职，枷号一月，发配新疆；副都统萧昌虽不知情，却以失察罪惩处。嘉庆还另颁一旨，追究由兴亮案牵连的各主管官员的责任：广州将军本智用人不当，实难辞咎；粤海关署督祥绍疏于管理，致使鸦片走私入境，两人殊属疏纵，均交兵、吏部议处，按责处理。查处从严，禁烟给文武朝臣一种威慑力，正是嘉庆所追求的效果。

　　嘉庆对内整肃法治的同时，又展开外交攻势，抑制鸦片入境。嘉庆十六年，责令新任两广总督松筠召见英、葡等国的外交官，予以口头警告，要求诸国官员严格管束本国商民，不得走私鸦片。在清政府的严厉警告下，英、葡等外交官不得不承诺互相稽查，不违例私贩。在照会外交使馆的同时，嘉庆下谕准许广东地方政府、驻军有权对外国货船进行严格稽查。若发现外商货船载有鸦片，整船货物全部驳回，不准贸易，原船逐回本国。双管齐下，以堵住鸦片流入。

　　嘉庆二十二年，广东沿海发生载有鸦片的美国商船被劫，烟贩多人被杀事件。两广总督蒋攸铦上报处置案件的结果：缉拿当地案犯十四名，因抢劫杀人罪，判主犯五人立斩，其余案犯充军四千里。在美国商船所起获的鸦片当众烧毁，以杜弊源。另以美国商人携带鸦片，不谙例禁，重涉远洋，人财两空，情有可原为由,对其量加赏恤,给予适当补偿,放行回国。嘉庆对后一处置甚为不满,直言训示:将夷人量加赏恤一节,实办理错误。鸦片乃违禁之物,夷人私运入口,即应按律治罪,现不行追究,已属恩施,何得再加赏恤？嘉庆以此案为戒,责成蒋攸铦传谕各国商人,以后夷船倘再有私带鸦片烟者,一经搜出,必将从重治罪。嘉庆不仅整肃禁烟法律,更有维护国家主权之意。这对外国肆意贩卖走私鸦片者无疑是一种威慑。在禁止鸦片烟上,嘉庆赢得了一次外交上的胜利,这也是康乾朝以来未见的政绩。

为巩固禁烟之成果,嘉庆二十年正式颁布《查禁鸦片烟条规》,对贩售罪、走私罪、失察罪、诬告罪等刑责均作了具体规定,并增加举报、禁毒有功的奖励条规。条规的重点是加强对官吏的行政问责。如,外商货船到港,负责监管的官员必须亲力躬行,将所贩各货开单报明,逐件查验;缉获鸦片烟案,凡系本任负有失察责任的官员,若能缉获首犯及半数案犯,可酌情免除处分;属前任官吏故纵放卖者按律治罪,仅是失察,则按渎职论处;监管官吏若能缉获邻境案犯及鸦片烟,按数量多寡给予记功、奖励;数量巨大者,获五千斤以上,准予送吏部引见,恭候钦定;地方官吏及海关署员徇情故纵,立即特参拿问;守口兵弁挟嫌诬拿,即治以诬良之罪。禁烟法规有较强的操作性和明确的量刑责罚标准,这使清代的禁烟法制得以进一步趋于完善。

嘉庆内外兼治,军政合力,禁查严打,禁鸦片力度之大是之前难以企及的,有效遏制了鸦片祸患。嘉庆禁烟之执着,百折不挠,既是性格使然,也显现了睿智和缜密,可圈可点。

闭关自守的轨迹

　　历史常有相似之处,但历史表象不会简单重复,各有各的轨迹。

　　乾、嘉朝有两次英使访华,均因朝礼之争不欢而散。由此,有人断说,两次历史闹剧是大清朝实行闭关政策的始端。若细作分析,乾、嘉两帝虽有天朝大国自负心态作祟,但处置事件的方式和立足点却有所不同。

　　英国首次遣使访华是在 1793 年,即乾隆五十八年。马嘎尔尼使团来华的名义是祝贺乾隆八十寿辰。乾隆自然是以礼相迎,优厚相待,以尽天朝礼仪之邦的盛意。对使团的最终使命:扩大中英贸易的谈判,也欣然纳之。但历史却在这里拐了弯。马嘎尔尼公使因不行清廷礼规三叩九跪的朝觐之礼,引起乾隆的不悦。经双方协调,乾隆勉强接受单腿跪、免冠叩首的英国式礼节。而马嘎尔尼自恃欧洲强国之霸气,提出侵涉中国海关主权的八项要求,则遭到坚决的回绝。马嘎尔尼使团,被取消一切优惠待遇,施舍一年口粮权当途中盘缠打发了之。乾隆打英使的脸,是因为英国恃强呈霸,借扩大贸易之名,侵涉中国国家主权。朝礼之争不过是给乾隆的决策增添了一份情绪砝码而已。

　　嘉庆二十一年,英国政府再次派遣阿美士德访华,希冀重续三十三年前的旧事。嘉庆帝的心态已是防范重于自负,拒人于外,无意发展中英贸易。贸易谈判前的朝觐礼规之争只是嘉庆的一个借口或说是策略。阿美士德连谈判机会都未得到就被遣送回国。与乾隆帝以主权为重的决策不同,嘉庆的闭关之举则是有意而为之了。历史表象的运行呈现了不一样的轨迹。

马嘎尔尼访首次访华不欢而散,中英关系已随之处于僵局,贸易纠纷不断。英国为施加压力,于嘉庆十三年一度以武力占据澳门炮台。为争夺中国市场,英国政府自恃船坚炮利,在公海上拦阻其他各国货船来华贸易,致使外交摩擦不绝。嘉庆二十一年,英国政府再次遣使。就改善英商地位、税收待遇,开放广州以北通商口岸等要求提出谈判,但当时的政治、经济形势已有了较大的变化。英国贸易外交的背后是武力威胁,嘉庆执政是以维稳政权为要。英国的贸易诉求和霸权挑衅引起嘉庆的极度反感。再则,历年英国输入中国的鸦片竟占贸易额的百分之六十之多。嘉庆对鸦片祸患是深痛恶疾的,执政之始便全面发动禁烟,打击的重点就是英国商人。扩大中英贸易无疑是为鸦片输入提供绿色通道。阿美士德使团六百余人乘坐英国皇家海军“阿尔塞特”号军舰,另有“惠特号”、“莱拉号”军舰为五艘商船护航。这一挟武力示势的商贸谈判是雍、乾朝以来所未见的,对嘉庆而言,无疑是一种挑战。

当两广总督董教增上奏英国遣使沿马嘎尔尼的行进路线经由舟山、天津继而进京的报告后,嘉庆立即下达严加防范的命令。嘉庆二十一年五月连发三谕:批准英国使团访华;谕闽、浙、苏、鲁各省督抚率沿海文武员弁严加防范,毋稍疏懈;只准英使团在天津登岸,不准擅自改道,亦不许私行登岸。嘉庆谕旨的严厉措词,督使各省迅速落实防范措施。闽浙总督汪志伊布置台湾镇道府及闽浙二省沿海水师在海岸及岛屿各处设防警戒,严阵以待。两江总督百龄派苏松镇、狼山镇守将在海上游弋,组织巡查。山东巡抚陈预、两广总督董教增饬水师各营协,于要隘口岸密行防范。各省的戒备颇有备战之势。

在密谕各地加强防范之际,嘉庆规定了具体的接待方针。在天津接待英使团,规格从简,不许有意迎合;英使若提出类似扩大口岸贸易之要求,可先行正词驳斥;观察英使的表现,若其不遵清朝礼仪,可遣其回国,不使进京;若能情词恭顺,届时率领入觐;使团进京人员按马嘎尔尼的一百名之数,酌裁减半。从嘉庆的既定方针中可看出其中的端倪:有意冷落,设置障碍,无意消弭中英贸易纠纷而发展贸易关系。这与乾隆朝先礼后倨、有理有节的贸易谈判迥然不同,嘉庆的方针弥漫着浓重的政治气氛。

嘉庆坚持以遵行中国朝礼为接见使团的先决条件,打的就是政治牌。由于清朝官员的懵懂以及英使团的内部分歧,使这场政治较量演成了一场历史闹剧。阿美士德事先征得英政府的同意,为谋求英国贸易的利益最大化,可以妥协行叩头礼仪,但遭到副使小斯当东,当年马嘎尔尼副使斯当东之子的坚决反对,故在天津接待筵宴上表示了拒行跪叩礼的强硬态度。接待使团的工部尚书苏楞额为不耽误进京的时间表,竟然瞒报英使的态度,冒昧带使团进京。嘉庆对此十分震怒,下旨严责,指令苏楞额务将该贡使等礼节调习娴熟,方可令其入觐,如稍不恭顺,即令在津等候,毋庸启程来京,进表之日,行礼不如朝仪,彼时将贡使立刻遣出宫门,另派大员押送天津,登舟回国。苏楞额等也因瞒报实情被拿交刑部治罪。遭谕旨严斥,英使团不得不停留在通州候命。

理藩院尚书和世泰、礼部尚书穆克登额受命赴通州劝说英使团,遭阿美士德的拒绝,和世泰却谎报英使已认可朝礼。嘉庆以为英使已屈从便下令同意安排呈觐细节,在西郊圆明园正大光明殿接见使团。当满朝文武列集殿上,传旨升殿时,阿美士德却以礼服未备,国书未带为由,拒绝入园觐见。嘉庆的自尊心受到前所未有的挑战,当众下旨该贡使等即日回国,该国王表文亦不必呈览,其贡物俱诸发还。阿美士德使团当场被遣送回国。不过,嘉庆还算是理智的,并不以英使的无礼而中止中英贸易。但中英贸易关系的恶化,促使英国强行以炮舰政策取代外交谈判,来达到经济扩张的目的,则是在所难免了。这一点,是嘉庆始料未及的,也从未预见大清朝国力孱弱,将难以抗衡外国列强武力侵略所造成的恶果。

不少史学家的观点是,因为礼节之争而引发中英关系的恶化。这仅是一种历史的表象。嘉庆朝的闭关自守,既有因于自恃天朝大国的自尊,更有深层次的政治原因。诸如,缺乏开放贸易的思想准备和制度环境,担忧对外开放冲击传统农本经济,侵涉、损害国家主权的安全;尤其是鸦片输入加剧官吏腐败,社会动荡的教训;等等,这对以维持政治稳定为第一要务的嘉庆来说,对外闭关自守,对内改善朝政是无奈的选择。这可在拒绝俄国公使入京,限制海上通商的政策上予以佐证。

十八世纪末,中俄边境贸易开始逐步活跃。在俄国沙皇政府的控制下,由众多私人商业公司联合组成的"俄美公司"垄断了俄方对中国的边境贸易。贸易以俄国之皮毛与中国之茶叶、粮食互换为主业。为参与英、美的国际贸易竞争,俄美公司企图进入太平洋的海上运输线,直接参与广东通商口岸的自由贸易。这一计划得到沙皇政府的支持。嘉庆十年,沙皇亚历山大一世派遣戈洛夫金伯爵出使中国与清政府交涉,允许俄商获得黑龙江的航行权,享受与英、美等国同等的在广东的通商权利。

当俄使还未到京,谈判尚未开端,俄美公司已派遣两艘商船到达澳门。未经清政府允许,欲强行通商贸易。粤海关监督延丰认为，中俄有在恰克图边境贸易的先例，俄商来粤不过是为省费图利，若不准入港有违先皇柔夷之圣意，便擅自同意俄商船进港。新任监督阿克当阿也经请示广东巡抚孙玉庭后，准许俄商在广州黄埔卸货交易。广东海关的决定立刻遭到嘉庆的斥责。旋即下令广东巡抚迅速查明俄国商船所载何物，有否违禁之物，是自办牟利，还是该国王遣令贸易？并谕示商船离港归国，不准在广州滞留、贸易；通知沿海各口岸，若俄国恳求通市，均一律驳回。嘉庆的理由是，外夷通市，皆有一定地界，不准逾越；俄国擅自赴广州通商，其意图不明；俄商进入沿海航道，且来往熟悉海道及内地情况，亦多不便。嘉庆担忧的是，俄国擅自行径背后的政治意图以及国家主权的安全。嘉庆中止俄商在广州贸易的决策在先，以俄使臣不行清朝礼节为由拒绝俄使入京，便成为一个借口。嘉庆通知直隶官员终止一切为俄使进京所做的准备工作，并拒绝俄国政府在边境恰克图举行会谈的要求。显而易见，嘉庆处置中外贸易始终以维稳政治作为评判的准则。但天朝之礼仪以及外国使节入觐为属国使臣纳贡的作派却为后人留下做四夷臣服、万国来朝帝国之梦的话柄。有人由此而论断，嘉庆因英、俄使者不愿下跪而拒绝谈判，像是有点儿戏。这是把问题看简单了。不过，有一点也是应该说透的。嘉庆对俄、英贸易冲突的策略缺乏灵活性，前后一成不变，在政治上呈现了一种偏执；而以朝仪入觐作拒外的借口，往往成为外交、政治纠纷的口实，列强炫耀武力施压，也只是时间问题了。

　　拒绝对外开放的闭关自守之观念，并非嘉庆一人之意志，乃是当时士大夫及知识分子的一种社会共识。封闭的思想文化意识形态致使整个民族呈现一种对世界意识的无知。当时，在清代士大夫中颇有影响力的精英知识分子、堪称乾嘉学派大师的俞正燮也认为：洋人巧器，自信知识在脑不在心。在彼国为常，在中国则视之为怪也。在精英知识分子看来，西方虽技术进步，然其思想文化远不及中国数千年积淀的文化传统。可见，恪守封闭的文化意识形态，导致中国与西方世界的隔绝，乃是必然的结果。嘉庆朝不具备思想解放的条件，闭关自守则成为根深蒂固的意识形态也就不足为奇了。

道光

——爱新觉罗·旻宁

熟读经史国策，谦和俭朴，带着神童光环承继大统。

墨守成规且志高才疏，勤政一生却花落无果。

在屈辱寡欢中走向人生终点。

道光的悲剧

旻宁（即道光）自幼受宠于嘉庆帝，内宫上下都称誉其有神童相。此说，源出于旻宁随乾隆帝的一次围猎。

当年，康熙帝带十二岁的孙子弘历（乾隆）木兰秋狝。弘历善射，首次围猎就一箭射中一头熊。康熙慧眼识人，料定弘历日后必成大器。无独有偶。乾隆五十六年秋，在威逊格尔射猎，年仅十岁的孙子旻宁随行，引弓发箭，射伤一鹿。乾隆视为吉兆，喜动天颜，赐皇孙旻宁黄马褂、花翎，并赋诗一首："尧年避暑奉慈宁，桦尾安居聪敬听。老我策骢尚武服，幼孙中鹿赐花翎。是宜志事成七律，所喜争先早二龄。"乾隆有感而发，作诗比兴早年康熙的围猎，欣喜于旻宁射鹿较自己早两岁。旻宁居然也出口成章，作诗唱和，"家法永遵绵奕叶，承天恩贶慎仪刑"，寓喻自己一生恪遵家法祖训，以期建功立业。旻宁脱口而吟，诗文一般，与乾隆的诗意也对不上号，但乾隆帝已是惊叹不已，旋即口谕启动帝王教育，为旻宁聘鸿儒讲授经史之学，诗书文章兼习武艺。凡典礼祭祀等仪式，必令旻宁随行熟习。每年盛夏，旻宁在瀛台读书，春秋则在南花习武。每月令旻宁列席经筵听讲，以晓知古今人君得失之道。嘉庆四年，嘉庆帝亲政，即刻遵康熙密匣建储之家法，亲书旻宁名字缄藏匣内，立为皇太子。说旻宁是集千万宠爱于一身的幸运儿并不为过。

再有一说，嘉庆十八年天理教起事，北京发生癸酉之变。是年秋，嘉庆帝率众皇子离宫北去狩猎。因连日阴雨，旻宁奉命先期还京。天理教教徒决定趁王公大臣出京郊迎接嘉庆回宫之际,攻占皇宫,推翻大清朝。九月十五日,义军乔装成商贩,买通部分太监作内应,冲入西华门,沿皇道直扑深宫隆宗门,皇宫护卫在惊慌中仓促迎战。正值危急时刻,旻宁率清宫禁卫军火枪队平息事变,护卫皇宫。旻宁又创造了一个奇迹。到此,旻宁称得上智勇双全了。嘉庆犹嫌不足,又添上一笔:旻宁性质朴,不奢华,不好珍奇玩物,对其品德之善作了定论。旻宁未登大位,已是光环夺目了。朝野上下一致认定旻宁仁孝聪睿,英武品优,秉性谦和,继大统乃是众望所归。嘉庆二十五年,嘉庆帝病逝,旻宁顺利接班,是谓道光帝。

　　道光虽说不上满腹经纶,才富五斗,也应该是熟读经史国策。然而,一生勤勉,却成效甚微。究其原因,兴许有林林总总的多条理由,但有几条是回避不掉的,一是墨守成规,二是志高才疏,三是瞻前顾后,胸无定见。

　　登基之初,云南道御史袁铣请示治政之国策,道光帝批复六个字:遵制度,守成宪。也就是按前朝的制度、政策办事。袁铣分析国情政务现状,深表堪忧,建议新君采纳清君心、远奸谀、裁冗费、停损例、严赋课、平刑罚、广教化七条措施。旻宁明确拒绝,理由是:前朝制度,典册具在,朕岂能更易。一守成宪,犹恐不及,何谓好恶之有? 新期的规矩是守成,而不是评判前朝之弊端。道光毫无治理政务的实践经验,仅凭先帝既定的几条纲纲,治国焉能奏效?

　　道光生性俭朴,要改变朝廷奢华之风,有决心却找不到有效办法,到头来,穿补丁龙袍上朝作秀,留下笑柄,贻笑大方。整治司法乱象稍见成效,却在姚莹错案中丢人现眼;变革两淮票盐,欲破漕运困局,却左顾右盼,患得患失,结果搞成虎头蛇尾的半吊子新政。

　　道光三十九岁继位。应该说，有的是时间做好当皇帝的准备。自成婚、立储后的二十多年里，道光确实是在啃书本，做学问，所撰诗文日后编成四十大卷《养正书屋全集》，洋洋洒洒，可谓著作等身。其中《崇俭去奢论》、《业精于勤》、《贤才辅则天下论》、《任官惟贤才》等文章都是治国理政，承袭帝业之心得，真知灼灼。若仔细解读其文章，不难发现是脱离实际的纸上光鲜，做学问成了掉书袋。诸如，他的心得有重要一条：国家立政，首要人才。其言准确，但实际重用的却是平庸无能的曹振镛，贪财揽权的穆彰阿，结果是庸官恶吏当朝，祸国殃民。

　　道光执政，值逢多事之秋。内政窳败，外患入侵，积重难返，弊端种种，疲于应付，捉襟见肘。鸦片战争炮响，英法舰队直逼大沽，道光更是惊慌失措，签下不平等条约，在屈辱中丧失自尊和自信。所能做的，就是彻夜不眠，叹息流泪，在郁郁寡欢中走向人生的终点。

　　道光的悲剧在于自以为捧几本经典便可治国了。老是守着规矩，以自我为中心绕着圈子，终究滞后于时代，无视瞬息万变的世界，结果在失败、羞辱中沉沦。

整治司法乱象

大清历朝帝王的初政,都把整饬吏治,树立清明廉政的政府形象作为第一要务。道光也是如此。元年,道光颁布初政上谕,宣布新朝实行整饬吏治,以改大清官吏之颓风。与先朝所不同的,道光选择以整顿司法乱象为吏治的突破口。司法澄清、公正是理顺国家政体、稳定社会的基础。民众企盼清官,实质是对司法公正的诉求;而司法乱象的背后,必然是权钱交易,官吏腐败。道光初政整治司法乱象,凸显了他对整饬吏治的深层思考。

《清史纪事本末》记载,道光登基第三天,亲自督办了第一例案件:豫亲王裕兴强奸使女寅格,使女自缢身亡。在封建时代,官绅玩弄、霸占女性是司空见惯的,刑不上大夫,何况是位高爵显的王爷。让满朝文武瞠目的是,道光令军机大臣会同宗人府、刑部堂审,革去裕兴之王爵,交宗人府软禁三年。道光判裕兴案,既非内廷之争,也非打击朋党之举,纯粹是维护法纪。

道光就判案发诏谕告示天下:国家法令,王公与庶民所共遵行。强奸已成,致毙人命,罪犯至重,裕兴身系宗室,袭封亲王,乃不自爱惜,恣意妄为,大干法纪。若从轻减刑,平民犯法又何以治之?朕不能不执法惩办。王公与庶民同罪的法纪自古而有之,但维护庶民而罪责王公、亲党的案例却至为罕见。包拯铡陈世美只是戏文里的故事,也是百姓头脑里的幻象。道光则要将幻象变现实,强调的不是法律名义的空洞正义,而是执法的正义。豫亲王案向朝野传递了一个信号:遵制度、守法纪乃治国理政之前提，司法公正事关社会秩序之稳定，为官者必须守法。

之后，道光又亲自督办两起民间刑案，启动了整治司法乱象的决策。一是山西"阎思虎命案"，一是浙江"徐蔡氏命案"。案情并非复杂，但刑案暴露的司法乱象却令人深思，而道光定案之果断和剖剥乱象之睿智则震慑了朝野。

阎思虎案很简单：山西榆次县富绅阎思虎强奸幼女赵二姑，赵家告官申冤，榆次知县吕锡龄竟逼赵女承认通奸，赵二姑愤恨自尽。赵家赴山西省府上告无望，遂赴京控告。道光着令刑部将人证卷宗解京，务必审出实情，以诚信定案。经刑部审讯，揭开了命案背后的司法乱象：知县吕锡龄受贿，徇私枉法，刑逼二姑，将强奸逼成通奸；太原知县章颂椿填写尸检含糊其辞，知府沈琮偏心回护下属，捏造供词，掩盖用刑逼勒结案；忻州知州庆纯，平定知州贾亮不尽责推审，迎合上司所为，依通奸结案；主管全省刑事的按察使卢元伟监督审讯，却黑白不分，轻重倒置；山西巡抚邱树棠不亲自复审案情，敷衍了事，听任属员草率结案。道光诏示刑部，深究山西巡抚、按察使乃至县、府承审官、刑房书吏、狱役作作的司法责任，并严厉指出，草率断案，徇私枉法，袒护包庇，昏黑欺蒙，伪造供单，诸弊端丛生，案情如何得明？嗣后，道光帝责令山西省各道府州县务要激发天良，破除积习。若依旧草菅人命，视法纪为儿戏，定加重治罪。道光剖剥司法乱象一针见血，对朝野提出的严厉警告也就有的放矢了。

浙江"徐蔡氏命案"是一起地方官吏滥用政府权力干扰司法公正的大案。浙江德清县富豪徐敦诚与父妾倪氏通奸，其妻徐蔡氏遭倪氏殴打掐脖而死。蔡家报官告倪氏谋妇夺夫。知县、知府却以自缢身亡结案。蔡家上京申控，朝廷责令浙江巡抚黄鸣杰复审，黄以多次派员复审，蔡氏尸身伤痕不明，未有谋杀证据,尸亲不服府县判决为由,推诿搪塞,将案件拖延达两年之久。道光调湖北按察使王惟询为浙江按察使,由巡抚督率王惟询用心严审。王惟询从江西调富有经验的仵作再次验尸骨骸,证实徐蔡氏被掐而亡。原来初、复检尸官竟当场与王惟询争执,以致中止终验。事后,重要证据骨骸失窃,王惟询遭巡抚讥讽,郁闷而自缢。省级大员因查案而自缢,乃是千古奇闻。道光果断将黄鸣杰停职,再调外省大员程含章、祁埙分任巡抚、按察使查访王惟询死因,重审徐蔡氏命案。复审中,检尸官竟另觅男尸骨充抵徐蔡氏骨骸,有意故作隐匿伤痕,一府三县订立攻守同盟,抵制外省官员查案。此种荒谬而任意妄为的违法,被坊间广为流传,当作奇闻笑谈。道光严令程、祁逐一访察根究,秉公审办。待案情告白,倪氏却在监中"自缢而亡",刑案又成了不解之谜,"徐蔡氏命案"悬宕近三年。虽说,失察的浙江巡抚、按察使均遭查处,涉案一府三县典史、衙役也按刑责严惩,但地方政府干扰审案的司法乱象令人发指。道光就"阎思虎案"、"徐蔡氏案",问责各部衙,凡此官官相护,不顾天良,只知窃禄肥己,置民苦难于不问,实令人愤懑。乱象的背后是贪私肥己,政德沦丧。道光的追责可谓切中时弊。

　　道光整治司法乱象并不止步于阎、徐两案,而是着力从制度上纠治司法弊症,以求亡羊补牢。其可圈可点的举措有下列几项:

　　建立督抚大员亲自督办、外省官员同审命案、重案的制度。徐蔡氏命案的教训就在于浙江省官员上下串联一气,牢不可破。而该省大员每遇亲审案件往往事不亲躬,委派属官办理,致使各种弊端丛生,被庸官恶吏欺蒙,使冤案不得昭雪。由此,道光作出两项规定,凡省内命案、重案,督抚务要督率司道等官员亲自严审,勿沿袭陋习,自取其咎;另外,须有刑部委派外省官员协助督抚同审办案,以防堵当地官场相互串通的营私舞弊。道光建立命案、重案的审理制度也是对地方司法舞弊作出严厉警告:阎思虎案,徐蔡氏命案,经年累月久悬不结,若非特派巡抚、臬司会审,焉能平反冤狱。每每与近臣议及两案,道光帝竟是愤懑不堪,瞠目拍案。

严禁非刑逼供。各地府县滥刑逼供已是司空见惯的乱象。据御史余本敦在湖北省的调查,非法刑具名目繁多。单是钟祥县滥用的刑具有天平架、阎王架、鹦哥架、燕子飞、美人桩等十余种。知县在常刑外,还擅用非刑,酷法逼供,或致人于死,或制造冤案。有的非刑甚为残酷。如湖北候补知县楚镛创造一种飞禽椅的刑具,令人跪在沙石瓷锋上,架其两臂,瓷锋刺入膝盖,逼人招供。楚镛的非刑逼供竟然得到湖广总督周天爵的赞赏。类似酷刑毙命的乱象在京城衙门也是屡见不鲜。道光二年六月,京城西城御史滥押案犯刘某,致其受酷刑自尽;步军统领衙门无权审理民案,也将在押民妇逼供自缢。仅一个月,非刑逼供而死案达十余起之多。非刑逼供成为刑衙的惯例,民众视官衙为虎患,闻官色变,惶惶不可终日。道光为此严申,问刑衙门审理案件应按情理推断,国家刑具有定制,不容私自增加或新意创造,此应为各官衙必须遵循的法纪。犯死罪者须先定案后正法,非刑逼供致人死亡有违刑法之义。道光通谕各地方严禁非法乱刑、私刑。道光严申法纪颇有近代司法注重人道主义之精义。

对刑部官吏实行严格的京察考绩。刑部是主管全国司法的政府机构。刑部官吏有失清明,何来司法公正? 道光四年,刑部发生私营舞弊案。刑部司员侯际清与市井无赖朋比为奸,嘱托受贿,藐视法纪,行司法之舞弊。案情涉及刑部各司道十多名官员。有的还被列入举荐京官外放升迁的名单。道光以此案为抓手,严责刑部大臣敷衍塞责,举荐不良者升迁,特谕朝廷监察考绩,整顿刑部。在督察中,根据考查实绩,将刑部属官分别给予优秀、懦弱、平庸、患病、办事不审慎、浮躁不实等评语,按此给予奖惩,确定官职去留。凡发现官员劣迹败露,拿主官侍郎问责。道光将司法官员遵守法纪的品行、能力考察列为政绩考核的重点,确是抓住了关键。京察考绩也可以看作道光对司法官员队伍的一次整顿和清理。

清理积案。清朝官场弥漫懈怠之风。各地积案多多,或是拖延不办,或是办而不公,或是借口人证不齐而搁置,致使民怨日增。尤其是官员的频繁调动,案件积压更是习以为常。如道光三年,广东发生灌田水源之争,造成残害九条人命之惨案。被害人告遍该省督抚及臬司衙门均是无果,案件被搁置十余年之久。道光为缓解民怨,以正司法之视听,取悦于社会,便着手处置积案之痼疾。道光的举措是奖惩并施。凡查实擅自懈怠积压案件者,严惩;尽责处理积案者,奖升。刑部下属主事地方司法审案的陆灵皋、寿山等二十余名司员,积压案件甚多,以失职惩处;相关的历任刑部尚书、侍郎十余人均追溯司法责任被降品、降级。湖北候补知县唐树义一年审结一千余起积案,济南知府吴振棫审结新旧案六百余起,分别给予升迁。虽说这些政绩水分甚多,但道光的用意则是大力破除疲玩积习。

任何朝代,一旦司法腐败,即会酿成颠覆性的灾难:法律被践踏、肢解,堕落成权贵们的附庸和工具,孽因之恶果,自然是擅权妄为,道德沦丧,秩序崩溃,社会动乱。道光以法纪治官,虽未能铲除司法腐败的根源,但将整治司法乱象作为整饬官场的重中之重,还是有实效的。道光执政三十年间,官吏不得不收敛,以此为戒,司法乱象稍有清澄。道光的初政,还是赢得了清明圣君的口碑,实属不易。

海运漕粮的困局

自康、乾乃至嘉庆、道光朝,均把漕运列为一代大政。正如乾隆所说的:每年运漕米,均为供给俸饷粮仓之用,事关官俸、军饷、赈济,提供给养,维护国家机器的正常运转。

所谓漕运,是各地船帮按政府指派通过水路承运官粮和税银。承担漕运之责的船帮虽是民间帮会,但均受各地政府的管辖。漕运最早见诸秦朝。《史记·平准书》有记载:漕转山东粟,以给中都官,岁不过数十万石。指的就是汉代惠帝、高后时征用民船、民夫将关东粮食用船、车从水、陆路往首都运输供给之史事。以后,历代王朝均征用船帮专职承运官粮与军饷。宋代之前,漕运均为民运。除承运官粮外,也为商家运输货物。元代开始,专设管理军粮运输的万户府。到明代,政府实行官收官兑,由官府委托运输,支付运输费,漕运实际上成为官督的运输业。清朝沿袭明制,并加强了政府的行政管理。上设漕运总督,下辖督粮道、管粮同知、通判等官职,管理漕粮的征集、上缴和运输监管,并由兵丁押运,督理江、浙、赣、皖、湘、鄂、豫、鲁南方八省的大运河主道向京都运粮。漕运政务自成系统,可以说,清代的漕运已完全成为官办的垄断行业。

清代的漕运量甚为可观,每年高达几百万石,动用各地船帮数千余艘船。由于漕运跨省运输,沿途闸关、坝卡众多,运输滞缓,效率不高;又且水运船只频繁维修,官吏层层盘剥侵吞,运输成本甚高，往往要占取运输收益的十分之一。承运者难以负担，都将漕运视为重役。为维持漕运之生计，康、乾朝对漕运均施以政策支持。如，给予通关方便，减免漕运赋税，允许漕运船只携带各地土产以作补贴，等等。但对漕运携带土产仍有严格规定，允许每船以六十石为限，并在瓜洲、淮安、济宁、天津等主要渡口设河道关卡，严禁漕船超额夹带私货，或途中附载，勾通奸商沿途包卖。康熙朝还通过对漕船颁发漕运货单，实为通行证，便于加强管理。尤其是盐船，凡天津、大沽盐船出口，须由盐政御史印发票号，填明人数及发往地，以便关卡稽查。在清廷看来，过度怂恿漕船私运土产也将影响漕粮的正常运输。道光朝也曾采取多种措施，如裁减漕船规费，统一兵丁津贴、差役帮费的标准，革除各种附加杂费等，以此来刺激船帮业主的积极性。

　　清政府之所以将漕运列为"一代大政"，实行政府包揽，官办垄断，除了确保文武官员的俸米，旗营军饷，赈济灾粮外，另一个缘由是，通过漕运管理，调节粮市，平抑粮价。康熙三十二年，陕西各府县遭遇旱灾，市场粮价溢高。康熙则令户部招募各省富商购粮运进西安发售，借以平抑米价。至秋天，粮食丰收，粮价平跌，即令停止向西安运米。同样，江南米贵，也将湖广、江西漕米截留四十万石，分拨江宁、苏州、松江等府减价平卖。因此，康熙朝以来，对漕运从不掉以轻心。

　　漕运的官办垄断，致使漕务私营舞弊的积弊演成痼疾。清廷力除积弊的成效甚微。诸如，兵丁差役勾结，用石灰水洒漕米，或在底舱灌水，让米粮发胀，每石多出数升，盗卖获利；沿途关卡勒索漕运规礼，地方官府以津贴兵丁帮费为借口，虚以加码，超收运费，等等，流弊已成漕务的"显"规则。道光嗣位，即着手整饬漕务。下谕各省，革除所属官弁吏役的陋规，限制超收,查禁帮费,政府对兵丁实行补贴,企求革除漕务之积弊。但这些规定遭到各地漕务官员的竭力反对。两江总督孙玉庭在奏报江苏省漕务时,奏请酌量限制。言谓:兵丁差役的帮费不能尽裁,沿途陋规不能尽革,州县超收不能尽去。一省总督的态度尚且如此,下属漕务官员自然对整饬禁令阳奉阴违了。

君臣博弈,习惯势力之顽固,使道光不得不作出让步,允许兵丁帮费、沿途陋规酌减一半执行;同意江西、湖北等省效仿江苏省之例办理。道光的妥协,仍不能满足地方官吏的贪欲。安徽省要求提高官员的超收标准至八折。冲破底线的退让,意味着政府权威、诚信的丧失,更有吏治失控、民心浮动之虞。道光最后一张王牌即是人事调整,任命安徽巡抚李鸿宾为漕运总督,出榜公布人夫费用,革逐闸关、坝卡的夫头,严查州县官员擅自增加超收。八折兑收之风波才告平息。

道光面临漕运缓滞的又一重考验是河、漕的矛盾。水运高峰期,漕船多达数千余艘,各省分帮各行。但大运河常受黄河决堤冲刷的患害。河道淤泥沉积,河床叠高;若逢水灾,水漫过堤;旱灾,水位见底。大运河难以通航,数千艘漕船搁浅便成了灾难。道光四年十月,南河暴涨,各省漕帮空船返回时受阻。返船停滞长达数月之久,严重影响了次年春季漕运。同年,洪泽湖蓄水过多,又逢暴风骤起,造成高堰一带堤岸崩塌。清廷急拨银帑二百万两堵筑大堤。当堰圩堵合后,洪泽湖已泄水过度,存水无几。黄河水位高出洪泽湖面一丈有余。河道淤高,无法漕运。若排空河道,筑坝、修纤道等,工程费用又需三百万两,而临时性的施工无法确保夏季的运粮高峰。

天灾人祸,漕运业岌岌可危。突破瓶颈,唯有另辟蹊径。道光选择的路径是:尝试海运。道光认为江浙沿海商船载货到北方,一年可来往数次,似海道可行。只是海运事当创始,不易办理，但不能畏难而坐视不做。道光让新任两江总督魏元煜就海运漕粮进行征询，提出可行方案。

新生事物破茧而出实非易事，尤其在政务混乱，积弊甚深的大清朝。君臣博弈常见于利益攸关的政务争执。海运漕粮之议也是如此，分歧颇大，争议颇多。负责海运新政设计的魏元煜就持反对意见。他认为海运难行，内河淤塞可通过盘坝驳运解决。所谓"盘坝驳运"，是用平底驳船将漕粮分批通过淤积河道后再驳回漕船。堂堂主事三省的总督，竟献计数百万石漕粮用驳船过渡，足见其智商低下。乾、嘉、道三朝元老，军机大臣、户部尚书英和挺身而出支持道光，主张海运漕粮可先作试点，可暂雇海船分出部分滞运漕粮归海运。但魏元煜的平庸之见竟得到各省漕务官员的支持，纷纷上书，以海上风浪甚巨，漕船风险甚大，沿海盗贼出没，漕粮易霉湿损耗等理由，要求停止海运试行。魏元煜在实施盘坝驳运中出尽了洋相。洪泽湖漕运经三个月的盘坝驳运仅仅解决两千八百余艘漕船的驳运，仍有四十帮约四千余艘漕船等待驳船倒运，而驳运费已耗去一百四十万两。盘坝驳运的劳民伤财，固然是因循守旧平庸官僚所为，但道光举棋不定的摇摆，也是难辞其咎的。

道光五年，英和再次陈述己见。河道淤阻，漕运停滞，河、漕不能兼顾，只有雇海船补救漕运，虽是权宜之计，实是救急之策。海运漕粮的优势在于以商运代替官运，不必造新船修旧船，不用招募兵丁，也不必谋划如何调度运输。道光权衡两者利弊，决定河、海并运，先试行海运，以作漕运的应急之策。任命琦善为两江总督取代魏元煜，着琦善及江苏巡抚陶澍、浙江巡抚程含章商议并实施海运新政。

陶澍是清朝为数不多的勤政务实，干练且有创见的能吏，在嘉庆朝显现政绩而得上佳口碑。为解决漕运困境，道光特将陶澍从安徽巡抚调任江苏巡抚,具体筹划海运事宜。陶澍不负众望,雷厉风行,将苏州、松江、常州、镇江、太仓等四府一州的漕米全部拨归海运。次年,陶澍与布政使贺长龄到上海招募商船,设立海运局。经道光批准,推出免税、优惠运价及奖励等各项政策。海运新政得到上海商帮的热烈响应,蜂拥而至,争相承运。为确保海运的试行,道光责成江南提督及沿海总兵,自吴淞口到大沽口巡哨防护。正月中旬,首批海船自崇明启航,航程四千里,仅隔十日已抵达天津港口。至五月,海船已返往两次运粮,颗粒无损。前后用船仅为一千五百余艘,但运粮多达一百六十三万石,运费一百四十万两,仅是河道漕运的三分之一,还不及盘坝驳运的费用。陶澍开创了大清大规模海运漕粮之先。实践证明,海运漕粮的新政利国、利民、利商。更具意义的是,海运新政是对漕运垄断的一次挑战,也是一次可贵的改革。

海运新政尝试官退民进的漕运新模式,触及了权贵官僚阶层的既得利益。新政实施的第二年,就遭遇来自各方的反对和重重阻力。道光七年,户部给事中王丙报告,因海运造成漕船停运,各帮舵工约有十余万人失业不得安置,必将扰害地方。各省督抚也以此为由,奏请朝廷中止海运新政。面对地方官僚的压力,道光再次妥协。保留苏、松、常、镇、太四府一州的海运,其余恢复河运,并将漕政的重点转向治理河道。

恢复河运,官僚的既得利益得以保障,漕运之积弊也更为膨胀、严重。地方官吏的贪污舞弊日渐明目张胆。道光十四年,御史沈镳举报通州验收漕米之舞弊。帮船到港,漕务官吏以查验米色为名,勒索验费;经手斛米,索要后手钱,起卸后串通水手偷米,过驳后掺水充数,虚报数量,空填验单。其他如科房年规、斛头陋规的种种超收费用不胜枚举。漕帮应付种种浮费盘剥，也变本加厉夹带私货谋利，有的竟然欠税闯关。仅九江关两湖漕船携带超额竹木闯关的积欠银达一万六千余两。垄断滋生权力腐败，自官场渗至社会细胞已是不堪治理。

朝廷财政匮乏，无力耗费巨资治理河道，又且地方官吏不力，治河政绩不显，河道淤浅之虞得不到根治。漕船连年受阻，迟延误期，河运陷入严重危机。到道光二十六年，运往京城的漕粮严重不足。据户部统计，该年缺口达一百万石。积历年漕粮缺额必须补足四百万石，此相当于一年的漕运量。这是河运漕粮无法承受之重。

道光决定自二十八年始，重启海运，每年分几成漕粮改由海运，使漕费节省，国库不亏。但再次启动海运新政已失去最佳变革时机。清廷虽付出巨大代价，但成效不显。何况，道光恢复新政的基调是仍以河运为主，海运辅之，为漕运垄断留下足够空间。

海运漕粮试行成功，无疑是对历代沿袭的漕运垄断的一次挑战。作为利国、利民、利商的变革新政显示了它的生命力。但道光创议海运新政的立足点仅仅是漕运救急的权宜之计，恪守旧制、旧法，左顾右盼，不敢改弦易辙。其变革不彻底的原因，就在于：

海运与河运是不同的漕运体制。河运为官办，海运乃是商办。欲打破河运的垄断，必须进行漕运制度的根本性改革。漕运制度本质上是由封建官僚政治体制决定的。河运改海运，意味着由官僚控制变革为招商协议、市场调节，漕运垄断之权力本位随之失落。制度性变革将触动官僚政治制度，这是道光不能逾越的雷池。

漕运的垄断是各级官僚的利益所在。漕运垄断实则是官僚对利益支配的垄断。漕运的管理、制定规费以及附加浮收的话语权、执法权均是权力寻租和利益输送链的重要环节。挑战漕运垄断就是挑战既得利益者、中饱私囊者。新政变革的力量仅是少数知性达人，无法形成变革的主流。

海运新政应是一个系统性的变革工程。制度性变革必然涉及社会衍生层面的转变。漕运改革除却征漕、入仓、运输等行业管理要适应招商协议、市场调节之新的行业规范，还涉及帮船差役等劳动力合理调配、疏流等方面的配套措施。海运新政面临着近百万人员失业安置的社会问题。社会保障的制度安排对道光朝而言，几乎是空白。道光十六年命两江总督蒋攸铦重议海运，蒋却上奏"十二不可行"，其中一条就是：水手、漕丁、纤夫、搬夫等百万之众，一旦失业，无从安置，难保不滋生事端。蒋攸铦实实将了道光一军。

道光帝初试海运新政，缺乏实施新政的决心和智慧，也无从顾及变革的复杂性，海运新政终于被扼死在胚胎之中。道光的败笔还在于将新政充作解困的权宜之计，其本意只是平衡各方既得利益者的诉求。但既得利益者争利搅局，新政效应便走向了预期的反面：一地鸡毛，无功而返。道光的教训是值得咀嚼一番的。

两淮票盐变革

　　道光三十九岁才做了皇帝,自认为大器晚成,励精图治,屡屡创新治国方略。其实,道光的才识平平,常常止步于坐而论道。早期踌躇满志,晚年意志消沉。所谓励精图治,较多是穷于应付,真正见诸成效的不多。整治司法乱象可算一条,海运漕粮虎头蛇尾折半而沽,再就是变革两淮盐政。盐政变革并非出自道光的创见,被迫而纳之,因此只能算上半条。

　　食盐之产、运、销事关国计民生,是国家税收的主要来源。历代王朝均将盐政列为治国大政,立盐法,制定盐产运销的制度和法令。中国最早的盐法始见于春秋战国。当时就设有盐官,立征收盐课(税)的规定。汉武帝时代,政府实行食盐专卖制度,由官府垄断。以后各朝的盐法,均因社会及朝政的演变更迭而发生变化。西汉始元六年,昭帝召集社会贤达六十余人咨询民情,贤达们与桑弘羊辩论,纷纷批评盐铁官管政策,由此诞生著名的《盐铁论》。昭帝采纳贤达的意见,变通盐法,改为专卖制与征税制并存的折中制度,允许民间商人纳税经营。唐代乾元朝修改盐法,全由盐商经营食盐运销。宋元明三朝继承唐制,由政府在产地收购食盐,转售于商人进行运销,并划分运销地区,规定盐商在各自指定区域销售。至此,盐商成为垄断运销特权的专商。到明万历朝,盐法实行纲法,将盐商运销制度定量化。政府将各盐商持有运销食盐的许可凭证——盐引,分为十纲,编成纲册。每年确定一纲的运销定额,逐年累积,满九纲则颁发新的盐引。政府每年按照纲册的定额征收课税。政府不再收购食盐，由商人与盐户直接交易。买卖、运销盐权都归于商人。虽然，明代纲法较之以前各朝在制度上更为完备，但政府以盐引凭证委托盐商经营，并未改变对盐业的控制和垄断。清初到嘉庆朝基本承沿明代的纲法，由政府和专营盐商共同垄断食盐运销。

道光初政前后，水灾频发。豫、皖、赣等省的主要产盐区经常被淹，盐商无法往产地采购，造成盐引积滞，官盐无法运销。其恶果是，官盐价格飙升，盐税锐减，民怨日增。单据广东省统计，嘉庆二十三年积压的盐引要分六年才能完成销售。官盐滞售，私盐乘虚而入。两江总督孙玉庭奏报，海州县竟发现恶霸私设盐关，纠集同伙武装护送私盐，有意压低私盐盐价，扰乱盐市。另则，盐务官员权力寻租，陋规积弊丛生，致使盐政废弛日趋恶化。到道光朝，官商勾结，虚报运销数量，掩饰课税漏洞，滥收规费，任由私盐泛滥之乱象遍及各省。

盐政弊坏，如何正本清源？乃是道光嗣位执政亟待应对的难题。

道光最简单的办法是撤换官吏。但下岗的是贪官，上位的则是庸官。新任督抚、盐政大吏治理盐政做的均是表面文章。

大清主要税收来自两淮盐课，因盐政弊坏，盐税亏短严重，地方官府随意加价弥补税收缺口。结果私盐低价侵占盐市，造成大量课税流失。两江总督孙玉庭建议停止淮盐加价，言称：减盐价格才能遏止私盐，官盐方可畅销，国税才能充裕。但淮盐停止加价却引起"蝴蝶效应"。淮盐价格低于浙盐，于是大量淮盐侵入浙江，导致浙盐滞销。浙江巡抚帅承瀛要求浙盐照两淮之例，停止加价。但是，官盐减价仍不敌私盐的倾销。私盐的成本每斤仅为制钱一二文,仅沿长江缉获的私盐多达十万余斤。官盐减价却无人问津。道光感叹,减价仍然不敌私盐之贱,盐引仍不能畅销,正课仍不能足额,对国帑、民食无益。历事三朝的军机大臣、大学士曹振镛模棱两可地提醒,两淮盐课亏损的缘由可能是川、粤、浙、闽等邻省私盐倾销。曹氏只提私盐,不议官盐被迫价格竞争,实是不想得罪各省权贵。道光听从其言,便下谕,不准越省界私贩。这一禁令又流于空文。各地巡防官弁受贿放纵,缉捕盐枭也因地方官吏的庇护掩饰而未获结果。盐商走私,各地官吏在盐船上夹带私盐之弊又远远甚于私盐贩卖。缉堵私盐成了空话。安徽盐政使延丰奏报,两淮盐商为确保盐引资格,不得不筹借资金先垫付盐课,因资金不足致使盐引积滞,要求朝廷调剂。道光准予分年带完,延期缓征。因盐政积弊未能正本清源,盐商积欠盐税仍是无法偿清。道光三年,仅淮商历年积欠盐税高达数百万两。道光朝的盐政处于一片乱象,上自皇帝,下至总督、盐政大吏对盐政何谓是"本",何以得"清",不知所云。

道光临阵换将,任命曾燠为两淮盐政使,赋予实权以解困局。曾燠在乾隆五十七年起就任两淮盐运使,长达十年之久,可谓资深的盐政大吏。曾燠承接新职,高调立下责任状:臣到任起,立即一年,清查库存,按年限按盐纲征税,严催商人销售,使积压逐渐办清,税款得归国库。曾燠的施政演说,听者自然动容。但曾燠的盐政实务却因循守旧,治标不治本,毫无新意。曾燠上位即出招裁撤散船盐商运销,鼓励整船销售以培植大商家。曾燠的盐政是将宝押在少数寡头盐商身上。曾燠的举措遭到两湖盐政使陈若霖的批评。裁撤散船盐商不合实情,散船运销实际已占一半市场份额,并无发生抢售跌价现象。湖南、湖北盐价低,若整船待售,会导致商贩观望不前,盐亦不能源源不断地运输。大商把持垄断，抬高价格，民间有盐贵之患，私盐便得以乘虚而入。道光却没有采纳陈若霖的意见，允准按曾燠方案试行几年。

曾燠不切实际的盐政处处碰壁。两淮清库因课款项目繁多，不得如期完成。盐商寡头无力承担巨额盐税，盐课迟迟不得归库。曾燠请求延期三年。至道光五年，曾燠汇总两淮各口岸销盐总数，仍欠缺七千四百余万斤。曾燠的答卷与其责任承诺的差距甚远。道光严加斥责：此乃敷衍塞责！当初，朕特命以二品顶戴出任盐政，期望整顿盐务。但四年有余未能整饬。遂命降职三级，以五品京堂候补，以示薄惩。曾燠以降级、降品而告终。曾燠失职是犯了经验主义的错误。而道光用人仅以资历为重，并不考察其从政之创造能力，委重任而非知其能，乃犯了用人失察之过也。

若说，曾燠失败于守旧，跳不出老经验的框子；那么，道光十年，两江总督蒋攸铦以私制私的盐政则近于儿戏了。所谓"以私制私"，即是由朝廷招安几个大盐枭，让其制约或收买若干私盐小帮。道光脑袋一拍，认为可行，剿定不如招安。道光十年五月，由蒋攸铦出面招安两淮大盐枭黄玉林。黄玉林的势力范围广及两淮、湖北、江西，资金雄厚，党羽众多，拥有数百艘私盐船。大船可载私盐数千石海运，小船亦载数百石走私河运。武装押运，甚至劫掠官盐，贿通各路关隘，千里长江，畅行无阻。蒋攸铦密调重兵设计围困黄玉林老巢，黄因被重兵围剿而被迫自首，愿主动赎罪。蒋攸铦立即奏报：若令黄作眼线侦捕私枭，乃是杜绝私盐，畅销官盐的良机，淮南商人都愿联名作保，请不咎既往，准其自新。道光旋即批复：因缉私紧要，姑且允准。初始两月，黄玉林协助官府缉获零星私盐犯十余名。正当蒋攸铦进京受表彰之际，黄玉林书信同伙相约反水。事发败露,黄玉林被处斩,蒋攸铦受责。道光将盐政过失推卸给蒋攸铦,责怪其事前既无主张,事后又复苟且,岂能以大学士肩负封疆重任?革去蒋攸铦大学士、两江总督之职,降级以侍郎候补。私盐泛滥,既有私枭非法经营之虞,更有盐政废弛,官吏舞弊之因。缉私是治表,根除盐政积弊则是治本。以私制私乃是剑走偏锋,不务正途。何况官匪串通、勾结,剿私尚且无力,又何以能制私。若说庸官们事前既无主张,事后又复苟且;道光整饬盐政而束手无策,岂非亦是如此?

蒋攸铦过失被贬,道光想起推行海运新政时立下汗马功劳的陶澍,立即命其接任两江总督。临危受命的陶澍对整饬盐政作出冷静而客观的分析:私盐泛滥不在违法贩私,而在民间被迫食私盐,贩私者不尽是枭徒,商伙与运船夹带更为严重。这是其一。其二是管理体制的缺失。两淮盐务疲敝,官盐滞销,乃是盐政无管理地方之权,文武官弁非盐政所属,疏导销盐及缉私均难令行禁止。陶澍的分析切中盐政之弊。道光终于如梦初醒,裁撤盐政官,将两淮盐务归两江总督管理,并责成陶澍整饬盐政。道光朝变革盐政才开始步入正轨。

陶澍兼任盐政使,采取先整顿,后变革的举措。道光十年立章程十五条,规范盐政管理。如,裁减加成浮费,删减囤货盐价,精简公文,慎用出纳,裁选批发商,以核盐纲促销,暂缓货款催欠,优待火灶煮盐民工,严厉追究水淹耗盐,实付船价运费,疏通河道,增添河岸销售店,淮北盐政管理单列,直属总督管辖,等等。陶澍雷厉风行整顿盐务,以严密缉私,精简机构,裁汰冗员为抓手;又且自作表率,上交兼任盐政使的养廉银,裁减盐政浮费十六万两,以树整顿盐政的公信力。道光十一年,陶澍连上四道奏折筹议盐务。一是联省巡缉私盐。两淮销盐口岸分散于湖广各省,各地官府若置身事处,销运仍是不畅,无济于两淮盐政;建议豫、赣、皖等各省一体巡缉,不分省界地域,合力巡缉。二是裁撤冗员,自两淮盐政官及官衙巡捕杂役一律裁撤,仅保留驻盐场及各州府负责协调仓储、运输、出纳、司库、巡检等盐务官员。三是严明法纪,玩忽者严予追究。四是两淮商情疲敝,奏请贷款筹借商人运费;政府筹款收盐贮存,督令商人领运。陶澍的应急举措使盐务整顿颇显起色。

在整顿之际,陶澍又将盐政引向深层变革。自道光十年至十二年,陶澍亲赴两淮各盐场实地调查、考察,并邀请曾任盐运使的江宁知府俞德渊参与变革策划。经再三筹划,以《淮北试行票盐章程》为名的票盐法应运而生。这是中国盐政史上继明代纲盐法之后的重大变革。

《票盐章程》分为十条,其主要内容是,先于淮北实行商人凭票运销食盐,规定每票一张,运盐十引,约四千余斤;限时到岸,不准票盐相离;设立盐局,民贩照章纳税后,再领盐票运销;统一盐价,每引银帑六钱四分,加各种杂费一两八钱八分;民贩销盐限于指定口岸;规定盐商运盐认销。票盐新法与纲法有着很大的差别,后者允许盐商世袭,前者认票不认人,打破豪强垄断专利;降低运销盐商准入门槛,抑坐商,励行商,在盐业引入坐商与行商的竞争机制。票盐法推行仅四个月,盐政局面大为改观。盐政舞弊收敛,盐商负担减轻。因票盐利益多多,远近各地盐商争相贩运,盐船到岸络绎不绝,出现数十年未见的畅销盛况。四个月已运销十五万引,六千万余斤。因官盐运销畅通,私盐贩已无利可图,也不得不改领票盐。陶澍通过改革,从根本上解决了私盐之患。票法试行成功后,于道光十三年迅速推广到安徽、浙江、河南等省。到道光十五年,票盐法施行三年已大见成效。当年两淮销盐超过两倍定额,上缴库银一百十五万两。浙江温州仿照淮北票法仅一年,运销增加近百倍。陶澍推行票盐法政绩显著,因总督政务繁重,请辞兼职盐政使。道光虽然对陶澍的政绩予以嘉奖,却鞭打快牛,不准请辞。道光说:朕见其精神才干兼备,正当乘此时实力整顿,悉心经理,方不愧为国宣力之大臣。最终,陶澍操劳成疾,病死在盐政任上。

两淮盐政变革如同海运新政,同样受到来自朝廷上下的阻力和非议。各方权贵官僚的既得利益受到挑战,群起而攻之。道光十二年,票盐法刚试行,御史周彦首先叫板:给票销盐利于盐商而不利于国,请奏终止。漕运总督贵庆奏请准许回空粮船带盐,以弥补旗丁的苦累,实际上是变换形式怂恿私盐泛滥,从中分得一杯羹。御史许球则夸大其事,指责两淮盐销运通畅纯属夸大掩饰云云。诽谤之言不绝于耳。道光此刻倒不甚糊涂,对谤言一概予以驳斥,并鼓励陶澍,切勿惑于闲言蜚语,如果票法盐政果有成效,岂有不为其作主之理?

对盐政变革,道光不同于海运新政的摇摆不定,其态度的转变并非是坚定于变革立场,而是因为票盐法未触及、动摇大清朝政治制度的底线。票盐法在于促进盐商的竞争,在某种意义上进一步强化政府对盐务的控制,包括盐价制定,盐商资金的筹措,运销定额的规范,运销口岸的划分,盐税的收缴,等等,都纳入政府的管理系统。大清朝的权力本位得到加强,而非边缘化。这正是道光所企求的。故而票盐法从试点到推广仅是一年时间,其速度之快,也是诸新政所少见的。

票盐法的成功得益于陶澍、俞德渊等人的调查研究和不断完善。变革不能依赖创新冲动和主观臆断。合乎规律性的变革路径设计是建筑在调查研究的基础上,并在探索中予以修正和完善。陶澍的实践验证了这一朴素的认识论。票盐法在酝酿中,朝廷诸多重臣认同盐税归于盐场收税,并要求纳入票盐法。陶澍、俞德渊多次亲赴盐场实地调查,反复论证。认为,盐场成本极低,按成本收课税于国于民不公。盐商运销口岸价格远高出成本十数倍,形成暴利,驱使争利者追逐暴利肥己。这样会导致盐商均变成私盐户,于新政不利。陶澍在票盐章程中进一步完善运销课税规定:统一盐价和附加费作为销售价,再按销售额在销售口岸抽取课税。这相当于当下的增值税。既保证国家税收,又减轻商民负担。因地制宜的新政得以迅速推广也就顺理成章。

推行新政需要变革者的勇气和决心。开弓没有回头箭。盐务整顿与变革相附相存。整顿是基础,是前提;变革是深入。先破后立,互为因果。盐政变革的目标旨在深远。否则,所谓盐务整顿形同虚设,流于急功近利,舍本求末。自康乾到嘉庆朝,均将盐务整顿纳入吏治要务,但收效甚微,积弊渐深,其原因也在于此。

变革者是能吏,更应是廉吏。盐政使、盐运使均是大清朝的肥缺,任职者多以财结交权贵,以公费行贿,沽名钓誉。主持盐政既可赚票子,又可挣面子,升官位子。如此庸官贪吏执政盐务,何有变革之举?陶澍等人却为变革鞠躬尽瘁。陶澍管盐政先辞养廉银,后劳死于盐政变革;智囊俞德渊力崇节俭,不谋私利,不以变革功臣自居,拒受朝廷奖赏。陶、俞的德政证明一点,能吏廉洁是变革的保障,唯此,变革才能立诚于政,取信于民。

道光朝两淮盐政改革应顺潮流,而改革者的创新精神,利国利民的价值理念更是值得镜鉴。

道光的补丁秀

道光才智虽平庸,却能勤勉朝政,也算是难得。然而,刻意作秀,也留下值得思考的话题。道光登基不久,内宫太监便传出一个信息:道光帝穿着打补丁的裤子上朝。文武百官闻之均感叹不已,但却无动于衷。唯有军机大臣曹振镛擅长揣摩圣意,旋即响应,穿了修补的官服上朝显摆。一国之君穿打补丁裤子在内宫晃悠是不足为奇的,但在庄严肃穆的金銮殿议政,便有点政治意味了。道光作秀意在倡俭祛奢,树立俭朴的明君形象,而曹振镛却动机不纯,纯属献媚取宠了。

其实,道光节俭也是本性使然。嘉庆帝对其有过评价:旻宁性质朴,不奢华。说的还是较中肯的。

道光的节俭秉性受教于嘉庆帝。嘉庆四年,立二皇子旻宁为皇储,经常告诫为君、为人均须以节俭为本。嘉庆往盛京谒陵,也让旻宁随行,嘱其随侍行礼,瞻仰太祖、太宗遗留法物,使其知晓创业艰难,守成不易。尤其不能忘却祖辈养成辛劳、藏锋芒、推崇淳朴、勤俭品德的遗训。按今人的说法,就是耳提面命进行传统教育。

嘉庆的戒勉不只是言教更有身教。嘉庆四年,太上皇乾隆驾崩,嘉庆帝开始亲政。首逢中秋佳节便特意下谕:停止中秋节贡。按传统习俗,中秋乃是家族亲人团聚之节,民间庶民也盛行饮酒赏月,享受天伦之乐的风俗。嘉庆认为:中秋节令,民间不过是以瓜饼食物应酬往来,内廷并无盛宴之例。庶民尚可做到勤俭过节,皇家为何不可?下旨内务府,以后中秋节贡,着永远停止。身为皇储的旻宁已是十八岁青年,对嘉庆倡俭祛奢的言传身教铭记于心,而尽力效之,特意做了一篇名为"崇俭去奢论"的文章,以明其志。

嘉庆去世,道光继位。举办登基大典之后的第一个月,道光发了三条谕旨,一是纂修嘉庆帝《实录》,二是增开恩科取士,第三条便是谕令:申禁浮华,崇尚节俭,严戒奢侈。前两条,是新朝惯例,后一条则是道光特意为之。可见,道光对倡俭祛奢的重视和律己亲为。

道光的节俭在清朝历帝中是无出其右的。他规定内宫每年费用不得超过银帑二十万两。按照这一日常预算开支,宫中奢侈旧规必须加以整改。单就御膳一项便得大力精简。内务府有惯例,嫔妃每顿供菜八碗,皇后十六碗;皇帝八十八碗,少说也得花三四百两银子。钦定的宫中预算,还不够道光的伙食费。为此,道光决定,宫中用膳,每日不得超过四碗。每顿豪宴变成家常小酌,无疑是发起了一场"新生活"运动。孝淑睿皇后过生日,道光摒弃寿诞节庆的旧俗,仅用打卤面招待宫中内臣及太监。这在清宫史上是绝无仅有的。若与日后儿媳慈禧过六十寿诞花去一百五十万两银子,简直是天壤之别。道光的节俭有点近于吝啬,为裤子打补丁花去四十两纹银而喋喋不休。他好一口冰糖肘子,御膳房说,做碗冰糖肘子需花五十两银子,道光只得免去口福。当然,内宫的高成本是有猫腻的,但道光不愿花冤枉钱高消费倒是事实。有人指责,道光签订丧权辱国的《南京条约》,赔款二千一百万两,够买多少条裤子,吃多少个冰糖肘子?这当然是一种调侃而已。

道光遵制度,守成宪,按嘉庆帝既定的方针治国,虽是一生勤勉,仍陷于政治日荒,落得丧权辱国之骂名,这与倡俭祛奢纯属两码事。当下思考的是,道光的倡俭节奢并没遏止官场奢靡腐化之风,更谈不上道德重建。《清史纪事本末》所记载的权贵官吏奢侈腐化劣迹可予以佐证:

大名知府王履泰、同知陆有恒在嘉庆帝的国丧期间,狎妓纵酒,寻欢作乐,女伶经常出入官署卖唱。

盛京将军奕颢、副都统常明显阔炫富,摆酒设宴,招戏班,唱堂会。

山东省城从府州县官员到幕友、家丁狎妓包娼成风。妓女花巷官轿纷纭,作乐通宵达旦。官员谒见上司,借闭门说公事,聚饮嫖妓。民间流传山东省城颇有一个官儿一个瓜(妓女)的盛名。

官吏们的车服饮食,宴会供应,无不穷奢极欲,酒宴、嫖妓之资大多出自公费开支,成了职务消费。地方官吏如此,宗室贵族更是有过之而无不及。庄亲王奕𧶘唱堂会,奸戏子;辅国公溥喜在尼姑庵里吸食鸦片;镇国公绵顺狎妓弹唱;理藩院高官松杰公然为皇族显贵拉皮条、容留妓女;宗室三等侍卫瑞珠私自开茶馆,设蟋蟀盆,聚赌抽头;贝勒奕绮竟特意赴茶馆登场唱曲,为戏子捧场。清朝官场弥漫奢靡腐化之风,固然是官僚制度腐败的根本原因,但物欲横流的享乐主义价值观念,致使道德沉沦亦是重要原因。道光节衣缩食的倡俭根本无助于对道德沉沦的整饬,只能给人留下作秀的感觉。

倡俭祛奢,在伦理意义上是提倡克己、制欲,抑制对物质享受的过度诉求。中国的文化传统是把勤劳节俭视作一种美德,将惰懒奢靡视作耻辱。因此,节俭的自觉贯注着道德的克己自修。对物质的欲求,是人性所致。寡欲、禁欲是中世纪的偏执,均是非人性所为。关键是物质诉求的理性和适度。对官场而言,节俭祛奢也是一种官德。无以物乱官,毋以官乱心,此之谓内德。克己而节俭，就是要修炼内德。没有克己修德的自觉，不可能有持久的节俭拒奢。古人有三不惑：酒、色、财。遵循者是君子，违背者是小人。从道德意义上说，克己节俭的自觉与否，正是君子与小人的区别。

倡俭祛奢还需制欲的约束。封建王朝不具备民告官、舆论监督的条件，御史监察体制对官吏的监督也仅止于贪污纳贿。道光整治官场将节俭祛奢列为一条，却没有常规性的行政束约，整饬官风也就无纪可律，失之于空泛。整治风一过，依旧犬马声色，奢靡享受。曾为元朝策划立国国策的宋儒学者许衡说得很到位：朝纲不布，法纪不立，虽是训勉，却无所遵循，满足于琐碎小节，终而无济于事。没有制欲举措，倡俭祛奢终归于类似打补丁、免冰糖肘子、四菜一汤的琐碎细事，无补于改观腐化风气。结果依然是奢靡纵欲，道德沉沦。奢侈、颓废、享乐，一旦成为约定俗成的生活方式，支配人们生活的价值取向和行为规则，以耻为荣的道德颠覆将引发社会危机，这并非危言耸听。

倡俭祛奢蔚然成风，确实是社会和谐，道德清明的标志。白居易在诠释黄老学的精义时，就总结过四条："我无为而人自化，我好静而人自在，我无事而人自富，我无欲而人自朴。"说的就是欲节俭朴，才能时俗清和的道理。然而，持之以恒，才能蔚然成风。起之严，卒于弛，此一时，彼一时，搞运动式的倡俭，必然会陷入始乎新奇，息于懈怠的困境。倡俭祛奢留于表面文章，只能是作政治秀而已。

咸丰

——爱新觉罗·奕詝

大清政坛的匆匆过客。

无力守业,无能创业。内忧外患却攘外先安内;社稷将崩却不爱江山爱美人。

同治

——爱新觉罗·载淳

登基如同演戏,任人摆布;两宫同治,在位不谋政,帝王成影子。

咸丰同治堕落自戕

在大清朝的政治舞台上,咸丰帝是个匆匆过客,没有留下值得记忆的足迹。俗话说,雁过留声,人过留名。咸丰除了不检点的私生活,其他的人生记录大都已被历史湮没,能让人们记住的,就是他的老婆是慈禧。

道光宾天的前几日,才在圆明园慎德堂的寝宫里召见宗人府宗令、御前大臣及军机大臣,宣布立皇四子奕詝为皇储,并留下遗嘱:以国计民生为重。道光帝宾天,奕詝继位,开始为期十年的咸丰朝。

咸丰帝资质平平。登基之初,也有过勤政图治之抱负。上位的第一把火,是为抗英功臣台湾道姚莹平反昭雪,扳倒先帝道光的宠臣、首席军机大臣穆彰阿,权奸耆英,颇有重树朝纲之志。何奈,道光遗留的摊子已溃烂,吏治日坏,武备不修,缉捕废弛,亏空累积。承继大统,首先要应付的是湖南新宁李沅发起义,太平天国洪秀全起事,英法发动第二次鸦片战争。内忧外患,战事频起,清军一触却溃。咸丰帝无力守业,也无能创业,只是乞求以丧权辱国的代价,换得征剿太平天国的喘息时机。攘外必须安内的出处也就在此。

咸丰无力应对政治危机,干脆做起甩手掌柜,沉湎声色,纵欲自戕,醉死梦生。正当曾国藩、李鸿章、僧格林沁等浴血奋战于疆场,舍命保社稷之际,咸丰帝却忙于选秀女。除宠爱一身的叶赫那拉·玉兰(即慈禧),还有时称"四春娘娘"的汉女牡丹春、杏花春、武林春、海棠春，与之窝在圆明园纵欢作乐。咸丰十年，英法联军由天津登陆逼近北京。咸丰仓皇出逃，所携带的仅是东、西两宫，及四春娘娘等宫眷一百余人。逃命之际，不舍丢弃的还是美女。不爱江山爱美女。不过咸丰帝不是钟情，却是纵欲。

　　咸丰临终前，任命载垣、端华、肃顺等八人为顾命大臣，辅佐年幼的皇太子载淳。咸丰的遗诏竟引发了一场影响清朝历史的辛酉政变。

　　有人说，咸丰是个乏善可陈的昏君。这是抬举他了。说昏君，至少还知道什么是一个皇帝的担当，只不过乱作为而已。咸丰早已忘却道光以国计民生为重的嘱托，借女色麻醉自己，宣泄末世情绪。这不是一国之君，是懦夫。

　　若说，咸丰是政治舞台的匆匆过客，同治帝（载淳）连上台走步的资格也被剥夺了。他只能攀着舞台的边沿，伸长脑袋看别人演戏。聚光灯下的女一号是老娘慈禧，男一号缺位，男配角是六皇叔奕䜣。同治被丢在台下，充当牵着线的傀儡而已。

　　载淳与咸丰有着相似的生命轨迹。载淳是在咸丰临死的前一天，才被册立为皇太子的。是时，载淳年仅五岁。黄毛小孩的登基大典如同演戏，任人摆布。

　　咸丰的临终交代有两条，一是任命肃顺等顾命大臣，赞襄一切政务；二是给东宫慈安、儿皇帝载淳各持一方"御赏"、"同道堂"钤用印章，作为皇权之符信。顾命大臣拟就谕旨，唯有盖上二方印章才生效。咸丰帝的意图是确保载淳继统大业。同治朝的由来，也就是皇太后、皇帝各掌印信执政。顾命大臣肃顺自作聪明走险棋，图谋分执钤印制衡皇权之策，将"同道堂"印章交与慈禧，慈安、载淳的"同治"变成了两宫"同治"。这违背了咸丰帝的本意,大清历史也由此拐入了新的轨道。

　　颇有心机和政治智慧的圣母皇太后慈禧,联络小叔子奕䜣策动辛酉政变,设局捕杀八大顾命大臣,与东宫慈安垂帘听政。名为"同治",实是慈禧独治。儿皇帝载淳便成了牵线木偶。

　　同治朝是晚清发生巨大变革的时代。清廷内靠奕䜣、文祥之重臣,外倚曾国藩、左宗棠、李鸿章、沈葆桢等封疆大吏,平定太平天国,推行新政,师夷之长,办洋务,建海防,推行新学,留学西洋,培养中兴人才,等等,使行将就木的清王朝得以复苏,直到1894年中日甲午战争爆发,晚清又延续"太平"近三十余年。

　　中兴自救将千疮百孔的晚清王朝,裱糊得还算光鲜。在中兴的新气象下,同治十三年,终于获得了名义上的执政资格。但慈禧权欲太盛,坚欲掌握权柄。同治帝不愿与母后"同治",心灰意懒,走上了咸丰的老路:躲进女人堆,与宫中佳丽、近臣大搞双性恋。较之咸丰更为出格的是,伙同心腹太监潜出宫外,寻花问柳,宿妓嫖娼,染上一身梅毒,并发天花而亡。亲政不足二年,短命不过十九岁。

　　同治朝的变革似乎与同治帝并无多大关系。同治帝只是一个影子而已。在位不谋政,虽不必担责国政之荣辱,但自甘堕落,理应遭人唾弃。

咸同重臣曾国藩

曾国藩是晚清咸丰、同治两朝的重臣。道光朝进士出身，以组建湘军镇压太平军起家，官居大学士、两江总督、直隶总督，主导洋务派，位高权重。其政治谋略、处世修为、品德个性，彰显了湖湘文人的儒家风范。曾国藩既无前朝年羹尧的飞扬拔扈，和珅的擅权贪婪，也无同朝李鸿章的锋芒毕露。治国平天下，显示其卓越的军事、政治才能；倡导晚清宋诗运动，注重经世致用，为汉学与宋学之争定局；以儒家理学的德行、政事、修身养性独善一生。这在晚清官场甚是罕见。

曾国藩走上政治舞台，始于咸丰二年办团练、建湘军。咸丰初年，大清朝内忧外患，弊端丛生，导致社会动荡。铤而走险者落草为寇，匪患频起，尤以湖南、贵州、四川民风骠悍，匪情甚盛；揭竿起义者，武装暴力抗争，其中以洪秀全的太平军声势最为浩大。咸丰多次下谕通饬各省督抚，须督饬弁兵，不准虚应推诿，凡查明将士中有怯懦无能者，据实严参惩治。并调湖南提督向荣、四川提督苏布通诃主事剿匪；令云南提督张必禄统黔兵入桂会剿太平军，但收效甚微。清廷百思不得其解，还是御史王本吾揭明了真相：军队废弛已极，兵则怠惰偷安，官则因循推诿，且有吸食鸦片者。搜捕零星逃兵尚且敷衍塞责，若遇大帮强盗，更是不敢过问。吏治日坏，武备不修，缉捕废弛。此说可谓切中时弊。

咸丰三年，洪秀全的太平军从桂湘交界的渡口全州出发，水陆两路进取湖南。起义军兵临城下，提督余万清却率兵先退，道州知府王揆一更是弃城而逃，湖南告急。据《清史纪事本末》记载，咸丰二年年底，湖南巡抚张亮基传达上谕，命在籍侍郎曾国藩办理湖南团练乡勇搜剿土匪。曾国藩目睹朝政腐败，官兵废弛，准备上疏奏稿，恳请在家守孝终制，拒绝涉足纷乱的朝政。不久，武昌失守，战事告急，清廷上下人心惶惶。挚友道光进士郭嵩焘力促曾国藩出山，并毫不留情地责问：君常言义理之学为先，以立志为本，如今借在家守制，恪守古礼，何益于君昔日之志向？不如着孝服投笔从戎。曾国藩恍然而悟，决定撕毁疏稿，从戎忠君。

曾国藩先在湖南衡阳训练乡勇，旋即扩编成湘军。清廷为补充兵源，饥不择食，接连任命四十三位帮办团练招募各地乡勇，但大多是作鸟兽散的乌合之众。与湘乡团练的同时，还有在籍侍郎吕贤基督办安徽团练，但以地域界标命名新军当推曾国藩为第一人。李鸿章建淮军是在六年之后，而淮军的建制均依袭于湘军。曾国藩取"湘"为名，意在聚集湘系势力，应顺理学的地缘、时缘、人缘之和谐，湘系的群体风习和文化传统成为维系军队的凝聚力，这正是曾国藩的过人之处。

言必信，行必果，是宋儒理学的处事准则，也是曾国藩内省修为的一生追求。训练乡勇，曾国藩事必躬亲，自行督办。亲自致函湖湘耆老，以官绅人士信任与合作为原则；乡勇将士必须上马杀敌，下马讲学，以忠义血性陶冶情操；以生于忧患而死于安乐为训诫，防止湘军将士骄纵嬉乐；贯注谋国之忠，不图权术的个人修为规范将领之行为；宋儒理学成为湘军崛起的精神基础和军魂。曾国藩的治军之道，与清廷官场旧习大相径庭，连瞧不起曾国藩的湖南巡抚骆秉章也刮目相待，摒弃偏见，诚心与其通力合作。不足一年，湘军陆营水师及后勤粮台兵员已达一万五千余人,成为以后十年与太平军作战最精锐的劲旅。

湘军之所以能崛起成为一支劲旅,除得益于曾国藩的治军才能,更多是其贯注一生的价值观念和行为准则。曾国藩在日记中写道:担当大事,全在明强二字。如何明强?曾国藩总结两条:一是能自胜者谓强,二是从自修处求强,通过内心修为,逐步达到圣贤的境界。唯此,才能成为大智若愚者。曾国藩依照他的价值观念和个人修为的标准选用将才便以去伪崇拙,不尚投机取巧为原则。以笨拙而真诚取代机巧,既是一种涵养,也是一种为官之道。左宗棠、李鸿章成大器便是曾国藩的慧眼使然。

咸丰十年,清廷命兵部郎中左宗棠随曾国藩襄办军务。曾氏极赏识其才干,尤其是不畏死,不图名利,无官气而少大言的操守,认定是才堪大用。曾氏向朝廷奏报,令其回长沙募兵,统率新军独战皖南。果然,左宗棠不负厚望,成为一员名将、封疆大吏。

李鸿章也是曾国藩力荐的。咸丰三年,李鸿章曾协助侍郎吕贤基在安徽办团练。曾氏特地致函安徽巡抚江忠源力荐李鸿章:"大有用才,阁下若有征伐之事,可携之同往。"五年后,闻李鸿章丁忧闲赋,曾国藩邀李入湘军幕府。李因不能独统一军,萌生去意。曾国藩致函真诚规劝:凡成器者,不应急功近利。曾国藩又针对李鸿章秉性表露,作事张扬的性格缺陷,规劝道:阁下精悍之色,露于眉宇,似非长处。其意是,统帅者,不以重位、精明强悍制人,须内敛;大智若愚,以德生威。与此同时,曾国藩亲自决定招募安徽乡勇三千,购良驹六千匹组成骑兵部队交李鸿章主事,为其日后建立淮军打下基础。同治六年,李鸿章在安庆正式组建淮军,曾国藩特拨湘军精兵三个营,隶属李鸿章,助其军力。

虽说，曾国藩力荐左宗棠、李鸿章不遗余力，但他的个人修为更令左、李折服。

曾国藩毕竟是封建官僚。在腐化的官场中行走，权力斗争的政治漩涡中沉浮，其行为也难以脱俗。明哲保身的实用主义便是其总结官场文化的经验。曾国藩高调守拙用浑的涵养，与其说是一种性格修为，毋宁说是一种明哲保身的谋略。曾国藩直言：浑则无往不宜。大凡与人纷争，不可自求万全；辨人是非，不可过于武断，具体地说，浑是最实用的。曾氏对"浑"字之解释十分直白透彻，在趋炎附势的官场中充愣装傻；在派系斗争的政治漩涡中拒是非、息争纷；权衡利弊，牟利于淡定之中；养德平和，少发牢骚，谨防祸从口出；等等。总之，浑者，无处不宜。曾国藩凭借此条经验，在晚清官场游刃自如，平步青云。其突出事例有三：一是辛酉之变，二是天津教案，三是请辞引退，解散湘军。

辛酉之变是大清朝政局发生重要变更的事件。咸丰驾崩，留下遗诏，任命载垣、肃顺等八大臣辅佐幼主。恭亲王奕訢因遗嘱未提及摄政王辅主一事而愤懑不平，旋即与慈禧联络，在她的授意下，策动辛酉政变。以载垣、肃顺独擅改谕旨之罪，将其尽悉铲除，并强行违反先朝祖训，表奏慈禧、慈安两宫垂帘听政。清一代有家法，不许后宫参政专权，凡幼主嗣位，或有摄政王，或命辅政大臣辅之。恭亲王策划了一场劝驾闹剧，先命山东道监察御史董元醇申奏：两宫垂帘听政符合古今各朝治乱兴衰的义理之道。又让兵部侍郎胜保引证据典，称垂帘听政之制，并非旷世之举，宋代宣仁太后就是女中尧舜圣君，听政为群臣上下拥护，绝无动摇国本根基，并吁恳皇上奏皇太后权宜听政。朝廷高官政要大多是趋炎附势者，众臣纷纷表忠，痛斥肃顺等国法不可宽宥。军机大臣文祥、宝鉴、惠亲王奕諒、大学士贾桢、刑部尚书绵森等联名陈奏拥两宫听政。大学士周祖培等更是搜集历代太后临朝史例,编成《临朝备考录》以供作依据。在这场政治风波中,时任协办大学士的曾国藩却以明白之人,是非不可武断之由装聋作哑,置身事外。按理学的道德伦理,违悖祖训家法,欺宗忘典,乃是动摇朝纲之大是大非问题。曾国藩不愿加入奕䜣与载垣、肃顺的争辩和派系斗争,显然与其儒家伦理相悖。支配其行为的便是"充浑"的实用主义明哲保身。

天津教案缘于同治八年,法国传教士谢福音仗势拆除民居望海楼,盖成天主教堂,声称此乃圣母仁慈和战争(第二次鸦片战争)胜利的结果。望海楼天主教堂建成,谢福音又强占、拆毁民房多所,致使众多居民流离失所。次年,天津知府张光藻、知县刘杰捕获拐卖人口案犯张栓、郭拐迷、武兰珍等人。案犯招供此系望海楼天主教堂指使所为。坊间盛传天主教堂派人迷拐幼童,挖眼剖心,仁慈堂将数十具儿童尸体掩埋于河东盐坨义冢。于是舆论大哗,群情激奋。通商大臣崇厚却乞膝媚外,串通法国驻津领事丰大业、传教士谢福音销毁罪证,案犯乘机翻供。天津民众闻讯,聚众示威抗议。崇厚竟派巡捕武装弹压。法国领事丰大业拔枪击伤知县刘杰。民众忍无可忍,烧毁东门外仁慈教堂及英美数所天主教堂,当场毙命丰大业,伤及法国传教士、修女等十三名,误杀俄、英、意教会数人。这便是历史上著名的"天津教案"。

教案一起,清廷即令时任直隶总督曾国藩处置。总理衙门事先定下基调:平息争端,许诺捕杀起衅之百姓,惩办保护教堂不力之天津县、府官员,死者照赔,毁者照建。此时,法国驻华代办罗淑亚提出更无理要求:惩办天津提督陈国瑞及张光藻、刘杰等官吏。崇厚则从中鼓动,要挟曾国藩按总理衙门的定调办案。曾氏先期致函崇厚，提出以诚待人，与人共事，福则同享，祸则同受的处理原则，冀希缓和官、民及外夷之僵局，但商洽未果。迫于压力，曾国藩不得已向朝廷呈报，教民迷拐儿童并非教堂主使，挖眼剖心，均系谣传，处置天津滋事各犯正法八名，议罪二十余人，赔偿白银二十五万两，毁屋重建，但力保提督、府、县三官，从轻责罚，曾国藩以此结案。在政治秩序与民众利益、社情舆论的冲突中，曾国藩屈服于政治压力而选择前者。事后，曾国藩反省道：自古以来，局外人之议论，不体谅局中人之艰难，局外人不会惹祸，反而博得清誉之名，臣每读书至此，不禁痛哭流涕。若凭曾国藩的声望和秉性，满可以向朝廷申辩，但明知不可为而为之，既无为民执仗的勇气和胆略，却又自责而痛哭流涕，其作"浑"以图自保，是难辞其咎的。

请辞引退，解散湘军。同治元年，曾国藩命弟曾国荃率湘军攻占太平军首府南京。清廷因其功勋卓越，封一等毅勇侯，并任协办大学士。多年征战，湘军声威鼎盛不衰，远盖过李鸿章的淮军。功成名就，曾国藩的声望达到了顶峰，但他却作出意外的决定：请辞引退，解散湘军。曾国藩在给曾国荃的家书中，嘱其尽快抽身引退，以保善始善终，免遭大祸。同时，急办三件事：一是盖贡院，提拔江南人士，淡化湖湘人士对朝政的影响力；二是在南京盖建兵营，发全饷，邀清廷嫡系绿营进驻湘军防区；三是先裁撤四万湘军，上奏朝廷遣散湘军，以避拥兵谋权之嫌。曾国藩此举是以先朝年羹尧为鉴。康熙晚年，年羹尧为雍正继位，抗击十四皇子武力进京逼宫起着关键作用，功劳莫大矣。但功高盖主是一忌，居功拥兵自重是二忌，结果被雍正削去兵权，赐死狱中。现下，湘军的传统是兵为将有，仅听命于曾国藩一人，清廷无法调遣。此乃为政之大忌。曾国藩为防重蹈年羹尧之覆辙，以退为进，远离京城及清廷权力中心，终于免除清廷的猜忌和同僚重臣的内斗之危机。曾国藩的谋略得到预期的回报：四任两江总督和忠臣美誉而善终。其实，曾国藩的急流勇退并非是解甲归田，赋闲养老，而是以躲避政治漩涡的风险为目的。请辞引退，仍有沽名钓誉之嫌。

晚清王朝将曾国藩奉为完人，其处世、谋略、修身被认为能臣的楷模。原因何在？值得今人考量。

咸丰、同治朝正值乱世，政务废弛，吏治腐败愈演愈烈，各地起义不断，西方列强觊觎中华，丧权辱国条约屡签不止，大清朝风雨飘摇，陷于重重危机之中。维系摇摇欲坠的大厦，拯救政权危机，需要能臣廉吏的支撑。能臣者，首先要忠于君、志于国，严守大清朝的政治秩序；其次是能善于谋事、精于办事、不居功擅权；既有恪守儒学传统的信念，遵循礼义之道的自觉，又须有内省修为凝聚民众、和谐社会的声誉；既有调和官场矛盾之能力，又有作风务实而不浮夸，正天下浮伪之习的操守。这是晚清王朝对重臣、大吏的政治标准和道德标准。

自两宋之后，湖南已成理学之邦。儒家思想成为湖湘士大夫的基本信念和道德操守。曾国藩备受儒家理学的熏陶，其价值观念及品行修为正合晚清王朝的标准。然而，若作深层次的考量，唯是曾国藩"浑"的哲学，才能周旋于政治纷争与内忧外患的变局中，左右逢源，屹立不倒，功成身退。这才是大清官场认定其为完人、楷模的真谛。曾国藩成为咸丰、同治两朝的重臣且受敬于朝廷上下也就不难理解了。

奕䜣的洋务自救

两次鸦片战争，中国战败。清廷以签订丧权辱国的不平等条约求得苟且的安稳。但内忧外患的政局，千疮百孔的社会，使大清朝要以悠久历史铸成的惯性与自尊，维系封闭的政治经济一统的政权，已成了空中楼阁。

咸丰十一年，年仅五岁的同治登基。恭亲王奕䜣及封疆大吏曾国藩、左宗棠、李鸿章等临危受命支撑大局。西方列强觊觎中国的威胁和辱国的伤痛，迫使清王朝重新调整治国策略。一场被史学家称之"同治中兴"的自救运动由此而起。同治三年，曾国藩、左宗棠、李鸿章率湘军、淮军平息太平天国起义，行将就木的清王朝得以苟且延续。与此同时，恭亲王奕䜣也着手运作洋务自救新政。颇有政治谋略的奕䜣凭借先朝咸丰帝批准设立总理事务衙门的"章程六条"开始自救。

同治中兴之初，奕䜣设计了局部政体变革的框架，将总理事务衙门办成统筹外交、通商、海关税务、边防疆界、长江水师、北洋海军、机器制造、兴新学、督办铁路及官吏人事行政的权力内阁，为自强新政扫除政治体制上的障碍。但事倍功半，收效甚微。究其原因是清政府的核心权力控制在垂帘听政的慈禧手中，难以逾越雷地。但卓见成效，且影响深远的新政，有几招还是可圈可点的。

一是派遣政府官吏出使考察西方。

鸦片战争失利后，清政府与西方列强签订诸多丧权辱国条约。自咸丰十年始,西方诸国纷纷遣使常驻北京,而清政府竟以无应办之事为托词拒绝派遣使节。咸丰朝闭关自守又且愚昧,已近极致。自咸丰晚年至同治五年,长达数年之久,中国对西方茫然无知,处于与世隔绝的境地。外交的不平等及弱势,实在令人窒息。奕訢主持总理衙门,统筹外交事务之全局,矢志要打破被动僵局。在总理衙门的"章程六条"中,规定各省督抚,海关督署应及时收集、报告西方诸国的外交与商情,但常因信息迟缓及不达意而延误决策时机。同治六年,奕訢决定趁西方诸国续修条约之机,遣使出洋,探其利弊,洞悉真伪。奕訢具奏力陈拒使出洋的弊端:中国之虚实,外国无不洞悉;外国国情之真伪,中国一概茫然不知。其中隔阂之由,就是彼有使来,我无使往,以致遇有该使任性,不合情理之事,仅以正言折服,而不能向其本国加以诘责。要改变朝廷退而守之,吃哑巴亏的外交弱势,当务之急应遣使出洋。奕訢的具奏得到重臣曾国藩、李鸿章的全力支持。同治七年,清政府组建蒲安臣使团从上海启程,开始了中国外交史上首次遣使的外交旅程。

首次遣使,朝廷尚无成熟的外交人才。奕訢对使团的组建进行缜密的思考,建议任命处事中庸平和,悉知中外国情,曾协助中国外交事务的美国外交官蒲安臣为正使,英国驻华使馆翻译柏卓安、海关法籍职员德善为协理,借此平衡美、英、法三国关系,又可借助中性的外交力量为我所用。指派勤谨、稳练的礼部郎中孙家谷,知识广博的海关道志刚为钦差使员,随团办理中外交涉事务。钦命之员还包括同文馆熟精外文的学员、文书及弁兵,兼之考察西方诸国的国情民俗。

奕訢对出使钦差的权限、责任均作了详细规定。对西方诸国交涉续约,凡于中国有损之事,令其力为争阻;凡于中国有益之事,不要急于应允,必须知会总理衙门复准,方能执行;对方无可擅越之权，在我有可收之益，倘若不能见效，即令辞归，能驾驭各国之方，不无裨补。概而言之，维护国家利益，有理、有节、有度处置外交事务，即便续约无果，考察西方国情也是最大收获。奕䜣的方针甚为开明而得体，这在晚清畏夷如虎的政治氛围中有此见识，实属少见。

奕䜣要求使团人员将考察之所见所闻，包括各国政治、经济、文化乃至民间风俗均须详为记录，并对才识卓著者予以奖励。出使考察之官吏、随员先后访问、考察美、英、法、瑞典、丹麦、荷兰、普鲁士、比利时、意大利、西班牙、俄国等十余国。蒲安臣使团中华人占据大部，对首次出洋，均是有备而来，精心准备，访问途中又且勤于思考，身处异邦，耳濡目染西方社会的改革，感触颇深，纷纷进言朝廷：讲究实在学问，无有能及西方各国者；其强兵富国之术，尚学兴艺之方，多可以取法。类似奏报颇多，给沉暮的清廷吹进了一阵清风。

二是建立京师同文馆，兴办新学，培养通晓中西文化的新型人才。

在中国文化传统中，教重道存，尊儒贵学，治化之本成为治国方略的重要部分。清代以来，顺治亲政伊始的一大政事，即是厘定学政，谕示完善京师太学、国子监，于各省、府、州、县兴办书院、私塾、教馆。其重教之目的，在于培养、复制一批维护大清朝纲的传承者、殉道者。其间不乏治国安邦、经世济民的英才，但更多的是迂腐、僵化的书蠹。大清朝盛世而衰，其一个重要原因便是，人才匮乏，庸才登堂入室。每逢社稷困危，社会动荡，朝野百官往往恪守成规，在故纸堆里考据引证，坐而论道。

清初传教士入华，晚清鸦片战争的坚船利炮撞开紧闭的国门，西方文化思想也随之东渐，冲击着积淀数千年的传统教育。

有识之士呼吁创办新教育,培养新人才,以应对社会变局,寻求富国自强之路。恭亲王奕䜣在主持总理衙门事务中也深谙抗御外敌、交涉列国,维护通商主权,必先识其国情。对语言不通,文字难辨,西学人才匮乏的现状深感忧虑。故而在自强新政中专门设立一条:兴办新式学堂,培养新型人才。谓:致天下之治者在人才,成天下之才者在教化,教化之所本在学校。

同治元年,奕䜣兴办京师同文馆,呈奏折:请敕各省督抚,挑选诚实可靠者,每省各派两人,携带各国书籍来京,选八旗中资质聪慧者,俾资学习。并开设英文、法文、俄文等馆,配备考核升迁制度,规定入馆学生定期考试,每届三年由总理衙门复试,核实甄别。优者授为七、八、九品等官,劣者分别降革复读。同治五年,奕䜣又增设天文算学馆,兼学各国历史等社会科学课程,延聘外籍教授,招取举人、翰林院庶吉士、编修等住馆学习。京师同文馆的培养目标,课程设置,教学制度均与旧式书院大相径庭,已初具近代学校的模式,若说,中国的教育改革始见于同治朝并不为过。到 1874 年同治亲政时,类似京师同文馆的新学堂已遍及全国。京师同文馆的新学不仅改变了注重经学八股的科举教育,更是传播了近代科学文化,培养了一批青年才俊。据统计,京师同文馆开办以来,出版各国外交、世界史、时事政治等译著近两百余种,江南制造局的翻译馆也译书一百六十余种。其中《万国公法》、《公法会通》、《各国史略》、《法国律例》、《格物测算》、《天文学课艺》、《几何原本》等社会、自然学科著作对传播西方科学文化知识作出了重要贡献。正如力推维新变革的辛亥名士郑观应所总结的,人才是国家强盛的根本,西方国家之强大,根本是强在教育。

奕䜣的自强新政为自上而下的洋务运动提供了文化更新和人才培养的基础。虽说,奕䜣、曾国藩、李鸿章等的目的在于御外夷、平内患，援西洋之长以扶大清朝之将倾，但种豆得瓜，自强新政却开启了西学中用之新风，培育了诸如严复等致力思想启蒙的近代知识分子，其历史意义远超过洋务运动本身。

左宗棠的船政

中兴自救的洋务运动开锣，有几轴大戏唱得有声有色。李鸿章收购美商旗记机器铁厂，在上海高昌庙置地七十亩营造江南制造局。左宗棠由福州海关关税中筹银四十万两，在福州马尾筹建福州船政局。奕䜣在天津海光寺按江南制造局的模式开办军火机器总局。中兴名臣四处开花，积极兴建兵工厂，仿造西方枪炮、船舰，培养新式人才。虽说规模有别，但官僚督办却是一致的。相比之下，左宗棠的造船政见及其在福州船政局内专设求是堂艺局之举颇具创意。

左宗棠的船政思想颇受洋务思潮的影响。同治初期，翰林院编修冯桂芬便提出中国欲走强国之路，须以中国之伦常名教为原本，辅以诸国富强之术。学习西方要探索何以小而强，中国何以大而弱的原因。他认为，中国若与西方诸国相比，有五不如，即人无弃才不如夷，地无遗利不如夷，居民不隔不如夷，名实必副不如夷，船坚炮利不如夷。前四不如，拟可通过朝廷振治纪纲，变革治国方略即可改观；唯独船坚炮利一事，有待于夷者。国家唯有坚船利炮方可抵御外敌，而造船铸炮应能自造、自修、自用，才可立于不败之地。冯桂芬虽是一介书生，但一番自强之道的宏论，却赢得朝廷重臣曾国藩、李鸿章、左宗棠的共鸣。曾国藩执意朝廷应立学习西方技术以造船制炮之国策；李鸿章也以与西方多年外交之经历，竭力申诉：中国一旦有开花大炮、轮船两样，西人即可收敛，与之相响应。以务实著称的左宗棠则更为明确主张,中国自强之策,除修明政事,精练兵勇外,必应仿造轮船以打破对洋人的依赖。正是有此共识,中兴名臣力主朝廷兴办军工企业,建船政局,唱开了兴建坚船利炮的大戏。

同治五年,经过深思熟虑、周密策划,左宗棠正式向朝廷递交《拟购机器雇洋匠试造轮船先陈大概情形折》,详尽表述了他的船政思想。左宗棠申述造船之重要在于:一为增强国防之需。我国建都于燕,以天津大沽为要塞。但海上开战,西方各国兵船直达天津,要塞形同虚设,无以抵挡。要巩固海防,非建设水师不可;要建设水师,非设制造局监造轮船不可。二为发展贸易和收回权利之需。西方靠货轮倾销商品于各地,导致物价飞涨,江浙大商以海船置货,成本愈增,不能减价以敌洋商,轮船成,则漕政兴,军政举,商民之困解,海关之税旺。三为造船是兼之军民两用之需。造船除加强海防外,可兼之军、民各用,既造枪炮,又铸钱、治水以适民生。造船以培养造船、驾船人才为要务,如此等等。可谓独具灼见。尤其是后者,左宗棠的船政思想为以后兴办福州船政局奠定了基调。左宗棠的船政之见较之致力于单靠规模扩张的李鸿章要棋高一着。

同治五年,福州船政局成立。为培养造船、驾船人才,左宗棠在船政局内设立求是堂艺局。所谓艺局,实是为一所集教育培训、制造设计、航海实习于一体的机构,具备学校、设计院、实验基地的功能。这在洋务企业中尚属首创。

左宗棠亲自制定《船政事宜十条》及《艺局章程》,明确规定,船政局不仅是制造船舰的工厂,也是培养海军人才的基地。习造轮船,欲尽其制造驾驶之术;制造驾驶旨在欲广其传,使中国才艺日进。左宗棠兴办福州船政局及求是堂艺局的思想可谓目光深远。

　　正当左宗棠亲自主持船政局展现宏图时,却奉谕调任陕甘总督,率湘军赴西北攻剿回民起义。左宗棠为确保他的船政方针落在实处,力荐江西巡抚沈葆桢出任船政大臣,主持福州船政局,并奏请朝廷颁发关防,明确船政事宜均由沈葆桢专折奏报,以防地方官员从中牵制。沈葆桢不负厚望,自始至终贯彻左宗棠的船政方针:船厂根本在于学堂,创始之意,不重在造而重在学。按此原则,求是堂艺局分设前、后两学堂。前者为造船学校,设制造、设计专业,重在培养学生制造、设计以及维修轮船的技能;后者为航海学校,设驾驶专业,培养全面掌握航海、射击、指挥才能的船长。同治十二年起,求是堂艺局陆续三批派遣留学生赴英、法等国留学,学习驶船之术,及其备军训练的制胜之理。

　　求是堂治学甚严,从德、智、技多方面培育精英人才。由于治学考核从严,艺局如同大浪淘沙。例如,同治十一年入艺局的学生是一百零五名,一年后,只剩下三十九名合格者。左宗棠的要求是造就世界一流的造船良工及航海指挥良将,务使中国海防建设丝毫不依赖洋人。经艺局的培育,确是精英辈出。其中,谙练行军布阵及一切战术的严复以留洋考试屡优而被荐任北洋水师总教习;方伯谦、林永升成为北洋海军的重要将领;甲午中日黄海大战的十二艘北洋海军船舰的管带,首届艺局留学生占五成。魏瀚、陈兆翔也成为可与法国海军制造监工并驾齐驱的造船工程师。艺局之作为引起英法列强的恐慌,其竭尽破坏之能事,已是后话。

　　求是堂艺局人才辈出,船政局的造船亦是硕果累累。同治八年,由中国人驾驶的第一艘轮船“万年清”号下水,驶至天津验收。尤令人注目的,“万年清”号系中国人驾驶,并不聘用洋人。朝野为之轰动,大长了国人之士气。同治十一年,二百五十匹马力的"扬武"号兵船下水，装有火炮十二门，可配备弁兵、水手一百四十七人，时速十二海里，日后成为福建水师的旗舰。到光绪七年，第一艘二千四百匹马力的铁甲巡洋快船"开济"号编入北洋海军，福州船政局已具备制造大型军、民各用船舰的能力。光绪二十四年，船政局依靠求是堂艺局历届学员已摆脱洋人教习，完全自主设计制造船舰。

　　福州船政局及求是堂艺局成为中国近代造船、航海界的翘楚，创始人左宗棠功不可没。

晚清民企的发轫

　　咸丰年间，清廷已陷于重重财政危机，入不敷出，连宫中的日常开支也难以为继。《清史纪事本末》有记载，咸丰四年，内务府奏报：司库仅存银一千三百余万两，内宫应发款项尚需银二十万余两。若粤海关款项年内不能解到，库款别无接济。言下之意，内宫开不了伙仓了。为应急宫中开支，内务府不得已将嘉庆帝留下的金钟十七口熔化其中三口得黄金八千两，以解燃眉之急。其财政之据拮可见一斑。清政府为筹划征剿太平军之军需饷银，不得不裁撤、核减政府开支，扩大捐生捐官之范围，开放官府租库，沽银变卖，充实国库。咸丰批准内务府的奏报：允许各省府出售、典押官属房产、店铺，不计原有价值，任凭商家估值，具结认买；所有关闭闲置的基地，也可核实估值，具结认买。大清财政已到了山穷水尽的地步。

　　咸丰帝的被动应付，倒是歪打正着。不经意的应急政策，开启商铺租赁及产权买卖，竟成了民间资本办企兴商的契机。另则，同治中兴洋务自救风的催化，官僚督办的洋务企业广及军火兵工、铸铁炼钢、造船、矿务铁路、海运漕运等诸多行业，作为官僚资本补充的民间商办企业也随之脱颖而出。

　　晚清的民营企业发轫于同治朝，兴于光绪朝。起步于小作坊的商办企业如雨后春笋，破土而出。经营范围也由民生消费、商贸流通扩大到机械制造、纺织、医药、造纸及新闻出版业，规模自小、微及中，由单一而成关联。上海最早一家民办发昌机器厂于同治八年开业。业主方举赞以打铁作坊起家，后得洋务风气之先，购进西洋车床，代替手工锤敲操作，专为外商船厂打制修配零件。车床精加工远胜于简陋粗糙的手工艺，又且效率高、成本低，颇得外商的欢迎。方氏经营十多年，发昌机器厂已能制造龙门吊、车床、汽锤、铜铁器皿。业务随之开拓，由加工制造兼营五金原料进口，成为当时沪上规模最大的一家民企。

中国的农业经济也催生了民办的缫丝业。广东南海县以缫丝而闻名全国。同治十一年，乡绅陈启源率先引进机器，开办继昌隆缫丝厂，以机器缫丝替代手工操作，雇用女工多达六七百人，生丝精细，畅销欧美。继陈启源之后，南海县有机器缫丝厂十一家。至光绪十八年，缫丝厂发展到六十余家，前后不过二十余年。

晚清民企的机器制造、缫丝纺织孕育于传统的手工业。而西方文化的输入，使民企涉及的行业得以迅速扩大，较为突出的是新闻出版、印刷及造纸业。同治十三年，中国第一个留美学生容闳回国集股一万两，在上海创办汇报馆，发行《汇报》，成为中国第一个民营报人。同年，专门采录社会新闻轶事的《昭文新报》在汉口出版发行。在社会上有较大影响的民办报纸还有《新闻报》。该报注重经营管理，创办十年，已由初创时日发行二千份，上升到一万份，与《申报》、《字林沪报》同列三甲。光绪八年，徐鸿复、徐润等在上海开办同文书局，引进英商点石斋的石印技术，翻印古善本书，如《二十四史》、《古今图书集成》、《资治通鉴》、《康熙字典》等，成为中国最早民营出版机构之一。

晚清民企呈现多元化。小微作坊，官督民办，股份合作，私营独资，外资参股，应有尽有。买办杨德在安徽池州获得官府执照，于光绪三年开办的煤矿，就是官督民办的企业。安徽巡抚专派道台孙振铨督理。初创时,资本仅十万两白银,由于官府的支持,仅六年,煤矿资本增加到二十万两。《新闻报》馆是外资参股,由英国商人丹福士,沪商张叔和合资组建新闻报有限公司。上海富商黄佐卿在苏州河边开设公和永丝厂则是一家股份制企业。因股东的资本实力雄厚,规模扩张迅速,开业便置办缫丝车达一百部之多,后发展到九百部缫丝车,并邀请意大利工程师麦登斯指导,其规模、产量远超过广东南海。

辛亥名士郑观应曾多次建议清政府在内阁设立商务部,对民营企业给予政策支持,但清政府迟迟未作回应,失去了城市民营经济规模发展的良好机遇。因而,晚清民企始终处于自生自灭状态。地方官府急功近利,对民企课以重税,而外商对市场、原料的控制和掠夺,又使之陷于重重的生存危机之中。曾在广东南海首办缫丝厂的陈启源,并无官府背景,也不善于疏通和献金,最终官府以男女同一厂房做工,有伤风化,高烟囱有伤风水之荒唐罪名,大加刁难。开厂仅三年,陈启源不得不歇业移厂澳门。商人戴华藻在民间集资二万两,欲在山东峄县开采煤矿,也因未邀官府督理,被巡抚李秉衡下令禁止。光绪八年,上海民营的玻璃厂不足二年被英商福利公司吞并。广州商人钟星溪集股十五万两,开办宏远堂机器造纸公司,以稻草为原料生产白纸。广州官府见有利可图,强行以官款添加资本入股,造纸厂变成官商合办才得以生存。一些华侨归国办厂均因无官府依靠,多则五六年,少则一两年即停业,有的更是血本无归。

凡能生存的民企,须依靠官府及外商的参与,在权力与资本的交换中得以存活。权力与资本运作构成了晚清的特权经济形态。唯有依附特权经济的民间商人,才得以致富,这已成为晚清民企的一种特殊生存形态。红顶商人胡雪岩便是其中的代表。

胡雪岩发家纯粹是出于一次偶然的机会,但创业成功则依赖于权力本位的扶植。胡氏年少丧父,家境贫寒,在杭州一家小钱庄当学徒谋生。钱庄主人因无继承人,在临终前将钱庄相赠。胡氏第一笔生意是挪用五百两银子赠与穷困潦倒的书生王有龄,资助其赴京科举。之后,王有龄入仕发迹,升任杭州知府、浙江巡抚。投之以李,报之以桃。王有龄利用职权为胡雪岩经商广开绿灯,设桥铺路。依靠王有龄的权势,胡氏在杭城开设连锁钱庄、当铺、药铺,经营丝绸、茶叶,迅速暴富。经王有龄的推荐,胡雪岩又攀附上实力派封疆大吏左宗棠,为其镇压太平军筹运粮草,主持上海采运局采办军火。左宗棠的保驾护航使胡氏跻身于江浙大贾之列,成为操纵江浙商业,垄断丝茶出口专营的巨头。更甚,胡雪岩因助左宗棠西征军需有功,被封赏四品顶戴,成为晚清唯一获红顶戴的商人。据史料记载,胡雪岩的钱庄扩展到二十余处,遍布大江南北,拥银二千万两,良田万亩。胡氏企业是典型的权本位与钱本位合作的产物,权钱交易成为晚清特色经营的基本规则。

有趣的是,胡雪岩企业的衰败也是因权力所致。胡氏因投靠左宗棠而得罪另一派系的北洋大臣李鸿章、张之洞。李、张认为排左必先除胡,将扼制胡氏企业视作挤垮左宗棠势力的关键。胡雪岩被动陷入清廷官场斗争的漩涡。左宗棠死后,胡氏商业王国成了官场瓜分的牺牲品。权力斗争终使胡氏企业濒临破产绝境。

晚清民营企业的兴起,并非清政府有意通过官企、民企共存共进,构建近代经济的新格局。兴办洋务的立足点,依然是以夷制夷,维持屡弱的大清政权。民企的发轫得益于洋务企业生产链的辅助环节,以及农本经济为本的手工业和商贸服务。

但面对大清腐败体制的权力侵吞和课以重税,外来资本的挤压和掠夺,民营企业只能在夹缝中求生,其归宿无非是两条:一是屈从于官僚权力,依附于外来资本;一是自生自灭。晚清民营企业股本构成的多元化正是权力与资本渗透、干预的结果。畸形的社会、经济环境,终究使民营企业苦苦挣扎于生死存亡之际。

光绪

——爱新觉罗·载湉

大清存亡危机催生百日维新。

久居深宫的隔绝，毋违祖制的犹豫和懦弱，终究深陷屈辱的宿命。

宿 命 光 绪

光绪做皇帝年仅四岁。同治帝去世,清廷权力圈就谁继统皇位有过一次讨论。有人提出,先择贤而立,再议是否继续垂帘听政。慈禧思虑片刻,说两宫不愿立年长者继位,咸丰帝长子夭亡,无第二子,宜立一年幼者,以能调教为好。慈禧一言定局。据此原则,选择了慈禧之外甥(其妹之子),醇亲王奕谭之子载湉过继咸丰为子,再以继子名义入承大统为嗣皇帝。咸丰去世已十多年,再有过继之事,纯属荒诞之举。无奈,慈禧说东,谁敢言西?

慈禧导演这场选储之戏,目的有二,以先帝咸丰之继子入统,可堵众臣之嘴;二是两宫能继续垂帘听政,裁决一切应办事宜。光绪继位虽在朝廷掀起过吏部主事吴可读服毒死谏的闹剧,基本上还是平稳的。

光绪帝正式进入人们的历史记忆,还是在慈禧归政后的光绪十四年。光绪大婚,并躬亲大政。留给人们深刻印象的是电影《清宫秘史》,康有为、梁启超的宣传,以及《字林西报》的新闻报道。但三者的历史记忆各不相同,甚至还有相互抵牾之处。

《清宫秘史》中的光绪不满做儿皇帝,身居深宫,常与爱妃珍妃感叹,心有不甘,却无勇气冲破伦理束缚,天颜戚戚,常有不悦,心境悲凉,郁郁哀怨。

康有为、梁启超的眼里,光绪已是一扫暮气,光亮鲜活,朝气蓬勃,是一代英明、伟大、果敢善断的圣上。

《字林西报》的报道却又是一个模样：光绪皇帝，从小就被育于深宫，被故意与外面隔绝，现下竟突然表现出他自己是一个有智慧的人，是合适的统治者。他阅读翻译的外国书籍，集合一些年轻的改革家在自己的身边，并且颁布了一系列的改革命令。在媒体的笔下，光绪不再是悲悲切切、自怜自怨的情种，而是运筹帷幄、睿智过人、超然世俗的政治家。

显然，这些记忆均是经过不同彩色镜片过滤的影像而已。

从小被豢养在深宫的光绪，铸成了懦弱的性格，习惯于对慈禧的唯命是从。甲午战争告败，国内的民族主义情绪高涨，纷纷要求政治变革，破除旧例，改弦更张，以雪割地赔款之耻。民族存亡之忧患也激起年青光绪的热血亢奋。然而，不应忘却的是，光绪启用维新派康有为、梁启超，谋划维新变法，是得到慈禧默许的。用慈禧的话说，若能致大清富强，儿当自以为之，吾不会干涉。诸如，光绪搞新学的教育改革，铁路新政，发行昭信股票，开放民族企业，等等，在教育、金融、经济领域先行改旧制，也是得益于慈禧的认同。

晚清史家在《四朝佚闻·德宗》中有过真实记载：帝慑于积威，见太后辄战栗，虽亲政不敢自主，戊戌变法，亦事事请慈旨。太后……遂谕帝但无违祖制可自酌。帝稍稍得自行其志。慈禧划定的底线是"无违祖制"。稍有改变的，是光绪将事先请示，改为事后汇报，始终活在慈禧的影子之下。

当光绪被维新派推上战车，以激进的政治变革根除清王朝的制度习弊时，触动了贵族集团的根本利益，即刻遭到慈禧为首保守派的反制。戊戌变法以谭嗣同等人被斩，康、梁潜逃为标志宣告失败，时仅103天。改革又回到了原点。

百日维新的失败，带来的是政治秩序的失控和社会的恐慌。光绪为稳定政局，主动请求西太后再次训政，说有变化，就是干脆掀掉了"垂帘"。

　　光绪的犹豫和懦弱注定了变法的失败。他久居深宫,接纳西方民主思想过于对中国政治、社会现状的了解。他的变革勇气,较多是受维新派人士康、梁的鼓动。若对光绪作简单的评价,那就是:光绪缺乏改革家的人格魅力,终究摆脱不掉政治上的宿命。光绪二十四年起被囚禁瀛台,在屈辱与哀怨中终结余生。这也就是他悲剧命运的归宿。

杨乃武冤案的博弈

慈禧听政，实是执政。事无巨细，均由其裁决。幸赖内阁重臣奕䜣、文祥、曾国藩、李鸿章、左宗棠的同心协力，同治朝的中兴自救给大清朝注射了强心剂，爱新觉罗氏又太平了三十年。不过，同治中兴与同治帝几乎扯不上关系。同治帝既不愿充当摆设，也不愿与母后慈禧"同治"，而是沉湎于酒色，甚至串通太监宫外寻花问柳，染上梅毒，并发天花，驾崩时不到二十岁。同治帝的皇后腹中有孕，竟告知朝廷为君王绝食殉节。

同治亡故，慈禧执意二朝听政，便一手导演了过继外甥载湉，代兄继位的闹剧。清王朝又多了一位儿皇帝光绪。光绪嗣统年仅四岁，较之康熙、同治继位之时还要年幼。

光绪继位，慈禧二度垂帘听政，引起朝野非议。有人再次搬出大清先帝谕示后宫不得参政的祖训，君臣博弈又暗淌着激流。慈禧为稳定朝政，则退而守之，下懿旨承诺三条：待嗣皇帝学业有成，即行归政；嗣皇帝有子，可继承大统；垂帘一切事宜，均召相关大臣等商议。同时，广开言路，鼓励臣工直言治政得失。慈禧作出妥协，立光绪的风波便暂告平息。

然而，光绪元年浙江发生的杨乃武冤案，慈禧以此为借口，名为整饬吏治，实是发动一场政坛洗牌，又将垂帘听政的君臣博弈掀起新的波澜。

杨乃武冤案被称为晚清四大奇案之一。见诸于新闻媒体，编成说唱弹词，广为流传于民间。但杨乃武案延伸的清廷政治斗争却沉寂于历史表象的背后。

杨案并不复杂。浙江余杭县举人杨乃武被诬与草民葛品连之妻葛毕氏谋夫夺妇,在余杭县仓前镇药铺购得砒礵,毒死葛品连。余杭县知县刘锡彤酷刑逼供,判以死罪,办成冤案。杨家不服,状告杭州府、浙江督衙,均被各级官衙驳回。类似冤案在清代历朝是屡见不鲜的。道光朝的"徐蔡氏命案"也发生在浙江。因官官相护,营私舞弊,冤案难以澄清。面对司法乱象的重重黑幕,民难以告官,听凭官衙徇情枉法,罗织罪名,制造冤狱。

光绪朝杨乃武的冤案已非比往昔。自鸦片战争后,西方诸国取得在华办报之特权。自1860年起,仅耶稣会主办的报刊多达七十余种。其中影响最大的是英商主办的《上海新报》及《申报》。这些报纸以关注社会为宗旨,详载时政、社会新闻,评议时弊得失,以广开言路,沟通朝野,而获得较高的美誉度。浙江杨乃武案被新闻媒体披露,引起社会震动,舆论一致抨击浙江官衙草菅人命之黑暗。迫于中外舆论之压力,清政府令刑部介入杨乃武案,责成浙江巡抚杨昌濬实查案情。杨昌濬复审葛毕氏,疑犯翻供,坚称与杨乃武无关。杨昌濬施之酷刑,逼葛毕氏照依原供。刑部再命浙江学政胡瑞澜复审。光绪二年,命案再审,关键人物仓前镇药铺老板钱宝生曾作证杨乃武购买砒礵,此刻即自缢身亡。媒体认为,钱系受余杭县、宁波府指使作伪证,造成冤案。钱宝生身亡有被杀人灭口之嫌疑,并公示余杭县师爷姜位隆恳托钱宝生的字据。胡瑞澜却奏报:经认真复查,案情属实,决无遁饰,人证物证俱在。浙江大员审案与媒体舆论大相径庭。

慈禧决定由刑部直接审结,由刑部侍郎翁同龢主持刑部复审。清廷的决定引起浙江官员的不满,杨昌濬公开扬言:刑部多此一举，实是向慈禧叫板。翁同龢主持三司会审，在京城海会寺对葛品连作公开尸检。负责尸检的仵作共有二十余人，其中刑部仵作高龄八十，有数十年尸检经验。查验结果，众仵作均具名担保，葛品连并无中毒，实属病死。至此，案情真相大白。

慈禧对杨乃武案作出裁决：自巡抚杨昌濬、学政胡瑞澜，到杭州、宁波知府，嘉兴、余杭知县全部革职严处，为杨、胡说情之朝廷官员全予申斥，或降职、或降品。杨乃武一案共摘去官戴有数十顶之多。为杨乃武平反，颇为得分，既平息舆论，又且笼络人心。慈禧以此为契机，开始全面整肃吏治。

查处浙江官员的背后，是一场君臣博弈的斗争。杨昌濬、胡瑞澜敢与刑部叫板，实质是针对两宫太后垂帘听政，在朝野散布皇帝大政未及亲裁的不满。杨、胡挑战的是慈禧之权威。慈禧则担心朝廷文武大员附和朋比，将有孤立之忧。这并非是慈禧的主观臆测，就在杨乃武案审结不久，御史吴可读为光绪嗣位，承继大统之事冒死以谏。吴可读事先吞食生鸦片，当着朝廷众臣劝谏：你立载湉为帝，是要以听政而已。吴可读列举中国历史上因承继大统问题处置不当而于后世留下种种后遗症，乞求慈禧更张改弦。劝谏完毕，即向同治陵墓方向跪拜，倒地而亡。吴可读的"死谏"，在朝廷掀起轩然大波。朝廷大臣尚书徐桐、翁同龢，翰林院侍读学士宝廷、黄体芳，国子监司张之洞纷纷上奏折。虽然各有具奏，但与吴可读的大统之归、本朝家法之议，大同小异。朝野舆论不利，慈禧不得已作出姿态：吴可读以死进言，孤深表悯惜，着交吏部按五品官例议恤；日后选哪个皇子承继大统，权在光绪帝。但留下一个尾巴，于光绪帝新政后再行训政数年。慈禧听政擅权的意志丝毫未改，决意以整饬吏治为名，清理门户，裁撤异己。废黜杨乃武案所涉内臣及浙江官员只是一个开端。

　　大清延至光绪朝，官吏腐败到了无以复加的地步。官场已无廉可寻，清官难觅踪影。咸丰帝平庸、消沉，同治朝的自救运动也仅仅致力于抵御外患而已，吏治几乎荒废。慈禧再作整饬吏治的文章，打的就是政治牌。虽说在光绪三四年抗旱赈灾中撤办过几名中饱私囊的贪官，主要是以拥护还是反对"听政"、"训政"为整饬标准。

　　最为典型的是云南报销舞弊案。有人举报户部索贿银十三万两，户部侍郎景廉、王文韶及内外大员、部吏等三十余人涉案。新闻媒体纷纷曝光，称主管财政的高官借公权以私吞，勒索下属，省外官吏乘机分利。巷议街谈，社情民意也万口如一。云南报销贿赂舞弊成为光绪朝的一大丑闻。按清朝祖制，历来赴部报销军需军费用，均要交部费，名为补充办公费用，实为肥私。从部吏、司员到外省官员借机分利。这是清朝官场的积弊。经媒体的造势即成公开的丑闻。慈禧派员核查，竟得出荒唐的结论：户部堂官景廉、王文韶查无收受贿款实据，以疏忽失察之名处罚；而御史奏参云南督抚贿遣道府办报销一节，查无贿托之据，仅犯失察之过。慈禧对言官们早存芥蒂，借此以办事不力为由，一个板子打在御史们身上，下懿旨，整肃都察院，大批言官被革职。犯案的是户部，查办的却是言官，这是因为都察院诸御史大多是非议垂帘听政之辈。而嫌疑人户部侍郎王文韶不仅无罪，后被擢升为直隶北洋大臣。

　　又一例是奕䜣。同治中兴，奕䜣自强新政的举措颇有斩获，尤其是外交事务颇见起色，京师同文馆的育才，洋务运动的兴办船政、军工制造局等，在朝廷颇有口碑。自强运动轰轰烈烈，朝廷庙堂亦见正风。慈禧对奕䜣权势的膨胀颇感不安。在中法战争中，以委蛇保守，办事不力之名整饬而将其免职。昔日的心腹,权倾朝堂的亲王,仅凭一顿训斥,便被逐出权力圈。慈禧一统天下,成了真正的独裁者。

杨乃武冤案的平反,在某种意义上,可说是京官与外官的一次较量。曾国藩、左宗棠、李鸿章征剿太平天国有功,使外省封疆大吏的势力得以膨胀,外省大吏颇有尾大不掉之势。尤其以浙江地方势力尤为突出。历来浙江地方势力与京城朝廷形成犄角对立。故而翁同龢为首的一批京城大吏利用杨乃武案来压制地方官吏的气焰。杨、胡藐法欺君,肆无忌惮,矛头指向两宫皇太后垂帘听政之罪责,就是京官从中挑唆、推波助澜,激起慈禧的愤怒,下定铲除异己的决心。然而,京官与外官的较量并非一场定输赢。慈禧要倚重曾国藩、左宗棠等稳定摇摇欲坠的政权,曾、左在外省的地方势力便难以铲除,无非是在争斗中求得势力的暂时平衡而已。光绪四年,因杨乃武案被革职的杨昌濬仍经左宗棠的保荐,在革职一年后被赏四品顶戴帮办甘肃、新疆善后事务。

平反杨乃武案的官场斗争中,最大的赢家则是翁同龢,得到慈禧信任,由刑部侍郎擢升为刑部尚书、军机大臣、光绪帝师。但日后,翁同龢鼓动光绪亲政,变法图强,密荐康有为。这是慈禧所始料不及的。1898年,光绪颁发定国是诏,实行变法,慈禧才恍然大悟。戊戌变法失败,光绪被囚,翁同龢也被开缺回常熟原籍,永不叙用,交地方官府严加看管。凡反对听政之京官大吏、朝廷重臣均逃脱不掉遭整肃的命运。

杨乃武冤案的平反,新闻媒体起着拨乱反正的舆论作用。《申报》等媒体追踪报道杨乃武案,及时反映民意社情,对清政府形成舆论压力。新闻媒体的舆论,对呼吁司法公正、清明廉政的社会效用,较之空洞的整饬令更有影响力。媒体对平反杨乃武案的舆论介入,意味着民情及知识文人的议政意识日益自觉。清政府整饬吏治已不再是封闭式的君臣博弈，而必须面对民情的考量和舆论的评判。这也显示了社会的进步。戊戌变法之际，光绪已看到媒体舆论对政治变革的作用，下令开放报禁，允许民间自由办报。民主之风，终于吹皱了清朝之一潭死水。

　　杨乃武案所衍生的史事时政，并非是一般案狱可同日而语的，其历史的内涵可谓丰富而复杂。

荒政禁烧锅的启示

1874年，年仅四岁的光绪登基，但生不逢时，连年天灾，民食艰难，哀鸿遍野。

《清史纪事本末》曾记载数条奏报，可悉知灾情之严重。光绪二年五月，福州水灾。连日大雨倾盆，昼夜不息，上游河水奔腾倾泻，又值海潮顶涌，水势骤涨。福州城外水深达一丈有余，城内被淹，所有庙宇营房坍塌，闽县、侯官二县的衙署监狱，民居田园道路，尽悉淹浸。遭难居民或攀树登墙，或爬蹲屋上，号呼之声不绝于耳。此次水灾较道光十四年、二十四年福州两次水灾更为严重。八月，山东遭遇水灾、蝗灾。山东巡抚丁宝桢奏报：济宁州境内三百数十村庄悉为泽国，小民困苦不堪；莱州府属之潍县，赤地千里；全省受水、蝗两灾，饥民万千。十月，江苏巡抚沈宝桢奏报，鱼米之乡干旱尤重，各州县亦均歉收。饥民四出寻食，络绎过江逃荒者不下数万人。淮阴一带也是哀鸿遍野，人们扶老携幼，背井离乡。同年，山西、广东、江西、湖北、河南等省也连连急报灾情：百里已无一富室，数十里已无一小康之家，乞求朝廷赈灾。自光绪元年至四年，全国十余省均遭水、旱、蝗灾。灾情之重、时间之长，自清以来甚是空前的。新朝面临着执政能力的考验。

其实，光绪朝早已陷于钱粮匮乏之困境，赈灾放粮乃是首尾不顾，捉襟见肘。除下颁例行常规政令，督促各省督抚全力应付，筹粮放赈，减差徭赋税，发动灾民兴修水利，灭蝗挖蝻抗旱；又举荒政措施，以应燃眉之急。如颁谕顺天府去大高殿拈香求雨，增办粥厂，接待灾民；命李鸿章酌量借拨南、北洋海防军费，移缓重灾区救急；令福建巡抚丁日昌向香港及东南亚新加坡、安南（越南）、暹罗（泰国）华侨劝捐赈灾；特准户部颁发虚衔实职空白执照两千张，交地方督抚办理纳捐，以资接济赈灾，等等。赈灾不得不求告苍天，动用军费，劝募华侨，捐官集资。清政府的荒政举措实是急病乱投医了。

自清以来，水、旱灾频发是屡见不鲜的，这也是历朝帝王将兴修水利、荒政赈灾作为重要治国政务的原因。每逢特大灾情，先朝诸帝均有从容处置之策。乾隆、道光朝均有先例可查鉴。

乾隆元年多灾迭降。四川九州县遭严重旱灾，南溪等州县遭风暴袭击，甘肃、台湾发生特大地震，陕西固原三州县、江苏无锡等十三州县、河南南阳九县、湖北汉川十三县、浙江安吉四县连续发生水灾，山西永济三县遭霜灾，福建闽县等八县遇飓风，等等，其灾情之重，灾区之广，类同光绪朝。乾隆朝赈灾荒政也颇见力度。乾隆连续五次下谕，蠲免灾区赋税，普免十年民欠钱粮，使其休养生息；拨仓米赈银，抚恤灾民，仅江苏、安徽二省，拨灾银二百九十万两，米谷二百二十万石。乾隆未雨绸缪，还特命再拨邻省银帑一百万两备次年春耕接济。在赈灾的同时，乾隆下谕积储备荒，诏示各省督抚筹划籴粜便民之策，以应对灾后重建，力求使百姓家有粮贮藏，能自为生计，抗灾缓急。虽逢旱涝，不至于流离失所。当然，乾隆朝正值盛世之初，国库充盈，家底雄厚，非光绪朝可比拟，但乾隆务实救灾，以树立政府形象，不信鬼神拈拜拯救黎民的做法，实是光绪朝难以企及的。

道光朝赈灾荒政亦然。道光年间，清朝已处于中衰之时，特大灾荒也给清廷造成莫大压力。道光二年,永定河屡次漫口淹城,北段黄河溃堤二百三十丈,农田庐舍均遭淹没,致使直隶霸州等三十六州县受水灾。道光就直隶连年水患,下谕公开作自我检讨:直隶连年水涝,皆朕不德,不能上感天知,致我无辜赤子荐受灾荒,何忍睹此景象。道光除高调罪己,还旋即下谕内阁,准于司库内拨银赈粮,给灾民两月口粮,抚恤受灾的地方民众;给直隶总督蒋攸铦一册《直隶河渠志》,令其悉心查阅,以备考证,该督等务必筹出万全之策,保卫民生之主意。另命藩司筹拨银两,立即抢护筑堤。因水灾引发集市粮价剧涨,贫民口粮艰难,道光即令京畿五城分设厂座,发仓米五万石平价粜卖;并责成都察院稽查,严惩奸胥市侩冒领囤积。灾区日增,粮米不敷支放,道光又令漕运总督从九江等地帮船漕运粮米以备拨用。道光荒政之举也显得有板有眼,既有舆论造势,政务自责,安定民心;又有赈粮实放,监管市场,平抑粮价,调度备用灾粮,筹银筑堤之措施。道光虽无乾隆的大手笔,但政务治理的逻辑甚为清晰、理性。相比之下,光绪朝也是相形见绌的。

诚然,光绪朝之荒政不及先祖有智慧,但也并非一无是处,其中荒政禁烧锅还是可圈可点的。

早在乾隆年间,清廷曾将荒年禁酒作为积粮储仓的一项具体政策。至咸丰朝,因财政拮据,为扩大税源,着户部开禁,发执照抽收烧锅税,一张执照每年收税十六两。禁令一开,烧锅造酒商蜂拥而至。一县少则几十家,多则数百家;无执照的私锅更达上千家。尤其是山西、河南、直隶等北方诸省均多开设烧锅,以酒为业。山西汾酒、河南高粱由此闻名。据统计,仅顺天府、直隶省所属,烧锅一项每年耗粮五六百万石。这对荒年救灾,无疑是个巨大压力。时至光绪元年,水、旱灾连连,御史胡聘之以造酒乃是巨耗粮食的根源,妨碍"民食"为由,奏请重启荒政禁酒令：救荒之策，首在严禁烧锅。胡聘之的奏请因影响税收而遭到户部的竭力反对，但隶总督李鸿章却深谙灾年导致的社会危机，为保一方平安，则给予全力支持。清廷既要顾及户部的征税，又要面对赈灾的现实，不得已采取折中的紧缩政策。光绪四年，清廷决定暂禁烧锅。

光绪朝禁烧锅并非照搬乾隆的旧规，而是应势利导，管制与调节交替。乾隆朝荒政禁烧锅的定例甚严，行政严令之外，还有量刑处罚。乾隆二年五月上谕，河北五省当永行禁止。若违禁私烧，照违制律杖一百；广收新麦晒曲开烧者杖一百，枷号两个月。地方官失察，分别降留降调。禁烧锅令从严，却对养民储粮起到显著作用。但咸丰朝全国用兵，财源枯竭，以发照抽税开禁。此举百弊丛生，私锅皆变为官锅。据统计，河北五省烧锅达数万家，从事烧锅的业主、帮工达数十万人。荒政禁烧锅不只面临税源流失，更有引发大量民众失业，社会不稳定的危机。光绪朝的荒政禁烧锅也就面临着两难选择。

御史胡聘之据理力争，对烧锅业现状，作了详尽分析：一省烧锅每日需用高粱两万余石，烧锅一日之费，占百数万人之食；而一省烧锅每年交课税银不过三万余两，利弊孰轻孰重，昭然而知。清廷权衡得失，决定准奏，下令暂行停烧，以济民食。禁烧锅之重点是顺天府、直隶、河南、山东、山西、陕西诸省。直隶总督李鸿章首先响应。继直隶之后，山西、顺天府、河南等省相继出示公告禁止烧锅。清廷还明令：若有地方官员不肯认真查办，一经发现，立予参办。

光绪朝在实施行政管制的同时，兼而采取区别对待，执法分步走的折中之策，以稳定社会。凡光绪三年之前由户部领照者准其照常开业，光绪四年后一概不准新开烧锅；凡歇业者则不准续开，尽力压缩、控制烧锅的规模。与此同时，增加烧锅造酒的税赋,由咸丰三年户部规定的每铺课银十六两增至三十三两。有些经营不善的烧锅业主不堪重负而纷纷歇业,单就直隶省、顺天府就自动关闭达数百家之多。

其次,针对各省灾情,采取因地、因时制宜之策。如,贴近京城的直隶、顺天府等地各令停止烧锅一年,灾情尚缓的承德府则免其停烧以安定地方。当直隶省旱情结束,田禾长势畅茂,新粮上市,物价平减,农户有余粮乏人承买,且出现谷贱伤农时,清廷准李鸿章因时制宜放松禁酒之政,除私锅外,允许官锅开烧,照章纳税。弛禁之策,保护了农户的利益,也起到稳定社会的效果。

光绪朝颁布荒政禁烧锅令,使赈灾米粮之缺口大有改善。詹事府奏报,通州(顺天府所属)闻有禁烧之说,集市米粮立即充溢,明效彰显。清政府将调控烧锅造酒,作为灾年平粜粮价,维持农户、商家之生计,稳定社会的一种辅助政策,应该说是成功的。

光绪初年的荒政禁烧锅颇有点现代管理之意味。荒灾禁烧锅是其行政管制的基本政策。管制之道,一是行政命令,二是增加税赋,双管齐下,有效压缩全国烧锅业的规模。而因地制宜的区别对待,因时制宜的弛禁,显示了管制下的政策灵活性。收缩与弛禁的灵活调控,对保障灾年的民食,维持社会稳定,以及平丰之年的农民利益,无疑是有益的。光绪初期的"荒政禁烧锅"令在诸多的赈灾治理中不得不说是个亮点。

兴办新学之殇

同治、光绪朝曾自上而下地发起一场教育变革。虽说,晚清的教改如同其他新政,仍有虎头蛇尾之嫌,但其影响、推动中国社会历史的进程是功不可没的。

若说,同治年间兴办京师同文馆是变革之始,光绪朝建立京师大学堂推动全国办新学便是教改的高潮,而同文馆并入大学堂却是变革的收尾之作。戊戌变法失败,慈禧重归训政,由晚清政府主导的教育变革也就回到了原点。教改的终结,新政便成了夭折之殇。这场时间跨度数十年的教改长跑毕竟给数千年圣贤儒道的旧教育吹进了一股清风,培育了一批兼蓄中西文化的新型人才;但也不得不承认,未能触及、更新制度的教育变革难免摆脱不了新瓶装旧酒的无奈。

同、光朝的教育新政,是晚清史上的一个亮点,但也留下足以深省的人文思考。

京师同文馆的创办开启了晚清的教育新政。建馆之始,并非自觉于改革教育,仅是出于急功近利的急需人才速成培训而已。咸丰十三年,清政府在恭亲王奕䜣的竭力推动下设立总理衙门,统筹、承办各国外交事务。外交何以为之?与列国交涉,必先识其国情,若语言不通,文字难辨,一切都是雾中看花,何谈外交?为此,奕䜣奏请朝廷开办同文馆,令广东、上海各督抚等派遣通晓外国语言文字之人,携带各国书籍来京,并选八旗子弟中资质聪慧,年在十三四岁以下者进行速成培训。同文之义,便是将西洋语言文字经过翻译化为同一汉文。同文馆的任务,一是翻译,二是教习翻译。培养目标单一,即翻译人才,以八旗子弟为对象,是为外交事务备选官员。奕䜣对京师同文馆的最初设计并无专门师资,也无规范教材、课程设置,唯一的条件是,通晓外国语言文字者均可入教习,有西洋书籍便可拿来作教材,既无比较、选择,也无资格认定。招收学生的标准不以学识基础为准,仅以满贵族子弟为限。更要强调的,同文馆是短期性的。奏折上言明:资助学习,于文字语言悉能通晓,即行停止。因此,同文馆开办最初二年,仅设英文馆、法文馆、俄文馆,学生30余人。虽然后二年又增设天文算学馆,扩充自然科学课程,邀请西洋传教士为教习,招取满汉举人、贡生入馆,但教育新政仍未形成明晰的框架。

同治十一年,京师同文馆成立十余年后,在美国传教士、同文馆总教习丁韪良的整体筹划下,制订了八年及五年制教学计划,即由洋文而兼及各学科的八年课程表;借助译文而求学各学科的五年课程表;修订《同文馆章程》,确定学规,明确课程设置、教学方式,招聘师资,学堂政务,等等;至此,京师同文馆才正式成为一所具有近代教育意义上的文理综合性的新式学堂。前后历经长达十年之久,同文馆才成为仿效西方学校的模式,完全异别于中国旧式书院的学堂。也是在这个意义上,晚清政府开启了教育新政。

晚清启动教育新政是应时而生,顺势而为的。应时,是服务于清廷外交事务的应急之举;顺势,则由于洋务思潮的推动,西方教会教育的冲击。

十九世纪八九十年代,正是晚清洋务思潮勃兴时期。同治初年,中兴自救新政发起了引入西方科技,求强、求富的洋务运动,以引西洋之长,扶大清将倾之大厦。培养中国近代科技人才被视为当务之急。洋务思潮的先驱者冯桂芬率先提出改科举、采西学之倡议。洋务派核心人物,两江总督兼通商大臣张树声亦上疏奏章呼吁开设西学,办新式学堂。其在奏折上说:惟洋人制造确有精理,不从学堂出身者只能步其后尘,设西学馆,必不可少。推行教育新政,实施新式教育已成为洋务派的共识。这一思潮的勃兴正是在 1870 年前后。社会达人的舆论和实力派的运作,京师同文馆的教育新政才引起清廷的重视。晚清政府下决心,在天津、上海、福建、广东等地聘请外籍教师。兴办新学。培育人才,已成为当时的一种文化时尚。至此,京师同文馆已不再是尝试应急式人才培训,而是文化意义上的一次教育变革。洋务运动促成了中国近代教育的创生。史学研究者将晚清时期称作中国三千余年一大变局,以京师同文馆开端的中国新式教育也列在变局之中。

教会学校的扩张冲击了中国的旧教育,也为新式教育的造势提供了助力。

咸丰十年第二次鸦片战争后,清政府与西方列强签订诸多不平等条约,其中允许传教士来华传教办学被列为重点。显然,西方列强是借传教、办学实施西化中华的政治图谋。但不容置疑的,西方近代教育对中国封闭式旧教育的冲击,也为新教育的萌生造势。教会学校将自然科技和社会人文科学列入了基本课程,如《圣经》、《格致须知》以及地理、历史等多门课程,对恪守儒家典籍的诵背、诠注式教育无疑是一种颠覆。教会学校教材之新,启迪式教学方法之开放,形成了传播新文化的强势。更甚,随着通商口岸的增多,教会学校落地速度也十分惊人。据《在华基督教传教士 1890 年大会记录》统计,各国教会在北京、广州、香港、澳门、宁波、上海、福州以及内地广办学校,自 1864 年建立北京贝满女校,至 1876 年,仅十余年时间,教会学校已建成 350 所,学生总数达 5 975 人;1898 年,单是美国传教士开办的初级学校有 1 032 所,中级以上学校有 74 所,学生超过两万人。其规模扩张之捷速,普及面之广,社会认同度之高,均是出乎意料的。这意味着,新式教育改造旧教育之势已不可阻挡了。

郑观应在其著作《西学》中作过一个总结:学校者,人才所由此而出;人才者,国势所由此而强。借鉴西方强国梦的历史经验,国势强盛的根本就是教育之先进,能培育经世济民之英才。若在大清盛世,郑氏一言足以罹难于文字狱了,而在晚清衰落救亡之刻,这也道出了社会上下对教育新政的文化追求。知识达人之舆论,西方教会教育之压力,终于将京师同文馆起步的教育新政推上了轨道。

继京师同文馆之后,北京大学的前身,京师大学堂在戊戌变法的变奏曲中靓丽现身。它的诞生意味着晚清政府将建构新学模式的构想和实施逐渐积聚成一种文化自觉,一种国家意志。

不过,值得深思的是,创办京师大学堂的倡议并非来自主管教育的礼部,而是刑部左侍郎李端棻。《清史纪事本末》记录:光绪二十二年,李端棻奏《请推广学校折》,首倡建京师大学堂。

李端棻倡办大学堂的理由是:培养新型人才乃是政治变革、自强富国之需。其在奏折上说:皇上将新政以图自强,恐无实施之人,百废待兴,特降明诏,征集通达内外知识和才能之士。显然,李端棻的立意要比奕䜣高得多。李氏将教育新政注入了政治变革的内涵,人才保证应从政治战略上思考,既不能急功近利地从实用主义的角度出发，也不能局限于技术人才；须建立新的教育模式和近代新式教育体系，自上而下推进教育新政。李氏在奏折中恳切陈词：人才如此匮乏，并非天不能生才，而是教育未能尽责。

自京师同文馆开启新政以来，各省先后设立各种学馆，虽然教习中外学术，但李端棻却认为，今之学馆，求学于故纸堆中，终成空谈，自无实用。各类学馆流于形式，作秀赶时髦。李氏的批评颇为犀利，也一针见血，晚清教育改革步履艰难，乏有成效，就在于教育之道未变通之缘故。李端棻的目光确是超越于晚清政府的决策。

李端棻的奏议却被总理衙门搁置，问题就出在变通教育之道与总理衙门的实用权宜之见相悖。

李氏遭冷遇，戊戌变法主将康有为则挺身而出。光绪二十四年，康有为上书力争：要统筹全局，办新学自京师大学堂起。作为维新派首席智囊，康有为的影响力足以引起光绪帝的重视。光绪旋即下谕：京师大学堂历经臣工奏请，准其建立。后又多次督促总理衙门，令其下达具文，每年拨款十八万两，克日兴办。着军机大臣孙家鼐主管大学堂事务，庆亲王奕劻、礼部尚书许应骙协办建堂工程事务。光绪的最高指示，迫使各部主管纷纷挂衔司职，其规格之高，阵营之强已不是一个学校所承受的。显然，光绪是将办京师大学堂当作维新变法的一件大事了。

孙家鼐对创办大学堂，推行教育新政是竭尽心力的。孙氏参照西方各国学校制度，拟就办学八条：一、中西学分门要改变；二、学成后看重名誉，要谦虚谨慎；三、选择教材要谨慎；四、西学拟设总教习；五、专门洋教习的薪水宜从优；六、学生补贴应酌量变化；七、进士及举人出身之京官拟设立候补士官学院；

八、毕业后出路应有筹划。孙氏八条所提及中西兼学，从严选择教材，招聘外教，补贴学生等教务原则，以及忌名利、忌应试科举之学规等。综合而言，碎片化的办学准则，还谈不上教育新政之文化精神，摆不上制度层面的立规，这也暴露了晚清政府对如何深入教育改革仍缺乏一种远见和底气。如是的办学方针，光绪帝还是给予高度认可的，其批示：缕晰条分，尚属妥协。其意是，办学八条，一条条分析清楚，尚属稳妥，拟按各条认真办理。

自光绪二十四年始，为举国上下实施教育新政，推广新式学堂，光绪帝推出诸项举措，其力度之大，决心之坚，远非同治朝办学馆可比拟的。据《清史纪事本末》记载，光绪帝屡发诏谕推行教育新政的举措有：

确保京师大学堂的教育经费，张扬新学模式的示范作用。光绪特谕户部，为保障延聘外教、购置图书仪器、教材课本，政府须给予经费支持。据户部支付记录：户部存放华俄银行库银的每年利息二十万两拨付大学堂；另饬文各省督抚，大省每年筹银二万两，中省一万两，小省五千两，常年拨解大学堂。常年专项拨款，在晚清政府的教育支出中尚属首次。

行政干预，书院改制。清廷将各省、府、州、县现有的大小书院，一律改为兼习中西学之学堂。诏谕明文规定：省会大书院改为高等学堂，府、州书院为中等学堂，县书院为小学，与京师大学堂相配套。中小学之教科书由官设书局编译中西课本颁发遵行。诸如，两江总督刘坤一的变通处理成为这次书院改制的模范省。刘坤一将历史悠久的储才书院改为江南学院，将钟山、尊经、惜阴、文正、凤池、奎光等六大书院改为府、县中小学堂，使江苏地区书院改成一体化的中小学堂，与京师大学堂配套。两江改制的经验也由此迅速被推行到全国各省，效而仿之。

鼓励开办新学堂。对各地奏请新办学堂均予以批准,并下达文件令各地政府拨款资助。如盛宣怀出资在上海设立南洋公学,刘坤一在南京下属七县新办小学,等等。据总理衙门公布的数据统计,自京师大学堂开设的二年后,单京城新办学堂增至 250 所,各省官办学堂多达 4 万余所,其发展速度不谓不快。奉旨办新学成为一种运动,这也是近代中国的一大特色。

成立学部,统一全国的教育管理。这也是光绪朝教育新政的一个重大成果,标志着兴办新学开始进入国家行政体制变革的层面。光绪下发诏谕,指示:管学大臣及各省督抚、学政,须亲力亲为,学部应承担教育之责,严定课程,宽筹经费,慎选学生,培育有用之才。无疑,光绪对各级教育主管下达了问责令。

从清史资料中可悉知,光绪朝的教育新政已具系统性变革。官员问责给以组织保证,财政专项支付确保教育经费,政府主办示范学堂、书院改制兼存,各类地方学堂级次递进,多样化模式齐头并进;光绪对推行教育新政的顶层设计确有可圈可点之处。

历史出现了拐点,晚清的教育新政也随之终结。

光绪二十四年八月,戊戌变法失败,慈禧重新训政。光绪被囚禁,维新派人士或遭捕杀,或被谪贬,变革新政人士顿作鸟兽散。方兴未艾的教育新政,以京师同文馆与京师大学堂合并而告终结。两校合并前,慈禧下令严饬整顿。先停办京师大学堂,对维新派教改进行清算。首任办学大臣孙家鼐因入帝党而被解职;草拟《京师大学堂章程》的继任办学大臣张百熙被调离岗位,改任吏部;遣亲信荣庆任学部尚书,掌管全国教育;嘱令其对张百熙推行之教务逐一加以监督,修改章程,突出经学,排斥西学。孙家鼐、张百熙制定的"广育人才,讲求时务"的京师大学堂变味了。当初设置中西学兼容,开办道、政、农、工、商学等十科,被整顿为诗、书、易、礼四堂及春秋两堂。京师大学堂回到了旧式书院的原点。到 1902 年,与京师同文馆正式合并,重新开设速成科、进士馆,直接为改良的科举制服务。教育新政已是面目全非,被逼进了死胡同。大业未竟而夭折,乃是晚清之悲哀。

晚清教育新政之兴衰为今人留下了足以资鉴的人文思考。

同、光朝教育变革的终结,有其政治变局的原因,但与其自身思想理论准备的不足和简单化的行政推动亦不无关系。若作深度评估,笔者以为有以下几点成因是至关重要的。

教育文化精神的落差。

晚清教育变革缺失的关键是新教育的文化精神与旧教育的书院精神存在明显落差。中国旧式教育除了私塾义学,主要是散布在各省、州、县的书院。书院教育有着近千年的历史渊源。书院制度初始于唐,发展于五代,繁荣于宋,延续于元、明、清。自唐以来,科举考试取士成为制度化,书院教育便成为政府官学的重要补充。书院教育为适应科学考试的策试、诗赋、帖经而设置相对应的课程。学而优则仕,应试教育便成为中国旧教育的基本形态,而书院也就成为旧式学堂的基本模式。

经过近千年的历史传承,书院教育的文化取向便聚焦于价值关怀与知识追求的统一。所谓价值关怀的人文精神便是士志于道,将儒家之"道"作为追求目标,以"道"修身,完善自我人格;以"道"治世,完善社会秩序。而知识追求,是强调学术精神的执着,但书院文化是执着于"道"的信仰,对"道"的知识追问。

可以说,中国旧教育有着系统化的教育文化精神,即是以德行修养和历史文化为要旨的人文传统，无论是入学受教，还是私学启蒙，均是在遵守礼仪和学训规矩，渐学渐进的。在书院精神的熏陶下，以"道"修身治世成为教育的人才培养模式。中国旧教育的文化精神贯穿于书院的学规、教习方法之中。这已成为中国知识分子对教育传统精神的自觉认同。

相比较而言，晚清教育新政缺乏对教育文化取向的系统性重塑。19世纪60年代，洋务派先驱是经济领域的改革者，谋划教育新政却是举棋不定，犹豫不决，对教育新政的文化追求处于朦胧状态。同治朝草拟同文馆章程的原则是"取西人气数之学，以卫吾尧、舜、禹、汤、文、武、周书之道"。新政的立意是借西学之气，扬儒家经学之"道"。如此立意，新政何以能谓"新"？十数年后，光绪朝维新派的有识之士，也未跳出旧书院精神的窠臼。孙家鼐在《遵议开办京师大学堂折》的奏议中，将办学宗旨说得很是直白："今中国创立京师大学堂，自然以中学为主，西学为辅，中学为体，西学为用"；"不能以西学凌驾中学。"何谓中学（旧学）、西学（新学）？晚清重臣张之洞在《劝学篇》里作了更为详尽的说明和严格限定："新旧兼学，四书五经，中国史事、政书、地图为旧学；西政、西艺、西史为新学，旧学为体，新学为用。"既承认西方教育之优长，又不准以西方开放的人文精神教书育人。恪守传统教育的文化精神，不得逾越雷池。新式学堂所标榜的采西学、人才蔚起；以讲求时务变通教育之道的精神却缺乏明晰的文化路径和人文关怀的价值取向。由此，僵化的旧传教传统借新式教育还魂只是个时间问题了。戊戌变法失败，慈禧回归训政，由新学堂开启的教育新政戛然而止，也便成为必然。

官本位的行政管理体制。

晚清新学堂的管理体制是以官员行政权力为本位的。这与中国书院追求学术独立性的教学规制相悖。后者正是现代教育应该发扬光大的文化传统。

中国书院作为官办体制外的教育组织，秉承传统的私学制度，不纳入官学的权力本位。书院的主持者、管理者（山长）不列入朝廷任命，却有聘师招生的独立自主权。书院院长、教务专职人员多为士人模范的标准选聘，受聘者大多是名师大儒，在教育界声望颇高。书院聘任的名师可自由择院讲学，允许学生择师而从。这种教育体制能保障学术独立性的实现和光大。晚清开设的新式学校即把这一合理体制丢弃了，代之以官府包办，由财政筹资支付新学堂经费，按官职管理不同等级的学堂。如，太仆寺卿徐继畬担任京师同文馆事务大臣，此官职相当于内阁部衙的侍郎级官吏；主政造船专科学校求是堂艺局先后是内阁大臣沈葆桢、吴赞诚。京师大学堂亦然。首任办学大臣孙家鼐曾历任工、礼、吏部尚书等要职，大学堂行政教习由现职直隶州知州吴汝纶加封五品卿衔任职。后任办学大臣张福熙调任的官职也是吏部尚书。可见，京师大学堂级别之高。京师如此，地方省府也效而仿之。学堂成了准官场。教职以官员安排优先，晚清又多了一处官场博弈、争权夺利、损教肥私的场所。光绪年间，美国著名社会学家，威斯康辛大学教授罗斯在中国留居多年，游历、考察过中国各地，在《变化中的中国人》一书中专撰"新式教育"一章，真实记录了晚清官府办新学堂的状况。

罗氏记录报道：

> 学校占较大比例的，是不教书的官员。
>
> 中国一所现代语言学校里，只有 27 名教师，行政官员却有 10 名，其中一半是挂名拿工资。
>
> 一所只有 20 名教师的高级商业学校，行政官员却有 10 名，其中 3 名是挂名的。

一所 800 名学生的政法学校里，有 25 名非教师的官员。

在晚清官场中人看来，在新学堂里当官，名位不高、权力不大，却是个安稳的职位，少有因卷入朋党、朝野更迭而落马的政治风险。何况，挤入学堂官场的，均是有靠山，或是裙带关系，或有人脉关节，各有利益所系，这已构成稳定的行政体制。

官本位的行政管理处在清朝吏治腐败环境，难免频发教育腐败的丑闻。学校官员凭借聘用教师、招收学生的权力寻租贪污已成为普遍现象。罗斯教授在四川省某教育中心察查到这样的事实：省府花巨金聘请美国教师，校方官员却只签订一年合同。期满借口不称职而解聘，另启招聘换签约。每次轮换，该官员可得 300 美元的旅行补贴金。"盲人引导盲人"已成为西方人讽刺中国学校官场的笑柄。罗斯教授在考察晚清新式教育时下了一个评语：让不懂教育的政府官员管理中国的新式教育，犹如四世纪时哥特人管理雅典的学校一样的不合格。这话虽然尖刻，但不无道理。

学校的盲目扩张。

为追求新政的改革效应，清政府采取行政命令搞运动式的盲目扩张。形式主义造成了一个严重后果，即是师资匮乏，教育质量下降。按照教育新政的预设，各类学校（包括官办新学堂、书院改制学堂）均须开设西学以辅中学。而西学的师资不限于语言文字专业，更广涉自然、人文科学各学科。晚清教育资源的现状无法应对西学师资的需求。同治元年在开设京师同文馆时，总理衙门曾咨请两广总督、江苏巡抚派遣西学教员。广东答称：无人可派；上海回复：虽有其人，而艺不甚精。可见，开办西学课程本无师资之基础，同文馆虽以培养西学翻译人才为目标，每年毕业生却寥寥无几。同文馆首届招生录取学生三十名,三年后毕业只剩五名。之后,每年招生中有不少现职五品以下满汉京外各官,均是为镀金而来。至光绪朝,同文馆每年毕业生近百名,除留作同文馆任翻译,列入官员升迁,光作师资教习已无多大余地,要应付如此庞大的教育需求简直是天方夜谭。

延聘外籍教习被视作一个出路。但晚清政府财政匮乏,官办学校的经费常常捉襟见肘。据罗斯调查,省府学校的外教年薪白银 500 两,而中国教师仅 8 两。许多学校无力聘请优秀外教,便等而下之求其次,常见滥竽充数的南郭先生。罗斯在考察南方某校时便发现,一个物理教师除了懂点电学外,其他方面一概不知。一个德国教师四句汉语只懂一句。至于书院改制的新式学堂,大多是换个招牌而已。私立学校无条件聘西学教师,改制新学便成了新瓶装旧酒。

晚清教育新政的夭折,其要害是未触及迎合科举制度的应试教育,以及官本位的教育管理体制;另则,马拉松式的渐进式变革长达数十年,时停时续,忽张忽弛,一步三回头,无效率可言。改革需要争朝夕的激情,开弓没有回头箭之锐气,但晚清官员惰性顽固不思进取,使教改失去许多机遇;而政府又偏好形式上的改良,难免会把改革煮成一锅夹生饭。西方现代教育变革的成功经验就是两条:一是制度变革,二时效率原则。这真是敲打在点子上了。

民间集资驱动路政

　　光绪朝的改革新政颇多，但掣肘于改革派与顽固派的政治博弈，大多是终而无果。能善始善终，且收效显著的新政甚少，兴办铁路的新政可算是其中之一。尤其是，戊戌变法失败，慈禧二度归政之后，光绪被囚禁瀛台的境况下，路政仍能正常延续，这在光绪朝是难得一见的。

　　铁路新政萌生于光绪十三年。海军总理事务大臣、醇亲王奕譞递交一份兴建开平至天津大沽铁路的报告。此议引发了清廷内阁的一场激烈内斗。大学士恩承、吏部尚书徐桐、户部尚书翁同龢等数十名尚书、侍郎、御史、学士纷纷反对，并扣以资敌、扰民、夺民生计三大罪状，竭力要求朝廷予以否决。

　　考查清史，恩承、徐桐等人的发难，其实是光绪初年洋务争执的继续。光绪六年，中俄边境冲突频发，伊犁边疆谈判陷入了僵局，沙俄则以武力恫吓，威胁中国的国家安全。面临外患挑衅，清廷总理衙门急召淮系名将、直隶提督刘铭传来京商议防务对策。刘铭传独出奇策提出修筑铁路的建议。他认为，此是加强军备防务，快速调遣兵力、军粮的必要之举。刘铭传还设想，为确保京畿安全，畅通军备，应以北京为中心，开建东至清江浦、南至汉口、北至盛京，西至甘肃等四条线路；因工程浩大，不能并举，可先借洋债，筑建北京至清江浦的铁路干线。刘铭传的奏折上递后，朝廷令北洋大臣李鸿章、南洋大臣刘坤一提出评估意见。李鸿章对部下刘铭传的设想大加赞赏，鼎力支持。李氏认为，修筑铁路不仅涉及国计民生、军备防务两事，更是事关富强之要务。他的评估结论是，先造清江浦至北京铁路，后逐步推广，举洋债乃是不得已的办法。

李鸿章的评估意见立即遭到顽固派群起而攻之。翰林院侍读学士张家骧、周德润，通政使司参议刘锡鸿，顺天府丞王家璧等纷纷上奏，声称修铁路有百弊而无一利。一是修筑铁路依赖外国之资金、技术，如同资敌；二是筑铁路是与民争利。刘锡鸿更是荒谬，认为筑铁路会惊动山川之神，易召旱涝之灾。除却顽固派要求朝廷置之不议，以防流弊；洋务派内部也出现分歧。南洋大臣刘坤一的评估意见就是模棱两可的。他担心开建铁路会导致旧式交通运输工役的大量失业，产生社会失稳之严重后果。他的意见是，请内阁再行论证，核明地方对造路行车有无阻碍，收税还款有无把握后再作决定。由于顽固派的反对，洋务派的分歧，导致兴办铁路之奏议被搁置。光绪七年，清廷作出正式决定：根据朝廷众臣陈奏，铁路不宜开。第一轮的路政之争，以洋务派失败而告终。

六年之后，海军衙门再呈开建铁路的奏议则是旧事重提。重启铁路新政之议的幕后推手则是李鸿章。自清廷决定搁置路政，李鸿章始终为新政而奔波。先是写信给醇亲王奕譞，希望他出面主持大计；后又乘中法战争结束，朝廷谋划妥筹善后之策，便以转运漕粮为由重启兴办铁路提案。为减少顽固派的阻力，李鸿章建议将东线铁路计划压缩为北京到通州。这些努力均因内阁顽固派占优势而告失败。李鸿章几遭失败，便改变策略，利用兼署直隶总督之权力，以开平矿务方便运煤为由，筑建了唐山至胥各庄全长十五公里的铁路，并与醇亲王奕譞商定将开平煤矿铁路延伸至大沽、天津。这便有了海军衙门奏议之故事。

　　李鸿章、奕譞的联手激起顽固派更猛烈的反击。这次联名上书的京官并非是当年的侍读、言官，而是手握实权的军机大臣、大学士、尚书、侍郎等高官，奏折所扣罪名仍是原封不变的资敌、扰民、失业。颇有重演当年口水仗的态势。

　　然而，第二次较量的政治成色却不同了。此时的李鸿章已成为慈禧的亲信，而盟友奕譞则是光绪帝的生父。慈禧打光绪牌垂帘听政，前提是要笼络奕譞。善于玩弄权术的慈禧既要依靠洋务实力派的支撑，又要顾忌洋务派的势力膨胀、尾大不掉，便常在支持与牵掣之间来回摆动，坐收渔利。显然，在慈禧看来，兴办铁路并非是图谋国家之富强，首要的是谋求政治力量的平衡。基于这一执政逻辑，慈禧作出一个决定，撇开内阁，在地方军政要员层面开展铁路新政的讨论。光绪十五年，慈禧发布懿旨，将海军衙门的奏议下发各省督抚及沿海将领，就开建北京至通州铁路，各抒己见，迅速复奏，用备采择。

　　讨论的结果则是立场分明。沿海将领一致赞同海军部的建议，认为建筑铁路，有利于军队的防务，军行万里，粮运千仓，有瞬息之效，对朝廷的安危关系甚大；另则，畅通货运，营销矿产，便利行旅，加快邮递，益处巨大，举不胜举。一言蔽之，建筑铁路利国利民。将领们的意见简直是对顽固派诉之三大罪状的逐条批驳。然而，多数督抚却持反对意见。少数几位督抚虽表赞同，但对具体铁路线的谋划却各有打算，其取舍的出发点还是地方利益。

　　在军、政两界争执不息之际，时任湖广总督的张之洞则挺身而出，语出惊人，扭转了洋务派的劣势。张之洞针对兴办铁路的利弊作了十分透彻的分析。他认为，西方建筑铁路已有一百余年历史，乃是各国求富强的必由之路，中国要谋求强国梦就应该向西方学习。海军衙门陈奏筑铁路有利于海防，各省军备转运；货物、矿产的流通，邮递及赈济的快捷，种种便利均已详明具实，包举无遗；但更为重要的是，有利于促进农、工、商各业的经济复苏和发展。所谓铁路之用，可让中国物产之盛，变粗贱为精良，化无用为有用，土货旺销；山乡边郡之产，均可流行于九州之外；销路畅则利商，制造繁则利工；总之，内地开未尽之宝，外省可获丰厚利益，这便是铁路之利；首在利民，民之利实现，国家之利也因此可见。张之洞话锋一转，接入兴建铁路的具体谋划。张之洞建议，应首要考虑建干线，讲实效。首建干线，为经营全局之计，然后循序渐进。具体方案可选卢（卢沟桥）汉（汉口）铁路开始，其理由是，该路线段为铁路之枢纽，干线的基础。张之洞的建议，实际上已构想了铁路新政的基本框架。

张之洞辨析的最精彩之处，是对建筑铁路可促进中国经济社会的变局及其美好前景的描绘。显然，张之洞的宏论打动了慈禧。光绪十五年，慈禧最后拍板，决定采纳张之洞的建议。四月，慈禧下达懿旨，批准开建卢汉铁路，此事为自强要策，必应统筹天下全局。慈禧一锤定音。意味着洋务派及顽固派在铁路事宜上停止无谓的政治争议，通力合作开展铁路新政。光绪十五年，慈禧归政于光绪帝。光绪亲政后亲自督办铁路新政，开始了长达近二十年的光绪朝路政。

路政能否善始善终，取决于三个条件。一是停息政治斗争，凡事关经济建设不应卷入无谓的政治纷争；二是政策得当，有利于国、于民；三是尊贤使能，用人得当，知人善任。第一条，慈禧的表态，迫使顽固派作出让步和妥协。后两条，光绪帝则是亲力亲为，虽有失误，但致力于政策创新则是不遗余力的。

铁路新政的实施甚是步履艰难，每走一步均需政策的驱动。而慈禧批准张之洞的计划,仅是卢汉铁路划为四段,分作八年造办,其政策设计几乎是一纸空白。

海军衙门遵慈禧的决定,就张之洞开建卢汉铁路的奏议,着力考察踏勘而后谋划的具体方案,也仅限于实务。诸如,一是改张之洞采用山西晋铁作铁轨变为购用外洋钢轨用于主干铁路,理由是晋铁多杂质,不能保证铁路质量。二是修筑铁路费用的估算。经考察地志,卢汉铁路线长三千余里,张之洞仅称南北二千里;购地、钢轨、造桥等费用初算为三千万两,远超张之洞原拟一千六百两近一倍。三是卢汉铁路两头同时动工,中间合龙,以缩短竣工时间,提高工程效率。光绪帝认为,海军衙门的报告较切合实际,便作出明确批示:规划周详,即可定计兴办;并通谕内阁各部:铁路为通商惠工要务,朝廷定议必须执行。也就是向内阁晓谕,兴办铁路的新政必须坚定不移。这是光绪将铁路新政提高到朝廷定议的基本国策,要求各部衙不折不扣地执行。

然而,卢汉铁路真正启动却是在光绪批示的六年之后,即光绪二十一年。其拖延缓办的原因,除却清朝官吏的懈怠懒庸作用,主要还是资金的筹措。仅天津至卢沟桥二百余里铁路线,估计需银二百四十万两,更何况卢汉铁路全程三千里的干线。资金何来? 光绪帝将重心转向实施新政的政策安排上来。新政最有亮点之处便是"创新驱动"四个字。其富有创新之见的政策设计是设立中国铁路公司,铁路建设、经营管理放权走向社会、市场;拟定官办、商办、官督商办共存的体制,以及商股、官帑、洋债三者并行的筹款之法。具体构想是,由户部及北洋大臣合力筹集官款,允许民间资本准入,各省富商如能集资千万两以上者,准其设立公司,实力兴筑,事归商办。一切盈亏,官方不参与,如效益可观,必当加以奖励。此谕通晓国内外,向海外华侨释放投资信息。再是,令驻俄钦差大臣许景澄与华俄道胜银行商洽贷款;令总理衙门与法国费务林公司商洽引进铁路监工技术;积极获取外国的资金和技术上的支持,但洋人不得入股,中国铁路主权不容外国资本侵入。尤其是,设立铁路公司及允许民间资本准入的两条政策实是超出朝野预期。铁路新政的体制不列统一,以官办、商办、官督商办多种形式共存走向社会及市场。新政策推动了制度创新,极大程度上改变了政府垄断铁路资源的局面,政府、民间的资本,在互惠互利、盈亏自负原则上共享资源和政策红利。内阁各部衙及地方督抚不得设置障碍,应予以支持。显然,光绪帝为民间资本的介入开辟了绿色通道。

更值得一提的是,光绪特别强调,准许民间资本介入,应严格区别官、商之个人资本。自朝廷公布民间资本准入条例后,广东某绅商及在籍道员分别集资一千万及七百万两,先后具呈要求入股卢汉铁路。光绪帝批准前者,禁止后者。光绪特别谕示:卢汉铁路关系重要,个人提款官办万不能行。唯有商人承办,官为监督,才能速成。若允许在职官员入股,便开了资本与权力合一牟利的后门,不利于廉政。可见,光绪帝对个人资本入股还是有政策界限的,在官督与民商入股之间设立了防火墙。这是正确而有远见的,也是近代经济思想在中国铁路新政中的运用。就这一点,光绪帝就有开创之功。

光绪朝的官督商办、民间资本准入、借贷吸纳外资、引进技术的政策,极大地激发了民间的积极性,全国上下出现了兴办铁路的投资热,有力推进了铁路新政。

各省申办铁路蔚然成风。除铁路干线之外的支线,纵横贯通,已呈现全面开花的新局面。如,四川省地处中国西南,地居僻远,因交通运输不便,川省之矿业萎缩,寸利未见。川省士绅酌拟集股议章程：不招外股不借外债，筹措五千万两，建筑四千余里的川汉铁路，连通卢汉干线，并已先从宜昌开工。安徽省商绅经民间协商，聘请李鸿章之子李经芳为安徽省铁路公司总办。经几年努力，已以扬子江为枢纽，规划皖省铁路网，与川省、汉口、江西联连。芜湖至江宁（南京）的前段铁路已竣工，可与宁沪线相接。福建省拥有雄厚的南洋华侨资金，筹集股款，计划开建自厦门与广东、江西、浙江的铁路干线。浙江省士绅也积极筹款办全省铁路。

除了民间集资筹建铁路，有经济实力的地方政府已被调动起来。时任直隶总督的袁世凯奏准办北京至张家口的铁路线。所需五百万两官帑，拟从关内外铁路经营进款的结余中解决，每年酌提一百万两，分五年建成。两广总督岑春煊就地筹款兴办广东省铁路。路政发起者之一张之洞在湖湘另辟蹊径，申请朝廷批准，废弃与美国的条约将粤汉铁路收回，归湖、粤、鄂三省分办。在此基础上，再发动湖湘绅商集股二千万两，归商承办，湖南全省铁路有限公司，既为新办铁路提供了基础，又调动了民间资本的积极性。地处西南边陲的广西省也闻风而动。由广西提学使于式枚起头，筹组广西铁路公司，向绅商集资一千万两，建筑梧州、南宁至龙州的铁路线。到光绪三十二年，商务部统计，全国各省均有铁路干线及支线建设。清廷进而决定，由商务部牵头，将各省铁路新政规划汇成各直省路线全图。该图分别注出全国主要的铁路枢纽线路，以及何线为干，何线为支，将已建之路绘作实线，未造之路划为虚线。在各办各路的原则下，商务部则总揽全局，协调各该管铁路大臣遵照办理。至此，中国铁路建设已具规模，成为中国近代交通运输业最为成功的新政。

不容否认，路政的实施常有不和谐音，需要政府不断制定政策给予厘清和纠偏，以保证路政纳入正确轨道。

光绪二十四年，都察院举报山西省办建铁路有猫腻。山西巡抚以晋省盛产矿煤，且有皖粤绅商筹借洋款来晋投资为由，申办省内铁路。获准后却发现，所谓皖粤绅商借贷洋款是以潞安府、泽州府、沁州、平定州二府二州典押给洋人为条件。这是地方官员利令智昏之为。光绪帝即下谕：停办山西省的路政，撤查山西巡抚，勒令皖粤绅商方孝杰、刘鹗终身不得参与山西省商务。光绪帝以此个案为戒划定了一个明晰的政府底线：鼓励地方政府适度且在偿还能力内借贷外债，但绝不允许将国家主权作典押，也不准外资借商绅个人名义变相入股。

光绪帝指令总理衙门举一反三，集资、借贷以不准损害国家主权和诚信形象为原则。根据批示，总理衙门推出两项新的政策予以补充。一是商绅个人集资来源中有借洋债者，其投资亏损由个人负责，与国家无关；二是筑路涉及占用民地、坟茔祠墓，应给予合理补偿。官地则与地方政府协商议定租价，地方政府应逐年照章纳税。诸如此类的政策调整已成为常态，其目的就是有利于路政的驱动和推进。而政策设计、安排、调整始终起着推动、调节各方利益的作用。这一成功经验，确有历史镜鉴的价值。

铁路新政的推行需要用人得当，决策才能达到预期目标。这方面不应回避光绪的失误。

光绪朝路政前后启用过三任铁路总办大臣，分别是刘铭传、盛宣怀、张之洞。内阁提名首任铁路总办为刘铭传，理由是铁路新政的首创者，名正言顺。一年后，光绪认为，刘铭传是统兵之行家里手，未必擅长铁路建业及行政事宜，便谕令调任首任台湾巡抚。此应是知人善任之举。次任盛宣怀是由时任户部尚书王文韶及张之洞联名推荐,实际是李鸿章在幕后运作,得以内阁审议通过。盛宣怀做过李鸿章的幕僚,后又被提拔为直隶津海关道,成为李的嫡系部下。这是李鸿章不甘心被路政边缘化而插手铁路的一着棋。光绪二十二年任命盛宣怀为铁路总办大臣,至光绪三十一年解职,十年间,盛宣怀主持的卢汉铁路常处于半工半歇状态,拖沓缓慢,耗资却不菲。长年的幕僚生涯,盛宣怀熟睹晚清官场之习弊,自然也沾上严重的官僚习气,擅长夸夸其谈,作秀取宠,却无实际行政能力。刚被任命铁路总办,便高调弹说一套兴办铁路乃是自强大计之言论。其实,此说并无新意,不过是炒了张之洞的冷饭而已。然而,盛宣怀刹车不住,信口开河漏了乏智之底了。声称,他主持的卢汉干线一旦建成,大清可坐享强国之果了。官衙板凳还未坐热,已是大话连篇,自我吹嘘不止。更可笑的是,铁路未见一木一土,又拨高调门建议:仅仅修铁路还不够,还应急筹备中国银行。盛宣怀的如簧巧舌竟然赢得光绪帝的信任,后者真当一回事,着令总理衙门及户部专门论证盛某之议。当然,这只是留下一个笑柄而已。

筑建铁路是办实业,须付之真才实学,作不得半点秀场。光绪二十一年,总理衙门恭亲王奕䜣组织广西臬司胡燏棻等人完成天津段至卢沟桥的测量勘察,且将筑路款项筹措到位。但时至光绪二十四年,仍未见盛宣怀动工。内阁不得不传达光绪帝的指令问责盛某:着盛宣怀克日兴工赶办,如再延不动,问责不贷。内阁督察问责的口吻是十分严厉的。

盛宣怀为应付朝廷之责问,却竭尽掩饰、推诿之词。光绪二十四年至二十六年,卢汉铁路仅是卢沟桥至保定府段的土工已竣,不足全线工程的十分之一,还不计尚未铺设铁轨。如此磨洋工,还不忘自我标榜:臣无日不督察勘路,按图购地,购求料物,催趱工作。至于下一步的铁路建筑,由于官款业已告罄,还得找外商借洋债,若合同内款项到账,三年竣工。言下之意,如果洋债借贷未着落,竣工便是遥遥无期了。晚清官僚昏庸无能、推诿懈怠之本性显露无遗,而盛宣怀更沾上一种市井无赖的习气。光绪帝自知用人不当,却妥协于李鸿章、慈禧的面子,自然是自尝苦果了。不得已采取折中之策,令新任北洋大臣荣禄及张之洞督率筹办卢汉等处铁路,盛宣怀则被以观后效。

光绪二十八年,卢汉铁路北端仅完成卢保段,这还是英国公司承建的。卢保段原计划是双轨线,仅完成单轨修筑,卢保段只是个半吊子铁路。即便如是工程,盛宣怀依然不忘向朝廷表功。上奏称:共竣工正路二百三十四里四成五分,按照双轨购地填土,为将来开拓张本,目前先安单轨,云云。计算竣工里长竟精确到小数点的后两位。市侩式的官僚嘴脸实在令人恶心,连清廷同僚们都瞧不起。光绪三十一年,总理衙门终于以盛宣怀借款过巨为由,迭次陈奏,撤换盛宣怀。经光绪帝批准,调已晋升军机大臣、大学士的张之洞兼任铁路总办大臣。

张之洞在铁路新政中起着相当重要的作用。任总办之前,积极主张朝廷抵制外资渗透中国铁路建设,只借贷不入股;同时通过外交途径,从西方列强中收回铁路路权。如向俄国收回山海关铁路路权,从德、英收回山东至天津的部分路权,从美国收回粤汉铁路路权,向日本购回奉天至新民屯之铁路,等等。任职后,又以兴建铁路为纽带,在湖北武汉等地开建炼钢厂,以及发展铁路桥梁、车辆、铁轨等机械制造业,带动全国的采矿业,牵一线而动全身,为晚清近代工业化奠定了基础。张之洞的政绩深得光绪帝的赏识。光绪认为,这才是实施中国铁路新政的精英之才,尽管光绪已被囚禁,身陷囹圄,还特嘱内阁及各省督抚:须实力协助,不得掣肘,所有各省原派之总理协理,均听节制。倘有不法,张之洞可据实严参。在光绪帝向内阁作交代之后的第十八天即病逝归天。不能主宰自己命运的光绪算是留下了政治遗嘱。光绪帝给予张之洞以信任,更寄之以厚望。正是如此,士为知己者死。张之洞鞠躬尽瘁,为中国铁路新政竭尽心力。毛泽东在谈及中国工业化进程中,曾言:不可忘记四个人,其中之一便是张之洞。这也佐证了一条历史规律,大凡改革新政能否成功,用人得当,知人善任则是关键。

光绪朝的路政可谓艰难曲折,时而高潮,时落低谷,但毕竟是锲而不舍。其中有值得总结之经验。诸如,经济建设要排除干扰,摒弃无谓的政治争斗,拒绝所谓改革与保守之争,力求朝野上下齐心合力。又如,创新驱动,打破资源垄断,政策设计立足于有效调节政府(中央、地方)、民间的利益。再如,强化服从职能,减少行政干预。晚清路政的一大优势是,内阁较多投注于政策设计、调节,以及全国铁路规划,资金筹措等方面提供服务,而兴建铁路的实务则按产业规律及公司独立经营运作。这正是中国铁路业较早步入市场轨道的成因。还有,选拔敢于担当,善于创新的能吏统筹新政之责,也是不可少的。凡是善于钻营、哗众取宠,沽名钓誉的庸吏只能消耗新政的正能量。清代历朝不乏新政改革,然而每每中途夭折,或事倍功半,一个重要原因便在于用人不当,任人唯亲。这些教训实是屡见不鲜的。

昭信股票流产

光绪二十四年初,在正式颁布"定国是诏",启动戊戌变法之前,先作了一个决策:发行昭信股票,先行一步经济领域的变革。这在中国近代历史上尚属首创。

光绪决定发行股票,尚未上升到金融变革的理性认识,初衷是出于国库空虚的应急之策。鸦片战争后,咸丰、同治朝签订诸多不平等条约,割地赔款,对财政匮乏的大清王朝实是雪上加霜。光绪朝图求强国之道,亟待实施的一些重大决策,均需财政的支持。诸如,左宗棠收复新疆,维护边疆的稳定,急需军饷一千万两。李鸿章奏议加强国防实力,筹建北洋、南海水师,购造海军舰船,耗资数千万两。慈禧筹办光绪大婚,举行归政庆典耗去五百万两。慈禧退政,寿庆六十诞辰,花去一百二十万两,还不计慈禧安心养颐,挪用公款修建颐和园的费用。中日甲午战争失败,签订《马关条约》,赔偿日军军费二亿两。如此庞大的开支,单凭区区几文海关课税难以平衡财政缺口。同治中兴的自救运动所存积余早已耗尽。值光绪亲政之际,清政府靠高息借赁外债度日。正如光绪的自叹那样:库藏空虚,唯借款可以应急。

户部向光绪建议:印制股票,先按官之品级,家道之厚薄,酌定借款之多少,查照官册分派,渐及民间。所谓"股票",就是发行政府债券,向官员及民间筹款,以求取代条件苛刻的外债。光绪当即批准,印造股票一百万张,筹银一亿两,名曰昭信股票,颁发中外,动员朝野,共济时艰;并强调,不强令捐输,按本计利,分期归还。光绪特意为债券取名"昭信股票",意即以政府的诚信诏示天下。也就是,用皇帝的名誉作担保,提高股票的信用等级。

光绪推行政府债券是一种创新。其意义之深远是制定《昭信股票详细章程》及相应的政策措施。它在中国金融史上是颇具现代意义的一章。

昭信股票的期限为二十年。面额分一千两、五百两、一百两三种,年息五厘,以田赋、盐税为担保。前十年付息,后十年本息并付,二十年还清。

股票由中央政府统筹、管理。户部设立昭信总局,遴选经理。各省藩司设相应分局,冠以省名。在京认股,由昭信总局统一照章认票;外省认股,由昭信分局领票,或由资本雄厚的钱庄商号代领;代办商号须有各大商号联名担保,保证信用,并报户部备案,承担法律责任。认购股票,开列认购者的姓名,昭信局、分局设给票处和收银处,收发分离,由稽核员逐目核对。

股票文本规范。票面书明年分、银数,每年给付一次,裁去一方;票背刊列简明章程;每票编列号数,纸心及骑缝各盖户部昭信局印,汉满篆文;印花用米色印泥,相当于今日的防伪标记。

股票允许抵押买卖,准予流通,但须报昭信局立案。股票遗失可向总局、分局挂失,该票作废,三年后补发。

清政府还推出相应政策,如准许民众以股票利息抵扣地丁盐税,暂缓户部拟开征的铺税,即营业税,鼓励商绅民众认购;各省官员绅商认购五十万两以上,平民认购一万两以上,由户部实发奖金;官员调迁或回原籍,可在新居处备案,另换股票凭单;凡假造股票诓骗者,按伪造印票例,为首者斩,等等。

昭信股票明确有价证券之债权人与债务人的关系、权益保障,其规章制度及政策设计可谓精心而完臻。自发行规模、认购、兑付、转让、流通、信用保证以及稽核、奖励制度均作详细规定,极具制度的严密性和可操作性。尤其是,因地制宜,怜悯民间困难的指导思想甚为难得。

光绪发行政府债券,没有采取借赁、限期归还本息的传统方式,而是以合同的约定明确债权人与债务人的权利义务、标的,以及债权、债务关系的转让与流通。显然是西学东渐,引进西方现代制度文化的结果。

西方诸国十分注重财产关系与人身关系的法律规范。民法成为西方制度文化最为成熟的部分。如《法国民法典》、《德国民法典》分别在欧美各国通行。同治中兴期间,京师同文馆翻译了诸多西方制度文化的书著,如《公法会通》、《法国律例》等。受西学之启迪,光绪朝初期,洋务思潮的推动者之一报人王韬、曾任英、法、比、意四国公使的薛福成等人便有借债则官为具保,发展商贸之说。晚清知识达人提出发行国债的倡议便顺理成章了。当然,光绪在发行国债之前,未来得及为债的关系立法,但作为一种尝试,由向西方诸国举洋债转为国内直接向社会融资,这无疑是一次重大的经济变革。

光绪对昭信股票寄予很大的期望。他在谕示中强调,昭信股票不是暂时筹款之计。其用意甚为清晰,除应对赔款,还将为筹划中的兴建铁路运输,创办邮政以及近代制造业注入资金。若股票发行成功,这对保障强国、富国的一系列经济改革具有不可估量的意义。光绪的创新,赢得朝野的共识。在1911年《大清民律草案》中正式将"债的关系"列入法律框架,亦是出自此因。

昭信股票之议自光绪二十四年正月立项廷议,二月拟定章程,至三月光绪下谕:昭信股票,原期上下流通,宣布正式发行。前后不过两个多月,其速度之快,也是清代诸新政所少见的。可惜,七月光绪又被迫宣布终止,昭信股票以流产收场。清史实录披露的原因是,山东、四川等省的府、县官衙竟然计亩按户摊派,限日认购。凡不认购者,一律锁拿严押。地方政府有违自愿认购原则的做派,引起社会的骚动,被视作新增课税严苛从征,终而引起地方绅商、民众的强烈反对和抵制。

其实,这仅仅是一个表象而已。股票发行失败有其深层次的原因。发行昭信股票,正值光绪宣布定国是诏变法开始。光绪启用工部主事康有为,刑部主事张元济,湖南盐法道黄遵宪,江苏候补知府谭嗣同,发动变法新政。变法之初,还限于经济层面的改革,以图富强,这一点得到慈禧的默认。因此,朝廷内臣对昭信股票之酝酿、发行均持乐观、支持态度,恭亲王还带头认购二万两。这也是股票新政之神速的缘由所在。到五六月间,风向突变。光绪为推行变法,急于求成,将改革的重点转向政治体制及人事调整。五月,光绪首先罢免阻挠新政的礼部尚书许应骙;废八股取士制度,改试时务策论;删改吏、户、刑等六部则例;裁撤詹事府、通政司、光禄寺、鸿胪寺、太仆寺、大理寺等衙门;开缺湖北、广东、云南三省巡抚;大刀阔斧裁减冗员。朝政变局触及了慈禧的权力底线,以及贵族官僚集团的利益,引起京师哗然,朝廷震荡。"帝党"和"后党"集团的冲突开始激化,反对新政的官僚莫不忌之、恨之、畏之。面对朝政变局,众多官僚对股票新政由乐观转向观望、怀疑。光绪设计的路径是先派官借后为民,让各级官员带头认购,以此推动社会绅商民众。失去官僚们的支持,股票发行被釜底抽薪,流产便势在必行了。七月宣布终止发行股票,八月慈禧发动政变,还宫再度垂帘听政。变法失败,光绪被囚禁。没有同步的政治改革,经济改革是难以为继的；但急于求成，缺乏政治智慧而功亏一篑，这正是光绪的悲剧。

另一重深层次的原因是，清政府作信用担保。这是制度设计的缺失。按照西方的金融制度文化，债务发行应以国库储备为担保。西方国家的惯例是由银行作为发行的执行机构。光绪朝则以户部昭信局的政府机构为执行者。而官场腐败成风，贪案频发，政府公信力下降。社会绅商对清政府的财政危机持之寒噤心态，对债务偿还缺乏信任，光绪的面子又值几何？至于债券利息抵扣地丁税，这对贫困的民众而言，不过是画饼充饥。地方官衙为追逐政绩而强行摊派，本身就是对政府诚信抹黑。光绪谕示决不允许摊派的允诺成了道义上的诚信。

发行昭信股票虽是失败，但光绪改革新政的勇气仍是可嘉的。大清朝重大的经济改革有三次，一是乾隆朝的"治生之道"，以农垦、矿政、开放通商并存的经济模式，改革单一的"重农务本"的农本经济；二是同治中兴，发展近代工业，将农本经济的重心逐步移向城市经济；三是光绪朝尝试直接融资的新经济模式，兴办现代交通运输及商贸经济。尽管光绪因变法失败而中止股票发行，但毕竟开拓了经济改革的新的路径。

大清朝经济改革几经反复、周折，得失利弊不一，但研究中国农本经济向现代经济转型的轨迹，不失为一个可资鉴的样本。

清水衙门的浊流

内阁六部九卿是封建王朝的权力中枢,担当着依法行政的职司。九卿、尚书、侍郎乃至部吏、司员,虽论不上个个是能吏精英,但都应是恪守政纪法规,耐得住清贫的廉吏。人们总是把他们称之为清水衙门的廉吏,这是期许衙门依法办事,为官清澈如明镜;更是将之视作国家清明形象的象征。若因行政垄断而频发腐败,所谓的清水衙门必将流淌着污水浊流。晚清的内阁衙门便是例证。

光绪朝曝光的云南报销舞弊案,涉及户、兵、工部、太常寺、都察院等内阁衙门的众多高官和部员。除了乾隆朝的甘肃捐监冒赈案,陕甘总督勒尔谨串通首席军机大臣于敏中通同作弊外,恐怕此案的影响属最大了。然而,云南报销案涉及内阁部衙之多,作案策划之周密非是甘肃冒赈案可比。此案留下的思考也是耐人寻味的。

且读《清史纪事本末》的有关记载。光绪八年七月,京城坊间便传有流言:户部司员纳贿十三万两,为云南省核销积集十余年的军费开支账目;户部侍郎景廉、王文韶受请托受贿近万,其余为部吏按股明分。不久,朝廷正式接到御史陈启泰的举报:太常寺卿周瑞清包揽云南账目核销,云南粮道崔尊彝、永昌府知府潘英章专程赴京请托关系,行贿户部部吏、司员。

根据密报,清廷密令刑部派员暗查。侦缉崔、潘在京活动汇兑银两的顺天祥、乾盛亨两号钱庄。经审讯查悉,自光绪七年秋至八年春,云南省票局多次汇银两至钱庄,由崔、潘以及内阁部衙官吏持汇票陆续领取。举报查实,朝廷顿时议论纷纷。都察院的言官更是将矛头直指户部主事堂官景、王二人,指责其身为主持国计之人,却为罔利营私之举。有的御史更是直呼其名而斥之:二臣如此舞弊,其从细小事中便可知。要求朝廷查办。都察院的御史们如此慷慨激昂,是因为户部官吏玷污了内阁清水衙门的清誉。

御史们发难,搅得清廷内阁鸡犬不宁,也倒逼朝廷下决心侦办此桩舞弊案。光绪生父醇亲王奕譞及刑部侍郎、帝师翁同龢受命查案,可见此案对稳定朝政的重要性了。

经三个月的侦查,随着云南报销案来龙去脉的全方位曝光,案情也随之发酵。涉案疑犯不仅有位列九卿之一、掌管宗庙祭祀的大臣周瑞清,也有负监察之责的御史李郁华。案情一俟公开,都察院的言官便就此闭口了。

刑部稽查顺天祥、乾盛亨两票号的账簿、票据,查明云南省以善后局名义汇票庄帑银十八万五千两,崔尊彝另借顺天祥银二万八千两,共计二十一万三千两。其中,用作行贿托银十万七千六百两。到京城后,崔、潘商定支付贴银(即行贿)八万两,先付五万两,待付三万两,剩下的二万七千两为崔个人私吞。后据潘英章交代,崔系云南善后局总办,自同治十三年以来,云南一切收支各款均未呈报户部核销。云贵总督岑毓英屡次督令善后局造册呈报户部。但崔氏怕部吏刁难便托熟人太常寺卿周瑞清,户部云南司主管孙家穆充当托贿人,从中疏通,共向户、工、兵三部衙经办核销的各司员十数人托贿银共八万两。具体交付程序是,潘英章向周瑞清交付五万两,由周扣除己得,其余转给户部云南司主管兼派办处总办孙家穆,孙分得七千两,同司主事周颂等四千两,书吏张瀛得银一万两;由张转托工部书吏银五千两,兵部书吏银六千两。顺天祥掌柜王敬臣还供认,御史李郁华协同周瑞清一起疏通关系,曾专程到票号兑换现银。在云南官吏行贿案中,顺天祥票号还承担与部衙涉案官吏通信联络的任务,疏通户、工部司员、书吏的书信往来及银票兑现。当刑部咨照户部查询崔、周与司员沟通之事,竟然发生消息泄露,疑犯先后逃匿之事。受贿托办之户、工、兵部司员则众口一词:各项报销符合定例,无出入差错。在严刑之下,户部书吏张瀛才供认,崔、潘来京托其办理报销,许给银两,承办各员各收费多少不一。随着案情的水落石出,又牵扯出户部衙门的旧案舞弊。被人称之为户部四大金刚的现任广东布政使姚觐元,湖北荆宜施道董俊翰,湖北候补道杨鸿典,河南候补道启续,十余年前在户部司员任上,就纳贿营私,假公济私,把持诈骗。可见,户部等官衙纳贿决非云南报销一案,已有十余年之习弊。

　　光绪九年五月,醇亲王上报结案。因云南报销行贿舞弊而获罪者,有内外大臣以及御史、司员、道府、部吏共三十多人,此谓近年大狱。官居河南道监察御史的李郁华一生嗜赌,纳贿之行为查实,革职回原籍。李某毁了御史的清名,致使都察院遭"整肃"(当然,还有反对慈禧听政的政治原因)。户部劣员屡发,侍郎景廉、王文韶虽无实据贪污受贿,也应承担失察之责。

　　云南报销案到此已告结束。但内阁九卿六部自诩清水衙门,廉政、勤政之表率的招牌则被击得粉碎。尤其是云南报销案的曝光,其负面影响是难以估量的。曝光的案情已超过了人们的想象。此案有地方政府专职公关行贿的官员,有驻设京城的兑银钱庄、通信联络处,中介高官的托庄,部衙间的关联,由此种种,形成了一个自内而外、组织有序、分工明确,钱权交易的完整利益链。利益链上的官员呈现一种跨省、跨部衙、官商交错的群体性腐败,其破坏力、腐蚀性远超过单一官衙的窝案。

云南舞弊案并非偶发,据查,自咸丰末年,已有司员开始索贿,同治中期始,部吏索贿已是肆滥至极。究其原因还是制度安排的失当。大清朝自盛世转衰,政府财政已入不敷出。自道光朝后,钱粮亏空,国库匮乏,逐年严重,难以维持内阁部衙庞大的行政开支。清廷便定制规定,各省赴部报销军需、赈灾、治河等费用,均须交纳部费,以补充办公费用。起始,部费仅交付于户部,以后则扩大到工、兵等部衙。到同治中期,部费从衙门统收转为部吏、司员个人所得,名义是饭食津贴。清廷的定制默认了化公为私的合法性,在客观上形成了制度腐败,纵容了地方政府弄虚作假、侵渔贪污、贿嘱请托的腐败风,也助长了部衙钻营关托,舞弊营私,借机勒索的歪风。名为清水衙门,实是浊流暗涌。云南报销案不过是晚清官场的一次集中曝光而已。

时任山西巡抚的晚清重臣张之洞为抑制清水衙门的腐败开了一个药方。张之洞认为,历朝承办军需、赈灾、治河等款项报销,以部费津贴饭食银已成规矩。云南案发主要缘出于京官俸禄太少。不如将暗贴改为明补。张之洞的所谓明补,便是规定财政善后报销每一万两,抽成十两作为补贴办公之资,不得私分;每一京员每年津贴五百两。张之洞的建议获得了清廷的批准,即日实施。

其实,张之洞是急病乱投医,过于天真了。每月区区数十两的补贴便可希冀树立风气谨朴的政务之风,简直是天方夜谭。张之洞忘记了当年雍正帝推行养廉银制度有两个前提,一是以关、杀、抄家、退赔的铁血政治,严惩贪污官吏;二是行政改革,设会考府,独立审计地方政府核销账目,铲除户部营私之政弊。由此才有效遏止了省府"跑部钱进",部衙"居间分肥"的官场恶习。自咸、同到光绪朝,约束官吏的政治纪律早已成一纸空文,廉洁奉公只是部衙门前挂着的羊头招牌,徒有形式而已。区区补贴难以填满贪吏们日渐膨胀的欲望。而光绪朝孱弱的政权难有威慑力,云南案所涉案犯最高的处置不过是撤职而已。其中嫌疑颇大的高官是景廉、王文韶。崔、潘承认曾托景、王"关说",所谓"关说",即是利用长官身份说情影响行政执法;周瑞清则言受贿非无据。但因主犯口供不一,又且证据不足被放了一马。贪污犯罪成本过低,这在雍正朝是不可思议的。

晚清政府在政治上的软弱,制度上的失范,所谓整肃救赎政府形象,不过是做官样文章罢了。果然,在云南案平息后的第三年,户部又曝出丑闻。户部书吏史恩涛在承办山东治河工程拨款时,以拖延、压款为要挟,明目张胆侵吞工程款五万两,之后也以查无实据而不了了之。

光绪十二年,山东境内黄河泛滥,内海旧口积沙百余里。要堵洪疏流,工程浩大,耗资甚巨。但筑堤拓河泄洪事关数十万难民免遭洪灾的大事。光绪帝不得不挪移资金,罢建铁路急修河工,还从本年宫内银款拨银五万两,移作黄河灾区赈灾所用,而史恩涛一次侵吞治河款就达五万之巨,其贪婪已沾上了血腥味。有人举报,史恩涛坐拥堂屋胜于公侯,服食超于显臣,骄纵奢侈。其来历不明的巨富,无不是索贿而得。更令人瞠目的是,负责治河工程的山东巡抚张曜为追讨拨款致函户部侍郎孙治经,追查书吏侵蚀银帑之事。孙某竟与部吏们商议对策,为维护户部声誉,一致隐恶,不据奏闻,亦不送交刑部讯办。清水衙门的众生相实是丑陋不堪。

清水衙门为何频发贪污腐败,除了制度失当,还有一个重要原因,即行政审批的垄断。无论军需开支还是赈灾、工程款项,审计业务有其技术性和专业性;主管、主办部吏、司员对专业行政审批具有垄断性。而这种垄断性在缺乏制度的刚性约束和监管下，自然会形成利益的共同体，牵线搭桥、贿嘱请托、居间分肥，肆意妄为利用行政审批权力兑换私利。光绪帝及其谋臣看不到这点，何谈根除内阁官衙腐败之痼疾？何以树立清明的政府形象？

作为权力中枢的清水衙门代表着政府的形象。为官者的操守应以恪尽职守、廉洁奉公为信条。至光绪朝，腐败已蔓延到大清之中枢，上下勾连，左右越界，公权敛财索赂，官场浊流凝固成大小不一的利益堡垒。吏治整肃已成为空洞的口号。光绪的变革处处受制于中枢诸衙门，众多政令出不了紫禁城。光绪欲借变法之势，改政制，裁撤部分中枢衙门，却遭权贵们逼宫，慈禧的一票否决。大清的衰落是病在膏肓。光绪强国梦碎，无力补天的宿命已是不可逆转了。

后　记

从岗位上退下来,最大的乐趣就是读书。数十年的出版生涯,阅稿读书无数,但花整整一年时间读一部十一卷本的《清史纪事本末》还是头一遭。但读而思之、品之,其乐无穷。清史实录虽然是一些文化碎片,琐细而不连贯,若能在阅读中寻找出某些逻辑和史脉,体悟历史足迹的哲理,其得益匪浅。读大清史事实录,如品茗,先清淡,渐津涩,后甘甜;读史也有同样的感受,先是茫然、困惑,渐入佳境,终而有恍然若悟之历史智慧的快感。

数十年来,读书养成一个习惯,信手做些笔记,融入点滴思考之心得,随后书写成文。读清史实录亦是如此。起初权当赋闲娱乐,无意为之。不料,一些随意文字被发表,竟然还有粉丝鼓励,便有点受宠若惊了。一个不经细思的念想萌生而起,不如将清代自康熙到光绪各朝的一些史事做成文化随笔。这便有了一年读一书的故事。

做文化随笔,不能拘泥于史录的一事一议,须要廓清史事的内在脉络,前后贯通,相互比照,推敲其文化成因以及中国文化传统对清代历史变局的影响,唯此才能探寻蕴藏在历史表象背后的真相。虽说是写些文本自由的随笔,却不亚于做博士生的功课。

历史是延续的。清史近三百年,变革与危机同行。读史做札记,往往启发于阅读的灵感,带有较多的随意性。要把分散的札记汇集成一个整体便有了难度。札记的话题广涉政务、经世、文化，林林总总，散如露珠。为便于阅读，笔者乃以朝代为时间段，粗略排列。在各朝史事札记之前，都补有一篇帝王的印象记。千字文不做全面评价，仅做些随笔式形象素描，意在对每朝史事的历史脉络及人文考量作些提示，由此弥补随笔文体书写完整性不足的缺憾。

诠释史事，以小见大是文化随笔书写的基本路径；而就大捕小，把握历史的整体，选择具体而细小的文题才能把握住书写的文脉。可以说，随笔的诸多文题均是取之于阅读瞬间中获得的感悟。把这些单独成篇的随笔当作一粒粒珠子，用历史的时间长线串联起来，汇编成集，于是乎就有了窥见历史整体面目的诠释和思考。笔者读史与书写，于事、于人，权当是个记录吧。

又记。

读大清史事撰写读史随笔，曾汇集《清史明鉴录》出版，仅一年有余即告售罄。因学术味重，出版社不敢重印而留下遗憾。与卫东总编辑谈及此书，他建议做个策划面向大众。于是，减肥瘦身，删文十篇，去拗口之注文，减学究之涩气，增补读史之启示，便有了时下的《危机与变局》。小书得以再印，实要感谢卫东、欣轩两位先生。趁付梓之际，将这段书缘补记于后。

图书在版编目(CIP)数据

危机与变局：大清史事/吴士余著.—上海：复旦大学出版社，2019.7
ISBN 978-7-309-14179-5

Ⅰ.①危… Ⅱ.①吴… Ⅲ.①中国历史-史评-清代 Ⅳ.①K249.07

中国版本图书馆 CIP 数据核字(2019)第 036130 号

危机与变局：大清史事
吴士余 著
责任编辑/胡欣轩
装帧设计/胡 枫

复旦大学出版社有限公司出版发行
上海市国权路 579 号 邮编：200433
网址：fupnet@ fudanpress. com http://www.fudanpress. com
门市零售：86-21-65642857 团体订购：86-21-65118853
外埠邮购：86-21-65109143 出版部电话：86-21-65642845
上海盛通时代印刷有限公司

开本 890 × 1240 1/32 印张 8.125 字数 173 千
2019 年 7 月第 1 版第 1 次印刷

ISBN 978-7-309-14179-5/K · 690
定价：52.00 元